FOLDING
TECHNIQUES
FOR DESIGNERS

FROM SHEET
TO FORM

PAUL JACKSON

FOLDING TECHNIQUES FOR DESIGNERS
FROM SHEET TO FORM
by PAUL JACKSON

This book was designed and produced and published in 2011 by Laurence King Publishing Ltd., London.

Book and cover design by & SMITH
Photography:Meidad Suchowolski
Senior Editor:Peter Jones

Japanese translation rights arranged with Laurence King Publishing Ltd., London
through Tuttle-Mori Agency, Inc., Tokyo.

デザイナーのための
折りのテクニック
平面から立体へ

ポール・ジャクソン

文化出版局

目次

序

10代のころの私の趣味は折り紙だった。その後、美術学校の学生時代にオリジナルデザインが次々に本として出版されるようになり、私は折り紙クリエイターの小さなインターナショナルコミュニティの片隅に名を連ねることになった。時折、グラフィックデザインや工業デザイン科の友だちから課題の参考として折り紙のアイデアを求められることがあり、折り紙を教えることさえあった。

1981年、ロンドンで大学院課程を修了。実社会に出て仕事を探さなければならなかった私は、ある考えを思いついた。ひょっとしてロンドン地域の美術学校やデザイン学校で、折り紙の短期講座を開講してもいいというところがあるのではないか？　だめでもともと、失うものは切手代だけだったので、返事がもらえるかどうかもわからないまま、100か所以上の学科に提案書を送った。

数日すると電話が鳴り始めた。電話に次ぐ電話。それから数週間のうちに私はファッションデザイン科、テキスタイルデザイン科、グラフィックデザイン科、ジュエリーデザイン科の学生たちに教えることになった。仕事に就けたことがうれしかった。

だが一つ問題があった。何を教えていいかわからなかったのだ！　確かに私は折り紙には熟練していたし、高等教育の豊富な経験もあった。だが私の専攻は美術であって、デザイン科の学生に何を教えたらいいのかわかっていなかった。デザイン科の学生がどういうことを勉強しているのかまったく知らなかったのだ。また趣味としての私の折り紙の知識は植物や動物、いろいろなもの、幾何学的な造形物など、具体的な形を作ることに限られていた。一つだけわかっていたことは、美術やデザイン科の学生は折り紙のキリンの作り方を習う必要はないということだ。

これはずっと認めてきたことだが、初めてデザイン科の学生に教えようとしたことは実にひどいものだった。そのころは、好きな折り紙作品のリストからいくつか選んで使うくらいのことしかやっていなかった。だが徐々に、今の私にはきわめて明白に思えること、しかし当時の私には想像もつかなかったことがわかってきた。つまり、私は学生たちに何か具体的な形の作り方を教えるのではなく、「折る」ことの方法を教えるべきだったのだ。紙を折るということと、何か具体的な形を紙で作るということはまったく別物だということを、当時の私は思いもしなかった。折り紙とは何かの形を作ることであると同時に「折る」ということ、そのものではないかという理解は、革新的な出発点のように思えた。やがてそれは革新的でも何でもなく、折り紙を15年間やってきたことで知らず知らずに視野が狭くなり、信じ込んでしまった結果だったのだとわかってきた。

教育面での重要な違いは、何かの形を折って作ることは、単にそれだけにとどまってしまうことである。覚えるのは楽しいかもしれないが、学生たちがデザインワークに創造的に応用できるようなことを教えることはできない。それに対して「折る」ということの技術を教えれば、多種多様な素材でそれを利用し、無数のデザイン用途に応用できる。周囲を見渡せば、自然界にもデザインの世界にも至るところに折りの例を見つけることができた。

その意外な発見が、この本を生むきっかけになった。

その自己啓示から数年のうちに、私はプリーツ、揉《も》み、一つ折りなど、さまざまな折りの技術を紹介する一連の単発ミニワークショップを考案。教える学科に合わせてワークショップの種類と内容を変えるようにした。そしてワークショップの後にはたいてい即席の「ゲリラ戦」的な創作プロジェクトを行った。

このことが口コミで広まるにつれ、多くの多国籍企業からコンサルタントとして仕事が来るようになり、折りの理論と実践についてワークショップを行うようになった。またさまざまなデザイン事務所や建築家、構造工学技術者、専門家組織を対象にしたワークショップも行った。これらの経験は学校での私の授業に生かされ、それがまた私の専門家としての経験に生かされることになった。

1980年代末までには私の授業の最終的な形が多少なりともまとまった。やがて「平面から立体へ（Sheet to Form）」ワークショップ／プロジェクトと銘打つことになったものを、ファッション、テキスタイル（表面、プリント、ニット、織り）、陶芸、刺繍、プロダクトデザイン、インダストリアルデザイン、工業、建築、ジュエリー、グラフィックデザイン、インテリアデザイン、環境デザイン、モデル製作、パッケージング、シアターデザイン、美術、版画、一般教養課程、今では忘れてしまったがたぶんそのほかの学科の、あらゆる教育レベル（私の地元のロンドン北部のコミュニティカレッジから王立美術大学、ドイツ、アメリカ、イスラエル、ベルギー、カナダの大学まで）の学生に教えてきた。これまで54大学の150余りのデザイン課程で、あるところでは定期的に10年以上、またあるところでは1日だけの講座として教えてきている。

どこへ教えにいってもいつも同じことをきかれた。「これは本に書いてありますか？」という質問だ。私の答えはいつも「ノー」だった。率直に言って、補足資料や実質的なテキストが何もないのは恥ずかしかった。折り紙の本は山ほど出ているが、すべて具体的な何かの形を折るためのもので、デザイン科の学生や専門家にとっては限られた用しかない。私に言えることはせいぜい、ワークショップで作ったサンプルを大事にとっておいて、実際のプロジェクトを製作するときはそれを参考にしなさいということだった。

そういうわけで、ようやく……ようやく！……私の「平面から立体へ」ワークショップのもっとも実用的なものを本の形で提示する機会が訪れた。どれを含め、どれを除外するか、どれに重点を置いて、どれをざっと触れるだけにするか、決めるのは難しく、時間がかかった。正しい選択ができたのならいいのだが。これまで私は30冊余りの折り紙やペーパークラフトに関する本を書いてきたが、いちばん書きたかったのはこの本だ。

だが、この本が今まで書かれなかったのは正しかったのかもしれない。近年、あらゆる分野のデザイナーだけでなく、数学者、科学者、教育家その他の人々の間で折り紙への関心が急激に高まっている。「折り紙」と「折り」は今の時代のキーワードだ。もちろんブームはやがては衰えるだろうが、興味と関心は残るだろう。とすれば、この本は今が出版されるその時なのだ。

この本を使っていくうちに、私がまさに「全き善きもの」とみなすようになったものへの私の熱意と愛を、読者と共有できることを願っている。それは私に生活の糧のみならず、心躍る充実した人生を与えてくれ、世界中のたくさんのすばらしい人々に出会わせてくれた。そのことを私は非常に恵まれたことと感じている。

ポール・ジャクソン

00.　記号

以下の記号は、この本の中にくり返し出てくる。中にはほとんどすべての図に出てくるものもあるので、少し時間をとってこれらの記号を覚え、すらすらと正確に折れるようになってほしい。

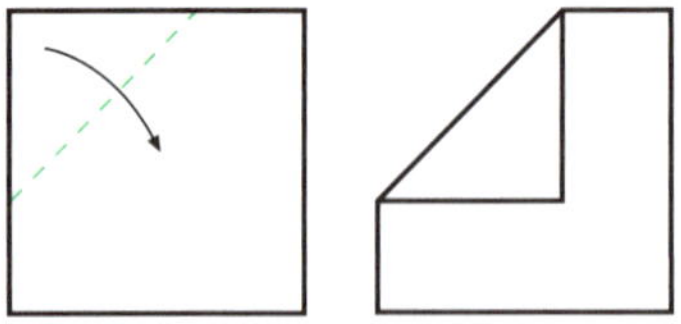

1. 谷折り

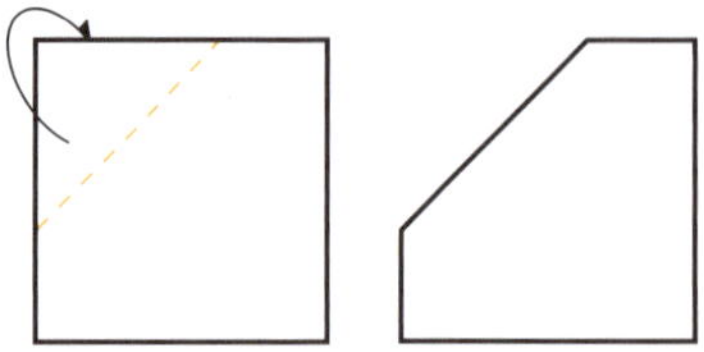

2. 山折り

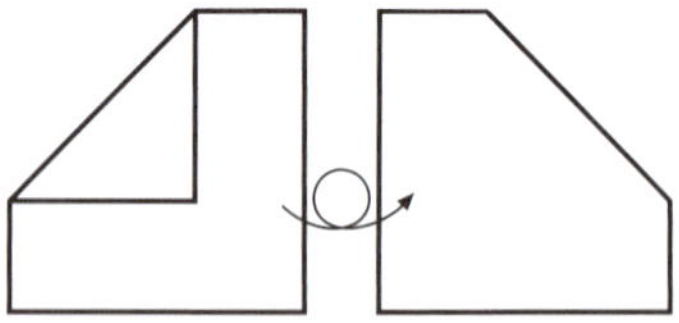

3. 裏返す

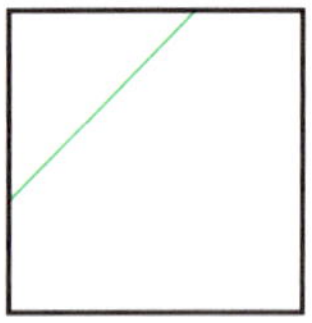

4. 開いた谷折り

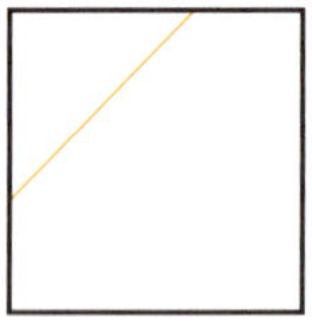

5. 開いた山折り

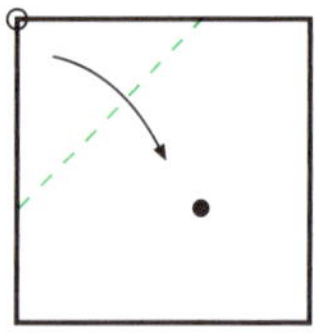

6. 点と点を合わせる

7. ここを糊づけする

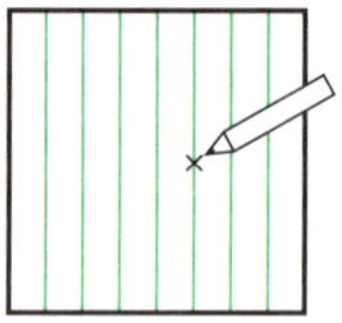

8. この折り線に印をつける

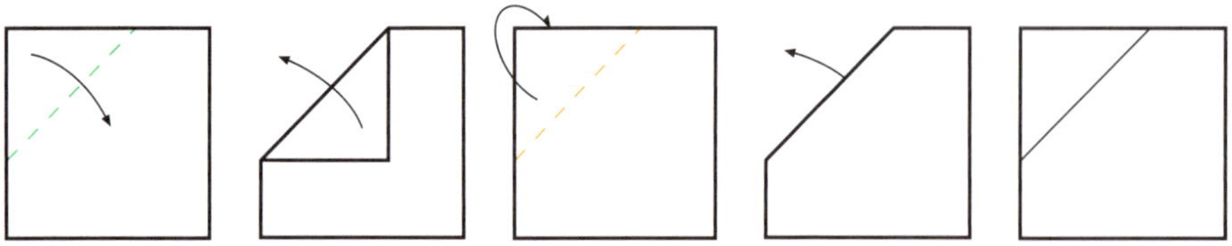

9. ユニバーサル折り（山折りと谷折りのどちら側にも折れる折り）

はじめに

あらゆるデザイナーは折る。

つまり、デザイナーと呼ばれる人たちはすべて、素材とする平面に折り目をつけ、ひだを作り、曲げ、縁取りし、ギャザーを寄せ、結び、つなぎ、波形をつけ、たるませ、ひねり、巻きつけ、揉み、たたみ、しわを寄せ、面を刻み、湾曲させ、あるいはくるみ、そのような折りの工程によって立体のオブジェクトを作っている。それらのオブジェクトは一見すると折り紙のようではないかもしれないし、折りはごく細部のプロセスにすぎないかもしれないが、それでもほとんどは、全体にせよ部分的にせよ、何らかの形で折られている。ほとんどのオブジェクトは平面の素材（布、プラスチック、薄板金、厚紙など）で作られるか、平面を作るのに使われる要素（たとえばレンガなど。レンガの壁は平面だ）で作られるので、折りはあらゆるデザイン技術の中でもっとも一般的なものの一つと考えられる。

ところが、それほど一般的であるにもかかわらず、折りがデザインの問題として研究されることはめったにない。おそらく、デザインされたオブジェクト内にある折りの要素に気づかれていないことが多いか、単なる偶然か、あるいは折りという言葉が、鮮やかな色の四角い色紙と子どもの遊びの「折り紙」（もはや数十年も時代遅れの折り紙のイメージ）と同義語のためだろう。折りがデザイナーのインスピレーションの源となることはめったにない。

少なくともそれがこれまでの実態だった。近年あらゆる分野で折りに注目し、実用品・装飾品を問わず、さまざまなハンドメイドオブジェクトや工業製品を創るデザイナーが増えている。ちょっと時間を割いてデザイン誌やスタイルブックをのぞいてみれば、アパレルから照明器具、建築からアクセサリーまで、折りを使った製品が数多く見つかるだろう。“ORIGAMI”は、現代のデザインのもっとも活力にあふれたキーワードの一つだ。

この『デザイナーのための折りのテクニック』は、この重要なテーマについて、特にデザイナーを対象に書かれた初めての本だ。私はほぼ30年間にわたって、デザイン科の学生とあらゆる分野のデザインの専門家に折りの技術を教えることを専門としてきた。ジョゼフ・アルバースがデザインの基本として折り紙を教えたバウハウス時代以降、ただひとりの専門教師かもしれない。

本書では、私自身の経験から、もっともインスピレーションをかき立て、もっとも応用範囲が広いとわかった技術を章を追って紹介する。プリーツ、揉み、箱作りなど、さまざまな技術を含む折りの基本を、ステップバイステップの折り方説明図（折り図）、折り線図（展開図）、写真などを使いながら総合的に紹介する。本書ではそれらの技術を紙で示しているが、読者はほかの平面素材を使って自由にそれらの技術を応用してほしい。この本はそもそも紙や紙を折ることについての本ではなく、折りについての本なのだから。

本書の目的は、折りを主要なデザインツールとして確立することであり、そうすることによって、折りをデザイン教育とデザイン実践の基本的テーマとして再導入することだ。

この本の使い方

この本はプロダクトデザインのアイデアを得るための、一般的な折りのコンセプトを提供するものだ。複製を作ることを目的とした具体的な作品例や、何か決まったデザインソリューションを提供するものではない。どのデザイン分野のどのデザイナーがどんな平面素材を使ってでも応用できる、実際的な折りのコンセプトを提供しているので、役に立つ（はずである）。

本書は100g／m^2の１枚の紙から立体的な造形やレリーフ表面を作る基本的な方法を紹介している。これらのコンセプトをほかの無数の平面素材に応用する方法は書いていない。そのような素材には、厚いもの、薄いもの、やわらかいもの、かたいもの、大きいもの、小さいもの、綴《と》じてあるもの、貼りつけられているもの、自立しているもの、１個の要素のもの、複数の要素から成るもの、手作りのもの、機械製のもの、固定的なもの、柔軟性のあるもの、浸透性のあるもの、浸透性のないもの、丈夫で耐久性のあるもの、繊細で装飾的なもの、などなどなど、無限にあるだろう。それを決めるのはデザイナーである、あなただ。

この本を読み進み、図や写真を見ていくうちに、あなたはたぶん「こんなことはわかりきっている」と何度も言うだろう。だがそれは間違いだ！　一般的なコンセプトが「わかりきっている」のは当然だ。だがそれは見た後だからそう言えるのである。各章は１つの技術をテーマとし、多くのバリエーションを図示している。その中には一見ほとんど同じように見えるものもあるかもしれないが、１つの技術を応用する異なる方法を示すために、よく考えて選ばれたものだ。実際に作り、それで遊んでみて、初めてその違いがわかるだろう。

上の文章のキーワードは、「遊ぶ」だ。実際、それはこの本を効果的に使うためのキーワードでもある。ただ例題を作り、ざっとそれを眺めて、次のページに行ってまた別のものを作るということはしないでほしい。そうではなく、それで遊ぶことだ。あっちへ曲げたりこっちへ曲げたり、すべての折り目を一方の辺に寄せ集め、次に別の辺に寄せ集め、それから2つの辺を同時に重ねてみたり、ひっくり返したり（つまり、ぽんと押して内側と外側を逆転させたり）、中央を絞ったり、向かい合ったカドを合わせて両手でぐるぐる回し、四方八方からそれを見てみるといい。写真で見ると固定しているように見えるが、この本に出ている例題の多くはオリンピックの体操選手のごとき柔軟性を持っている。あなたのデザインが柔軟か固定的かは、あなたしだいだ。

複雑な例題だけを作ろうとしてはいけない。より単純なもの、あまり見栄えがしないものも作ってみよう。そういうもののほうが、より素材の選択の幅が広く、創造性を発揮できる可能性がより大きいからだ。デザインのすべてにおいて言えるように、折るときはより単純なほうが、より効果が高い場合が多い。「基本コンセプト」の章は非常に重要だ。ここで紹介されているコンセプトは、その後のどの章のどんなものにも自由に応用できる。どの章でもいい、ランダムに１つの例題を取り出して、それを「基本コンセプト」の章のどれか、あるいはすべてに応用したらどう変わるか、想像してみよう。だが、どんな形になるか想像するだけではいけない。できるかぎり多くの例題を実際に作ってみることだ。思いついたものをどう作っていいかわからないような場合でも、とにかく作ってみよう。思ったとおりのものはできないかもしれないが、始めたときには想像もしなかった（あるいは、できなかった）何か違うもの、それ以上にいいものができるかもしれない。

もちろん、この本の例題から考えついたものすべてが即、成功するとはかぎらない。最初に作ったものの多くは、おそらく技術的にも美的にも弱いだろう。だがかなり手を加えれば、より満足のいくもの、成功するものも出てくる。その意味では、紙を折ることはほかのどのデザインの作業とも同じだ。粘りと努力に代わる、「手っ取り早い解決法」はないのである。

大切なのは、折ること、折ること、そして折ること。実際、折ることに代わりうるものは何もない。どんな形になるか、いくら考え、分析し、頭の中で理解しようとしても、お粗末なデザインしかできない。紙はどこにでもあるし、手軽で扱いやすいし、値段も高くない。アイデアをほかの素材に応用する前に、時間の許すかぎり紙を、そしてこの本を利用してほしい。

例題の作り方

本書に出ている例題を作る方法は4通りある。どの例題でどの方法を使うかは個人的な好みと、作る例題の性格による。

スケッチブックでアイデアを練るのと同様、折り紙でデザインを練る鍵は、すらすらと素早く作業することだ。折り方は常に技術的に完璧である必要はない（これは本当！）。ざっと折ってみて、これは練る必要があると感じたときにもう一度ていねいに折れば、ずいぶん時間の節約になる。さっと作った折りのスケッチさえあればいいときに、不必要に緻密な折りにはまり込まないようにしよう。作業に時間がかかりすぎるのは初心者の常だ。慣れてくればスピードが増し、紙を自然に扱えるようになる。

1.　手で折る

手で折るのは、もっともローテクな物作りの技術だ。鉛筆やマウスや編み針といった第三者ツールの介在なしに、身体（手）で直接何かを作る。これはユニークとさえ言える製作体験で、あまりなじみのない原初的な経験かもしれない。このきわめて基本的な手作業の経験は、特に現代のハイテクなデザインスタジオ環境では、もっとも経験の乏しい学生にとっても、もっとも熟練したプロフェッショナルにとっても非常に強力な、得るものの大きい経験になるので、軽く見てはいけないし、単純で稚拙だと思ってはいけない。手で折ることとコンピューターでデザインすることは同等と考えていい（ということはつまり、デザイン上の利点を別にしても、手で折ることはそれ自体、優れた教育的経験なのだ）。

本書の例題の多くは、8等分、16等分、32等分した紙で作られている。このような分割は手で素早く簡単にできるので（p.16－18の「基本コンセプト」の章を参照）、その方法を覚えておくと、ものさしを使って測る時間が大いに省ける。

手で折ることを基本と考え、以下に記すその他の方法は必要なときだけ使うようにしよう。

2.　幾何学用具を使って折り線図を描く

変わった紙の形、正確な角度、インクリメンタル分割などを扱う場合の手助けとして、小刀やクラフトナイフ、ものさし、コンパス、360°分度器、かたい尖った鉛筆のような簡単な幾何学用具が必要になることもある。だが、そういうものを使うことが習慣にならないように気をつけよう。でないと、手で折ったほうが早くて簡単な場合にもそういう用具を使うようになる。

小刀やクラフトナイフを使って折り目を作るには、刃を裏返して、刃の背をものさしの側面に沿って走らせて折り筋をつける。紙に薄く切れ目を入れて折り目を作ろうとしないこと。刃の背を押し当てるだけにしよう。

3.　コンピューターを使って折り線図を描く

最近は誰もが、幾何学用具を使って紙に折り線図を描くより、コンピューターで折り線図を描きたがる。私たちは手作業の習慣を失いつつあるようだ。だがコンピューターで描くことにもそれなりの利点がある。拡大縮小が簡単だし、シンメトリカルな反復や、引き伸ばしたり傾けたりも簡単にできる。描いた図を保存して、何度でもコピーできる。

最大の欠点は、図をプリントアウトしなければならないことだ。図がプリンターのサイズより大きい場合は、何枚かに分けてプリントして貼り合わせなければならず、汚くなったり不正確になったりすることがある。これに代わりうる方法はプロッターを使うことだ。手近にこの装置がない場合、街のプリントショップやコピー店でプロッターがあるところも多く、幅1メートルほどの白黒コピーを安価でプリントしてくれる。

4.　上記の方法を組み合わせて使う

実用本意になって、その場に応じて上記の3つの方法のどれかを使うのがほとんどの場合、ほとんどの人にとって、例題と時間をもっとも有効に利用する道だろう。どの方法にもそれぞれに利点と欠点があり、経験を重ねるうちにどの方法を、どういうときに使えばいいかがわかってくる。

図と写真とテキストの使い方

図

テキストに明記されていないかぎり、図で使われているとおりの寸法や角度とまったく同じにする必要はない。作ったものが図のものと同じように見えれば、それで充分だ。構成の要素が重要な場合はそのように書いてあるので、指示に従って正確に作ろう。形が明らかに円（あるいは他の形）とわかる場合には、そう書いていないこともあるので、自分の目で見たとおりのものを作ろう。図は複製すべきモデルではなく、１つの提案だと考えよう。

だが図をじっとにらんで、何のよりどころもなしにフリーハンドで描くより、最初はものさしを使って図の主要な線を測ったほうがいいだろう。そうすると、その図形の比率のだいたいの感覚がつかめるので、それを適切なサイズに拡大・縮小できるようになる。

初めて作るときに大事なことは、小さく作りすぎないことだ。小さなサンプルは取るに足らないもののように見えて、創造意欲をそぎ、時間をむだにしたと感じさせることがある。同様に、あまり大きく作りすぎると不体裁で印象が弱く見える。だいたいの目安として、A4サイズの紙くらいの大きさでサンプルを作ってみよう。その後、自分が作りたい大きさ、使いたい平面素材がわかったときに、それより大きいものでも小さいものでも、正確なサイズで作ればいい。

写真

写真は、（もちろん）例題を興味深く魅力的に見せるために撮られているが、その第一の役割は、それぞれの面、辺、折り目がたがいにどのような関係になっているかを示すことで、それによってできあがりがどんな形になるか、感じをつかみやすくするためだ。その意味では写真は単に本をきれいにするための見て楽しい画像ととらえるのではなく、折り線図と同じものと考えるべきだ。

紙は生きて呼吸している素材だ。スタジオ照明の熱の下でゆがみ、湿度に反応し、紙の目（紙を構成する平行な繊維の列）の方向によって、曲がってシンメトリーでなくなることがある。そのため、折った例題の中にはちょっと不格好に見えるものがあるかもしれない。時にぐらつきを避けるためには、ゆがまない厚紙ですべてを作るという方法もあった。だがそれはこの本にあまりふさわしくない素材に思えた。ここで使った紙の性質のほうがより魅力的で、折られた形にちょっとした個性を与えていると思いたい。

テキスト

言いたいことは3語だけ　──　どうぞ　読んで　ください！

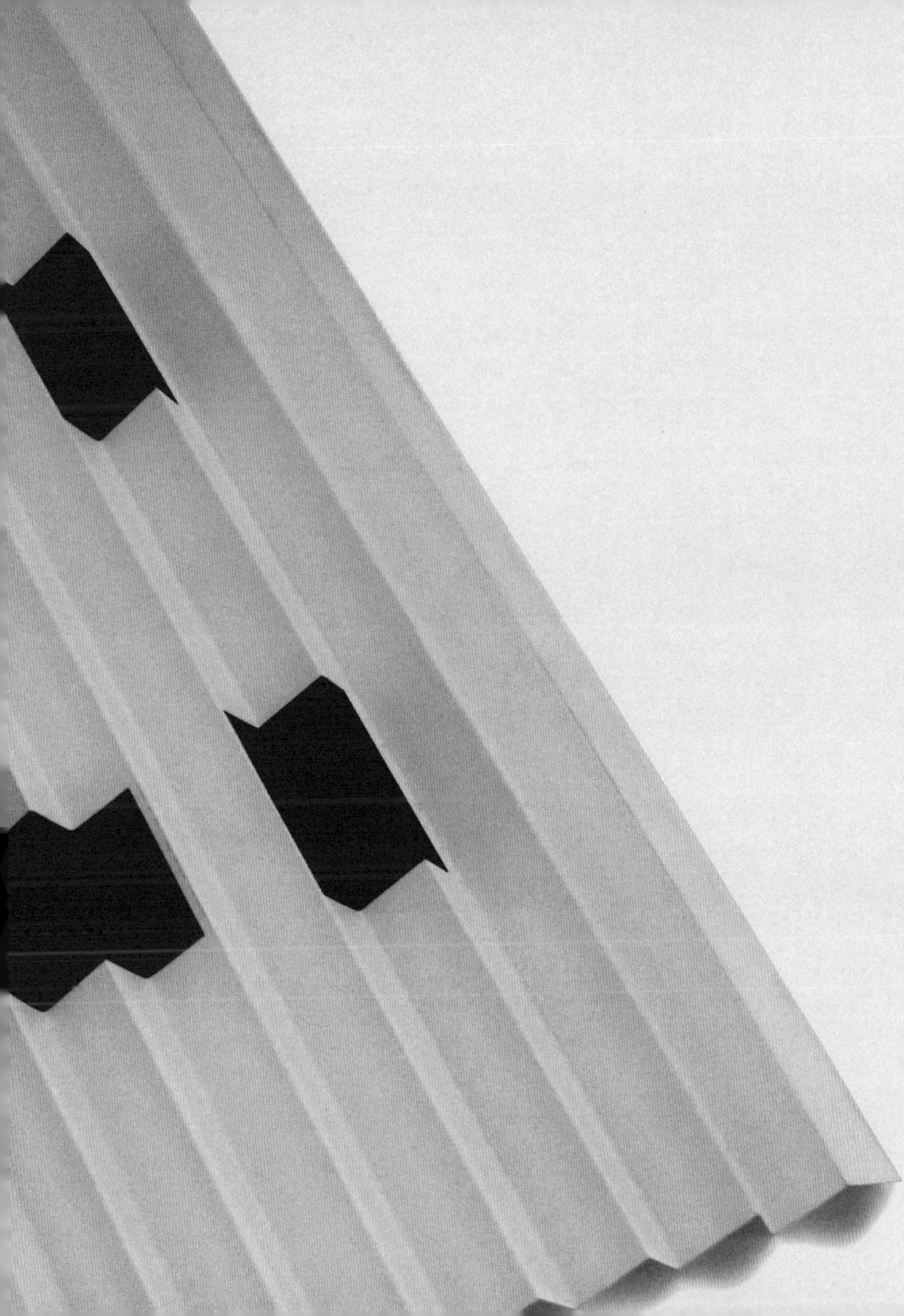

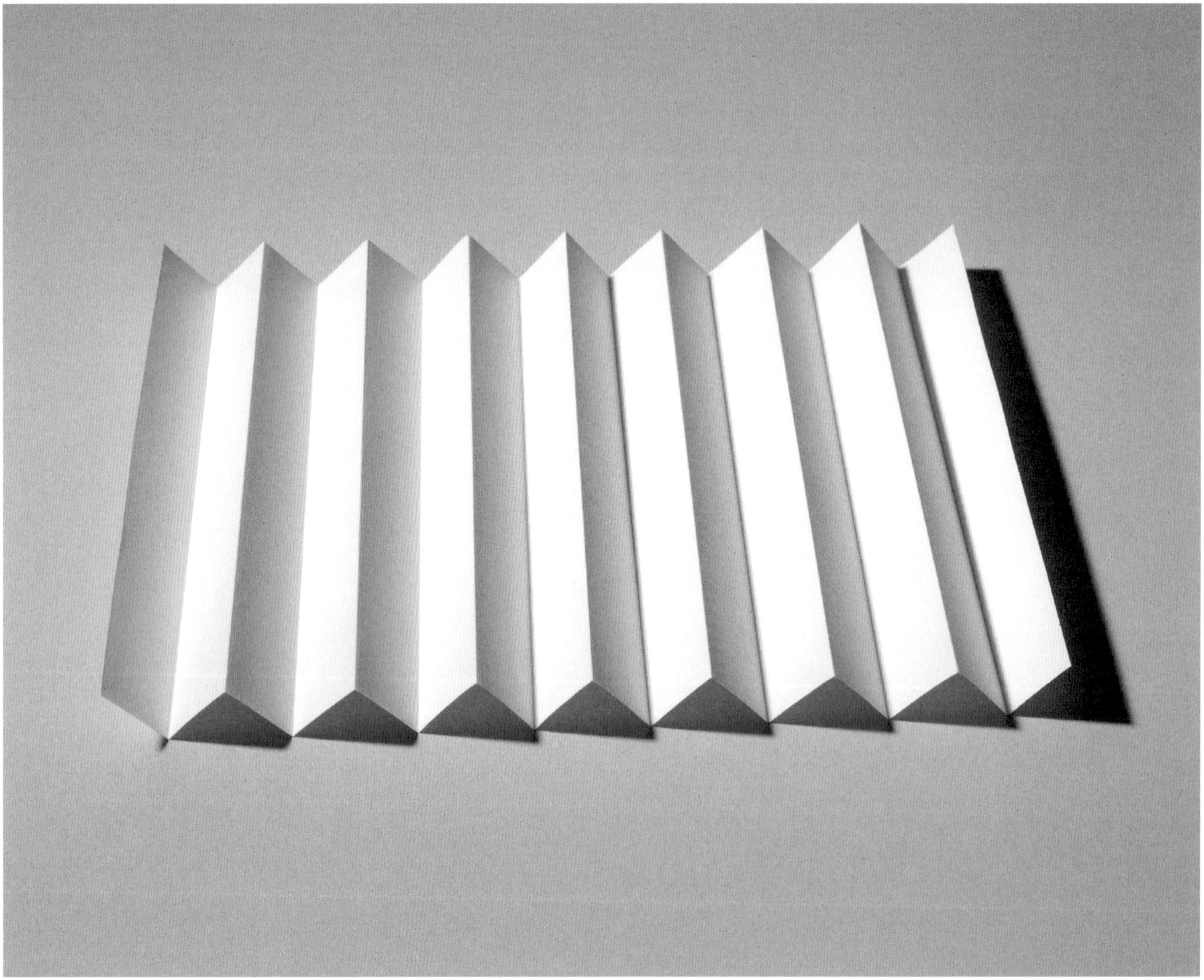

1.1.1.　16等分の直線分割

1.　基本コンセプト

基本は基本だ。昨日基本だったものは、明日も基本である。基本は不変で、創造的な作品を構築する揺るぎない基盤だ。

この章では紙を折る基本を説明する。ここで紹介する一般的なコンセプトは本書でもっとも重要で、もっとも役に立つものだ。これを学ぶために費やした時間は、その後の章に進んだとき、自分のオリジナルの折りをデザインするときにきっと報われる。折りは初めてだという人、あまり経験がない人はこの章にじっくり時間をかけてほしい。だが、ただその内容を見ているだけではいけない。とにかく折ってみること！

基本コンセプトは役に立つだけでなく、非常に応用範囲が広い。それはこれらのコンセプトが必然的に一般的であるからで、ゆえに無限に変更できるからだ。それに対して、より特殊な折りのアイデアは応用範囲が狭い。したがってやや逆説めいているが、ここは本書中でもっとも地味な章だが、もっとも創造性を与えてくれる章でもある。「基本」を「非創造的」と間違ってはいけない。

1.1.　紙を分割する

紙をまったく等しい長さや角度に分割すると、ほかのさまざまな技法が可能になる。ものさしと鉛筆を使って折る位置に印をつけてもいいが、手でやったほうがずっと早く、はるかに正確にできる。手で紙を半分に、次に4つに、それから8つに……と単純に、正確に折り続けていけばいい。ここではその手作りの方法を説明する。

このセクションに示されている16等分、32等分、64等分には何も特別なことはない。ただ紙を何度も折っていけばいいだけで、説明も簡単だ。オリジナルの作品を作るときは紙を10等分とか、26等分、54等分などに分割する必要が出てくるかもしれない。その場合は16等分、32等分、あるいは64等分に分割してから、余分な部分を切り取ったほうがいい。ここに示されているとおりの分割にしなければならないと考えないこと。

1.1.1.　直線分割：16分割

1.1.1_1
○の辺を●の辺に合わせて、紙を半分に折る。紙を開く。

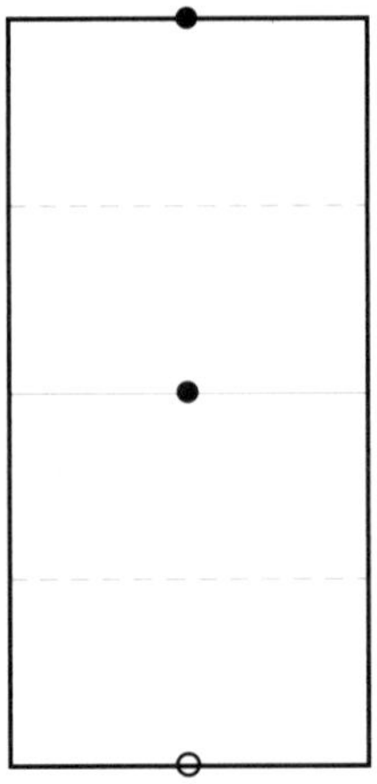

1.1.1_2
両端の辺を真ん中の線に合わせて折る。紙を開く。

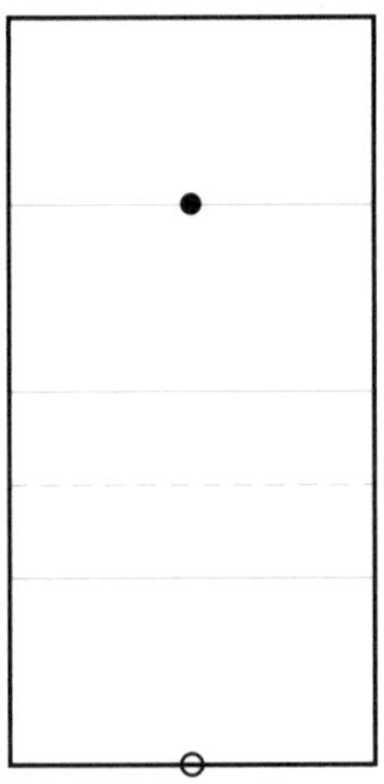

1.1.1_3
○の辺を●の折り目に合わせて折る。紙を開く。

1.1.1_4
反対側の辺でステップ3をくり返す。

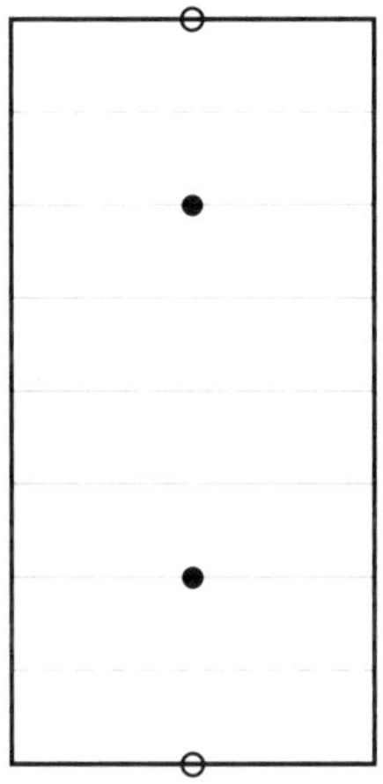

1.1.1_5
○の辺を●の折り目に合わせて折る。紙を開く。

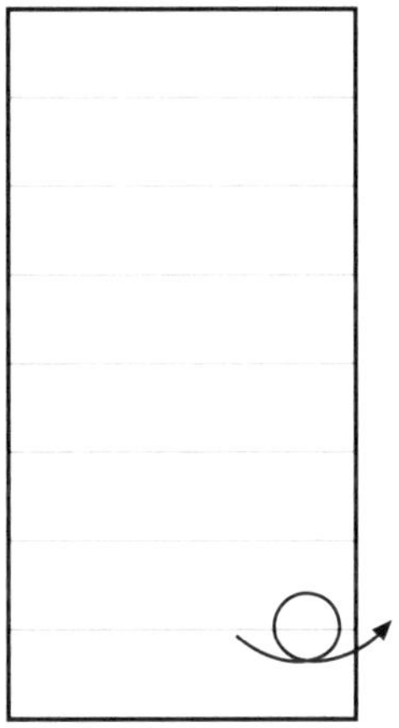

1.1.1_6
これで7本の谷折りの折り目ができて、紙は8等分されている。紙を裏返す。

1.1.1_7
今度は7本の山折りの折り目になっている。

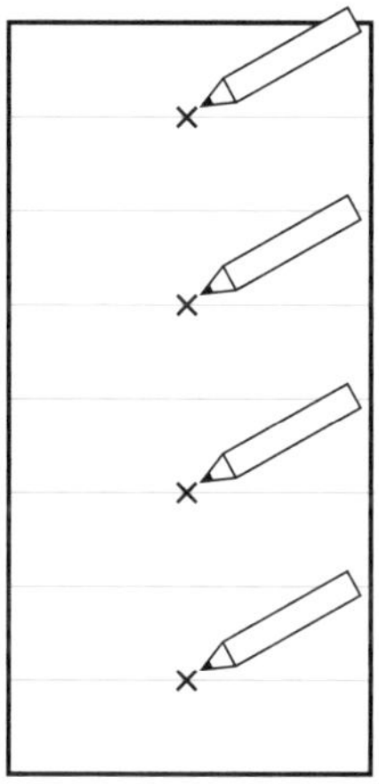

1.1.1_8
山折りの１つおきの折り目に鉛筆で薄く印をつける。

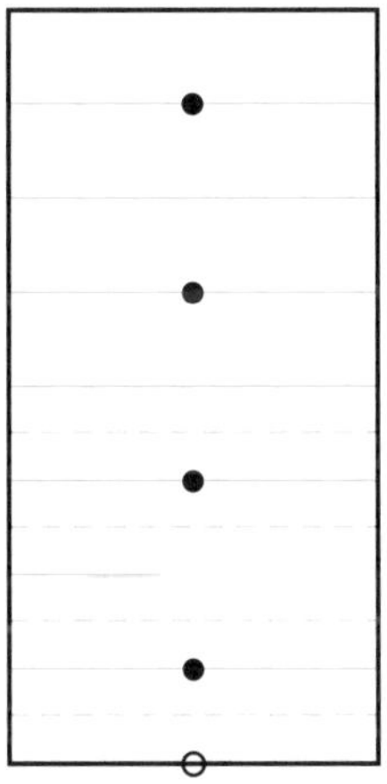

1.1.1_9
○の辺を、ステップ8で印をつけた●の折り目すべてに合わせて順に折って、4本の新しい折り目を作る。1つ折るごとに紙を開く。

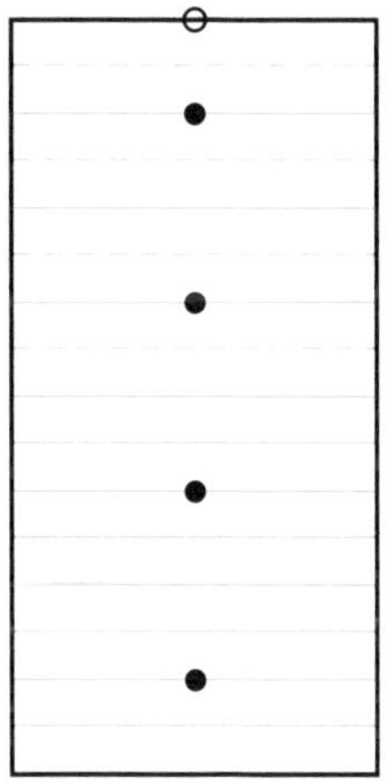

1.1.1_10
紙のもう一方の辺でステップ9をくり返す。

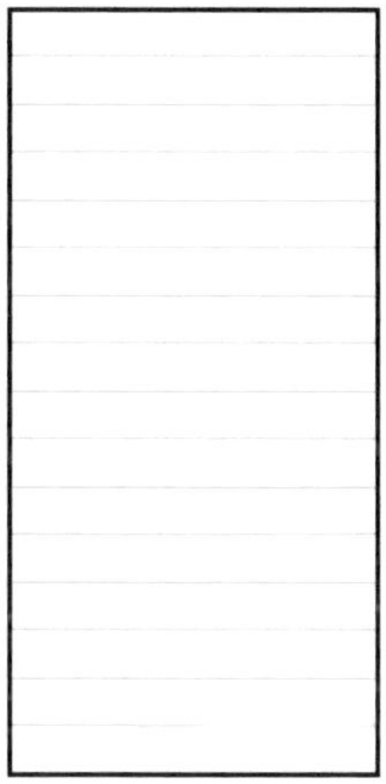

1.1.1_11
紙全体に谷折りー山折りー谷折りー山折りの折り目が交互について、紙は16等分されている（p.14の写真参照）。

1.1.1.　直線分割：32分割

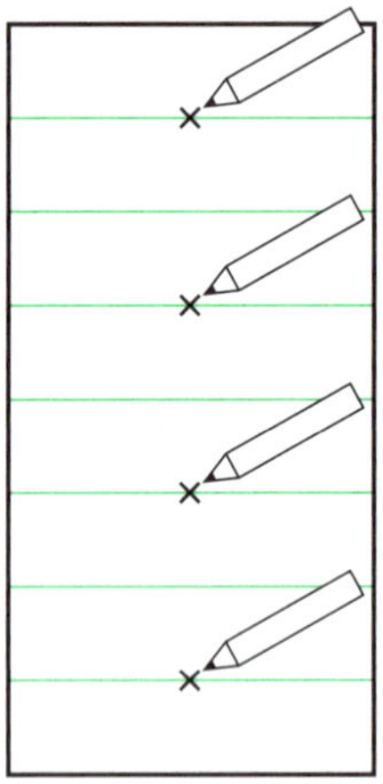

1.1.1_1
直線16分割法のステップ6（p.17）から始める。1つおきの谷折りの折り目に、鉛筆で薄く印をつける。

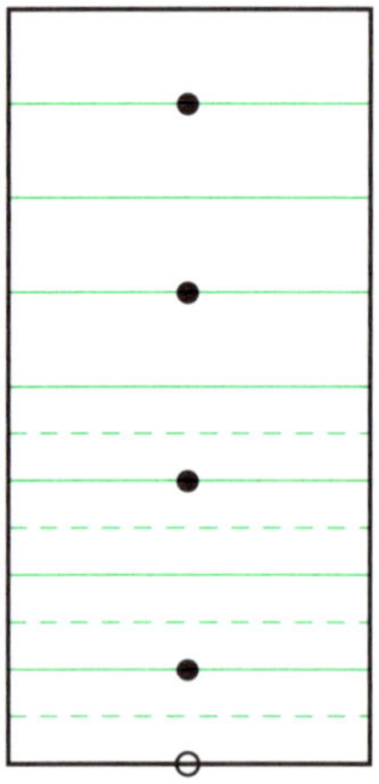

1.1.1_2
○の辺を、ステップ1で印をつけた●の折り目すべてに合わせて順に折って、4本の新しい折り目をつける。1つ折るごとに紙を開く。

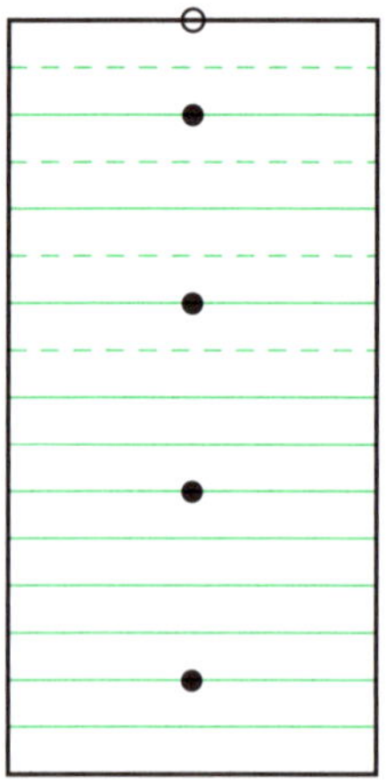

1.1.1_3
紙の反対側の辺でステップ2をくり返す。

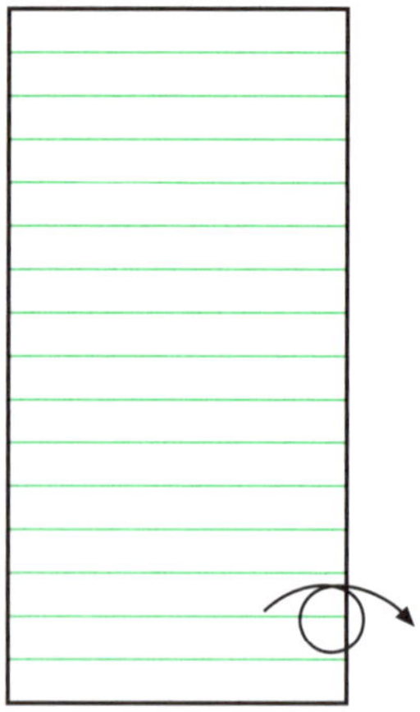

1.1.1_4
これで15本の谷折りの折り目がついている。紙を裏返す。

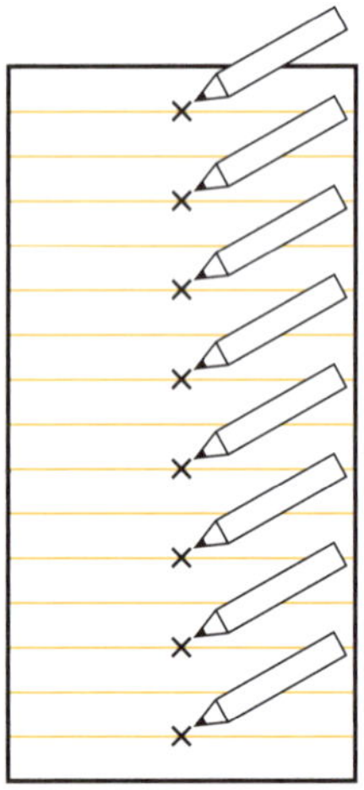

1.1.1_5
1つおきの山折りの折り目に、鉛筆で薄く印をつける。

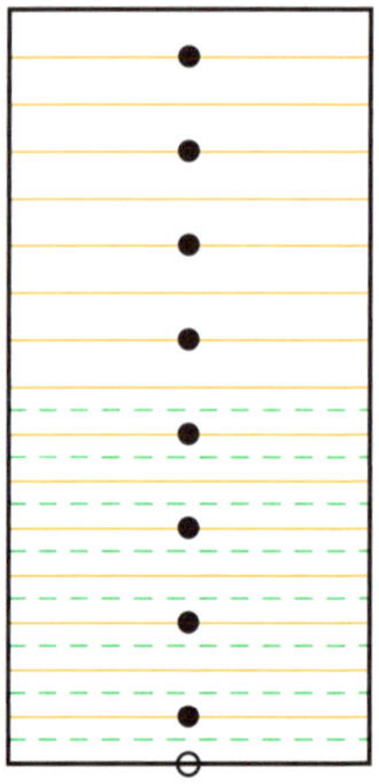

1.1.1_6
○の辺を、ステップ5で印をつけた●の折り目すべてに合わせて順に折って、8本の新しい折り目を作る。1つ折るごとに紙を開く。

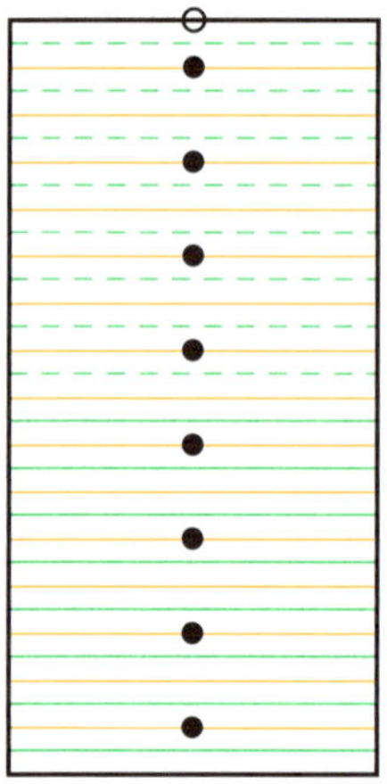

1.1.1_7
紙の反対側の辺でステップ6をくり返す。

1.1.1_8
谷折り－山折り－谷折り－山折りの交互の折り目で、紙が32等分されている（右ページの写真参照）。

1.1.1_8

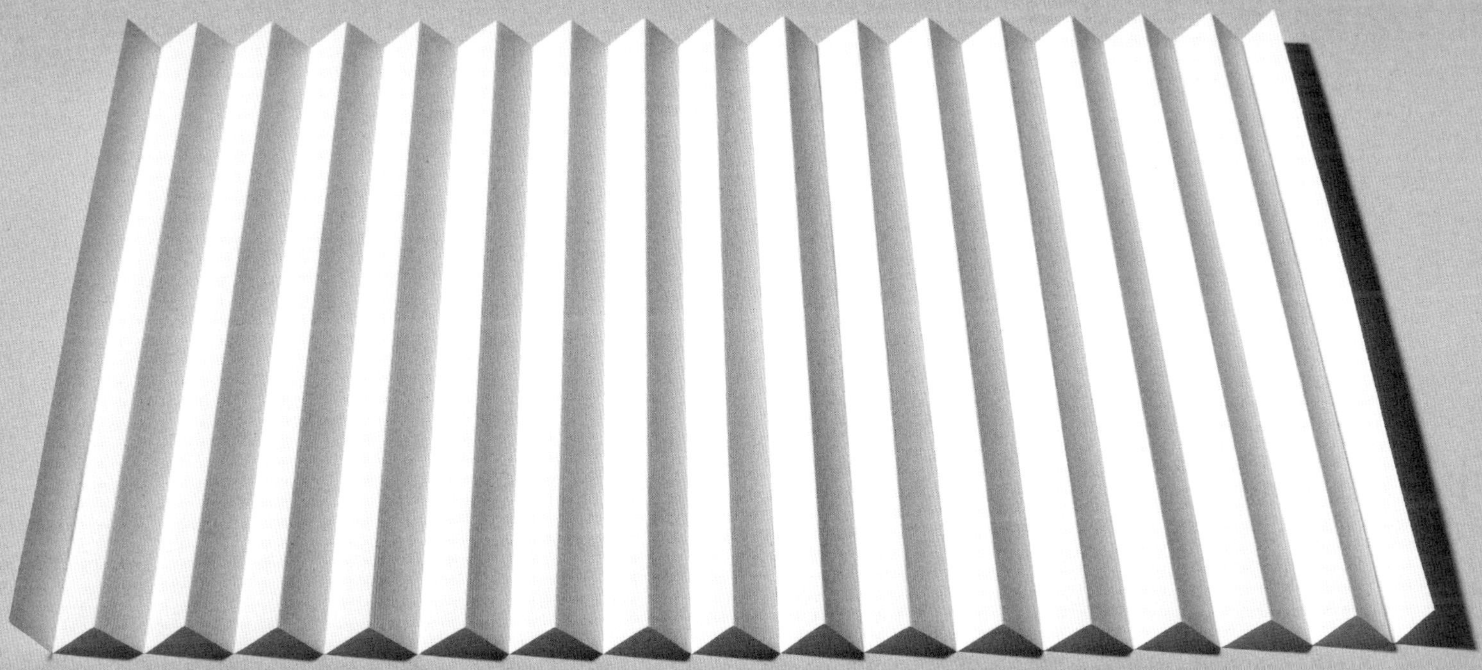

1.1.1.　直線分割：64分割

紙を64等分するには、直線32分割法（p.18参照）のステップ4まで折る。次に、紙を裏返さずに、同じ面で32本の折り目をすべて谷折りで作る。それから紙を裏返す。1つおきの山折りの折り目に印をつけ、紙の両端の辺を、印をつけた折り目に合わせて順に折って、山折りと山折りの間に谷折りの折り目を作る。これで64等分される。

１枚の紙を最初に半分ではなく3等分すれば、そこから正確に6等分、12等分、24等分……に分割できる。16等分、32等分、64等分より、このほうが有用なこともある。

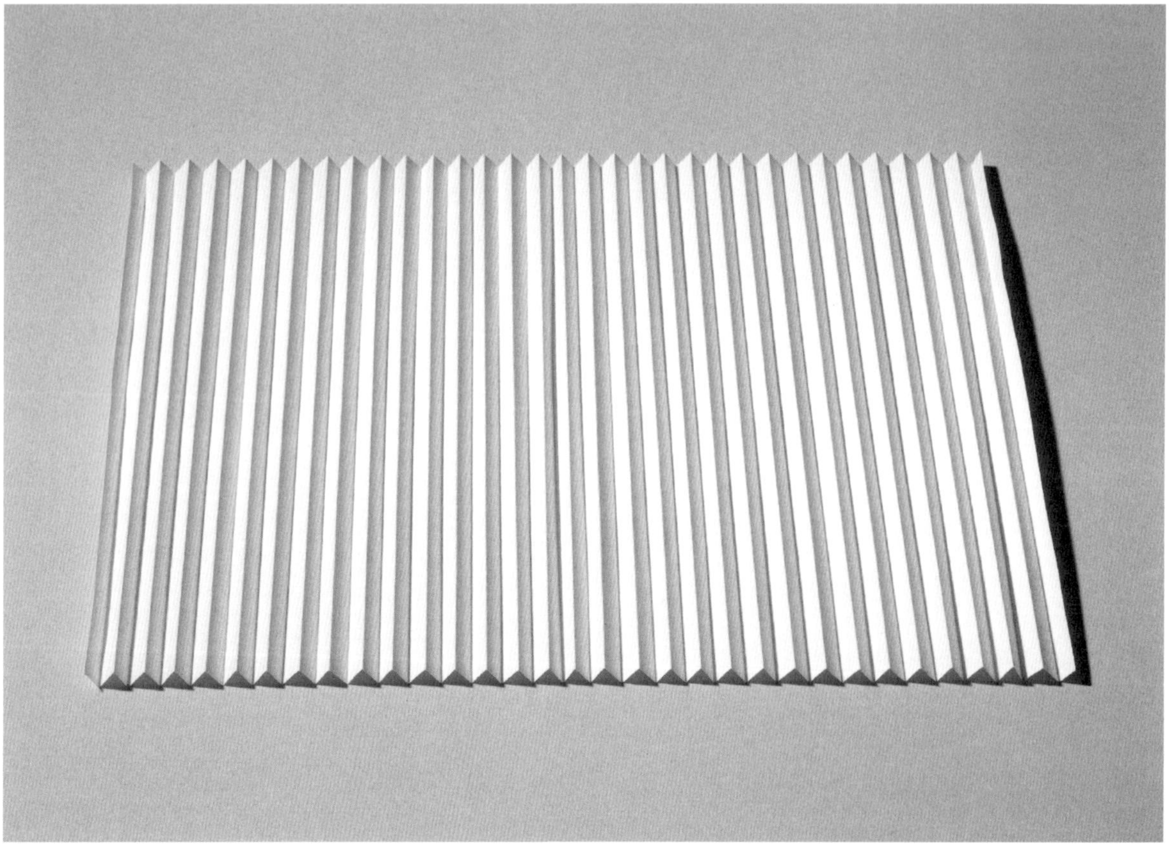

1.1.1.　直線64分割

1.1.2.　回転分割：16分割

1.1.2_1
○の辺を●の辺に合わせて折って、紙を2つの90°の角に分割する。紙を開く。

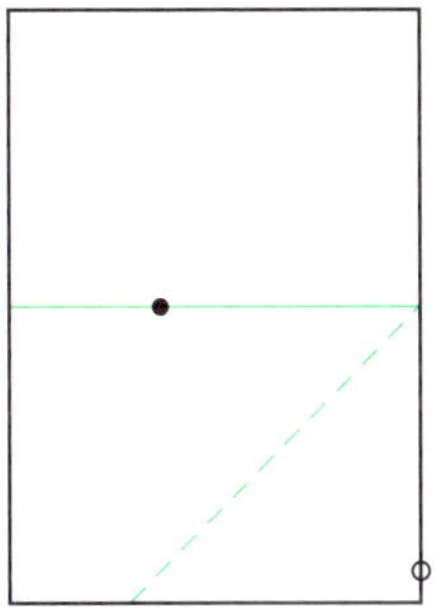

1.1.2_2
○の辺を●の折り目に合わせて折る。紙を開く。

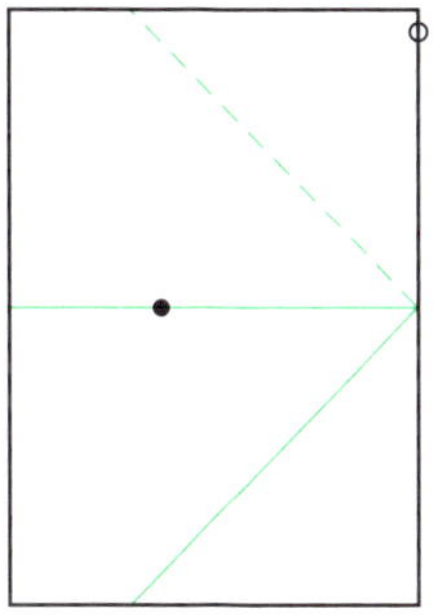

1.1.2_3
紙の上半分でステップ2をくり返す。紙を開く。

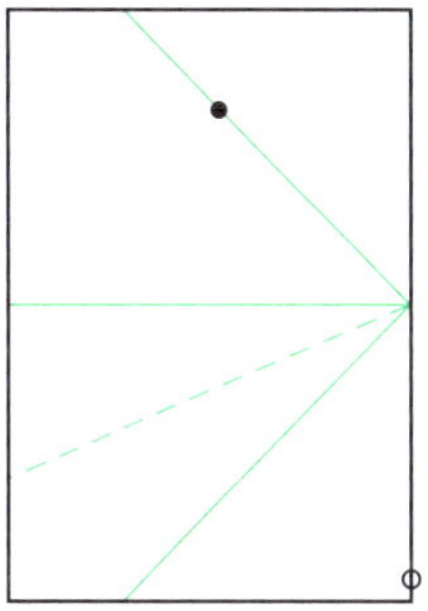

1.1.2_4
○の辺を●の折り目に合わせて折る。紙を開く。

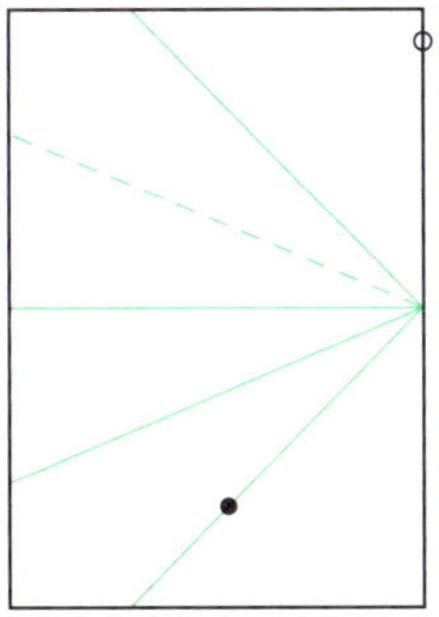

1.1.2_5
紙の上半分でステップ4をくり返す。紙を開く。

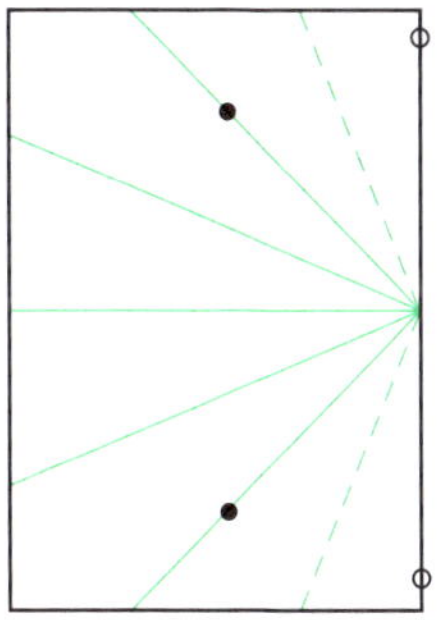

1.1.2_6
○の辺を●の折り目に合わせて折る。これで7本の谷折り線と、8つの等しい角ができた。

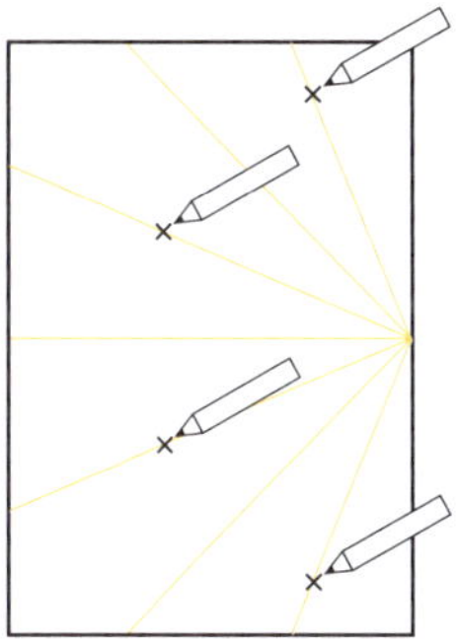

1.1.2_7
紙を裏返し、1つおきの山折りの折り目に鉛筆で薄く印をつける。

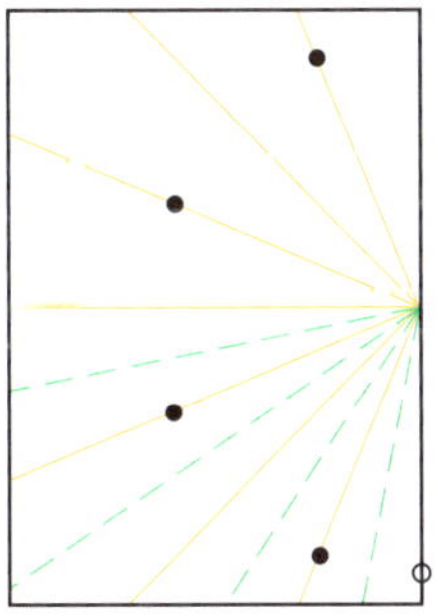

1.1.2_8
○の辺を、ステップ7で印をつけたすべての●の折り目に順に合わせて折っていくと、4本の新しい折り目ができる。1つ折るごとに紙を開く。

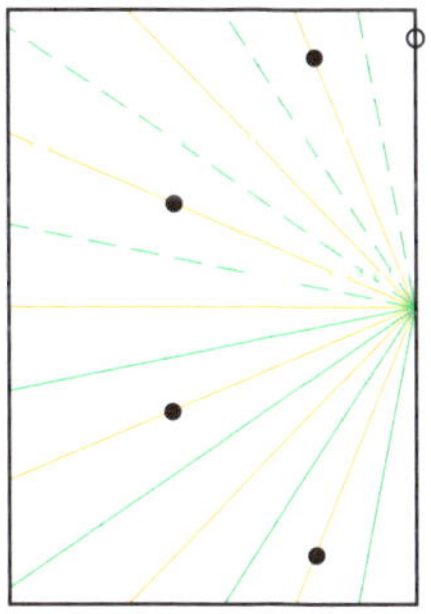

1.1.2_9
紙の上半分でステップ8をくり返す。

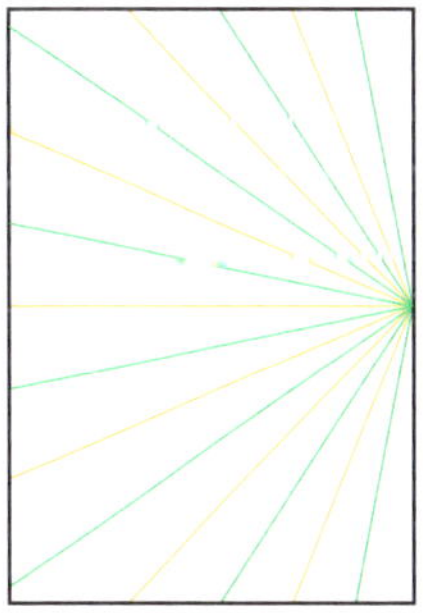

1.1.2_10
これで、谷折り－山折り－谷折り－山折りの交互の折り目を使って、紙が等しい16の角に分割された（次ページの写真参照）。

1.1.2_10 回転16分割

1.1.2. 回転16分割のバリエーション

直線16分割（p.16－17参照）では、平行に並んだ折り目の間隔は、分割する紙の長さによってのみ決まる。だが回転16分割の場合は、斜めの折り線と折り線の間隔は、すべての折り線が集合する点の周囲の、紙の角度によってのみ決まる。

以下は、回転16分割のいくつかのバリエーション。折り方は回転16分割法（p.21参照）と同じだ。

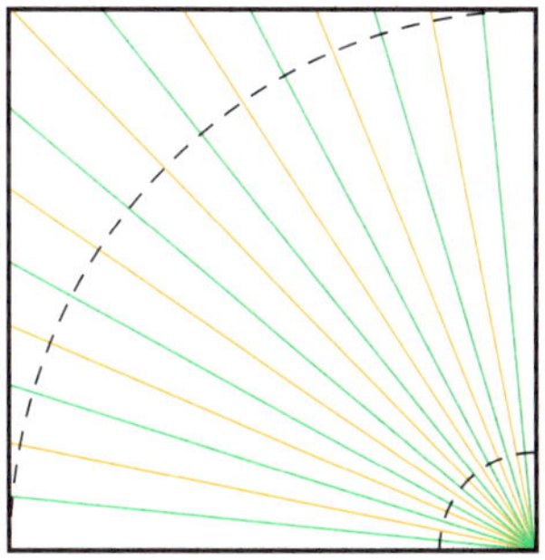

1.1.2_11
90°の角を16等分した場合。

1.1.2 _ 12

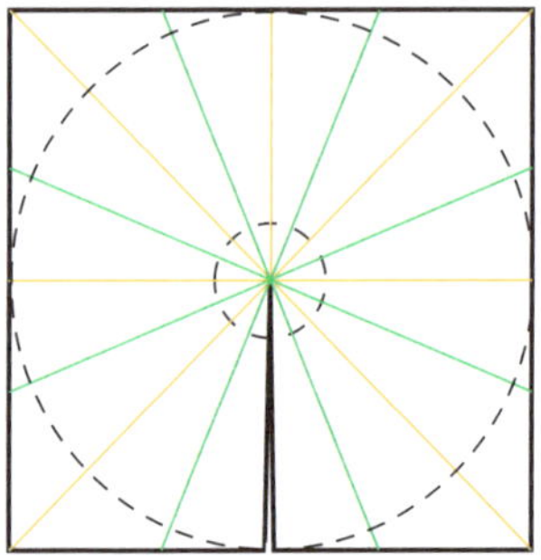

1.1.2_12
360°の角を16等分したもの。同じサイズの紙を2枚用意し、図のように折って重ね、貼り合わせれば、ちょうど鉛筆の削り片のような感じになって、この角度を720°に増やすことができる。この720°の面の折り目を寄せ集めると、360°の弧を描いて平らにおさまる。3枚以上の紙を貼り合わせれば、さらに大きな角度を作ることができる。

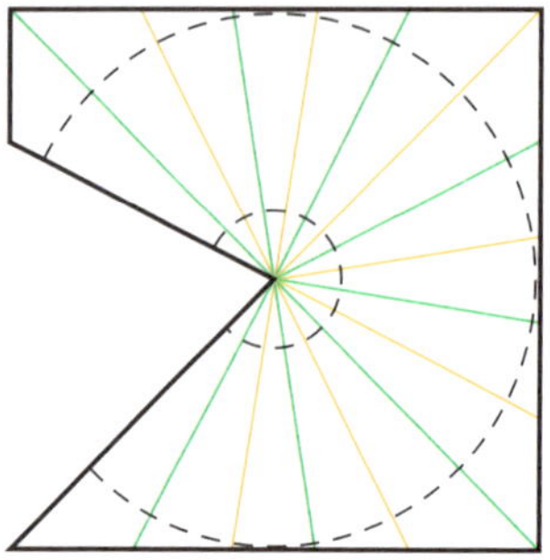

1.1.2_13
任意の角を16等分した場合（右ページの写真参照）。

1.1.2. 回転分割：32分割

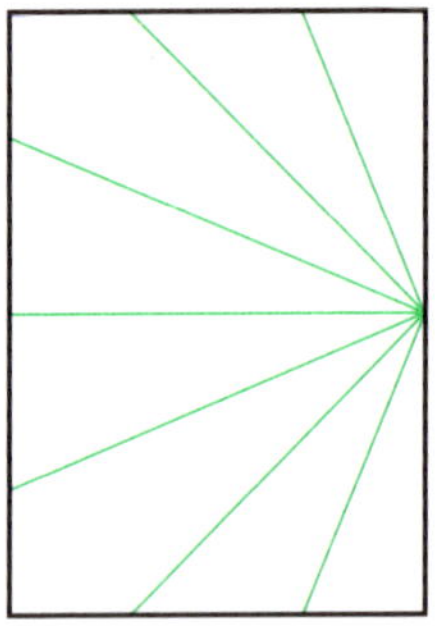

1.1.2_14
回転16分割法（p.21参照）のステップ6から始める。

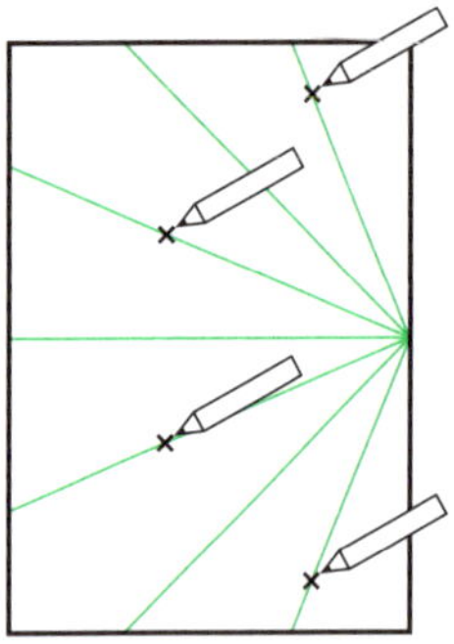

1.1.2_15
谷折りの折り目に1つおきに鉛筆で薄く印をつける。

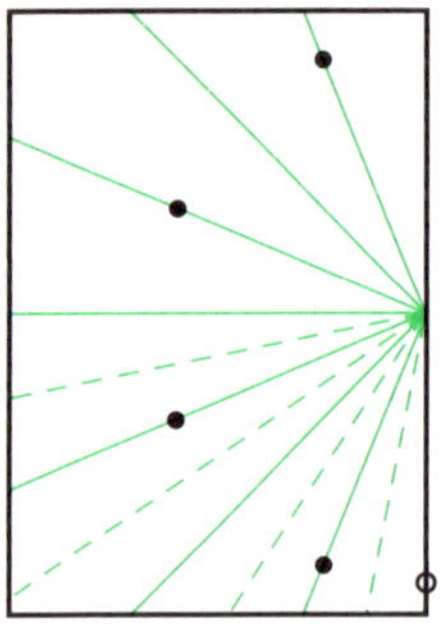

1.1.2_16
○の辺をすべての●の折り線に合わせて順に折り、4本の新しい折り線を作る。上半分についても同様にし、それから紙を裏返す。

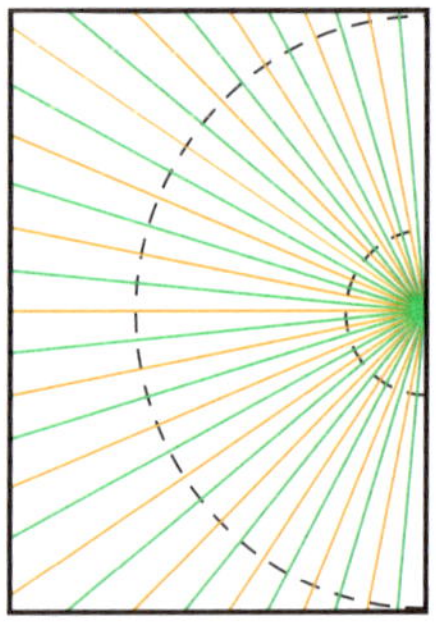

1.1.2_17
直線32分割（p.18参照）の場合とまったく同じ方法で続ける。

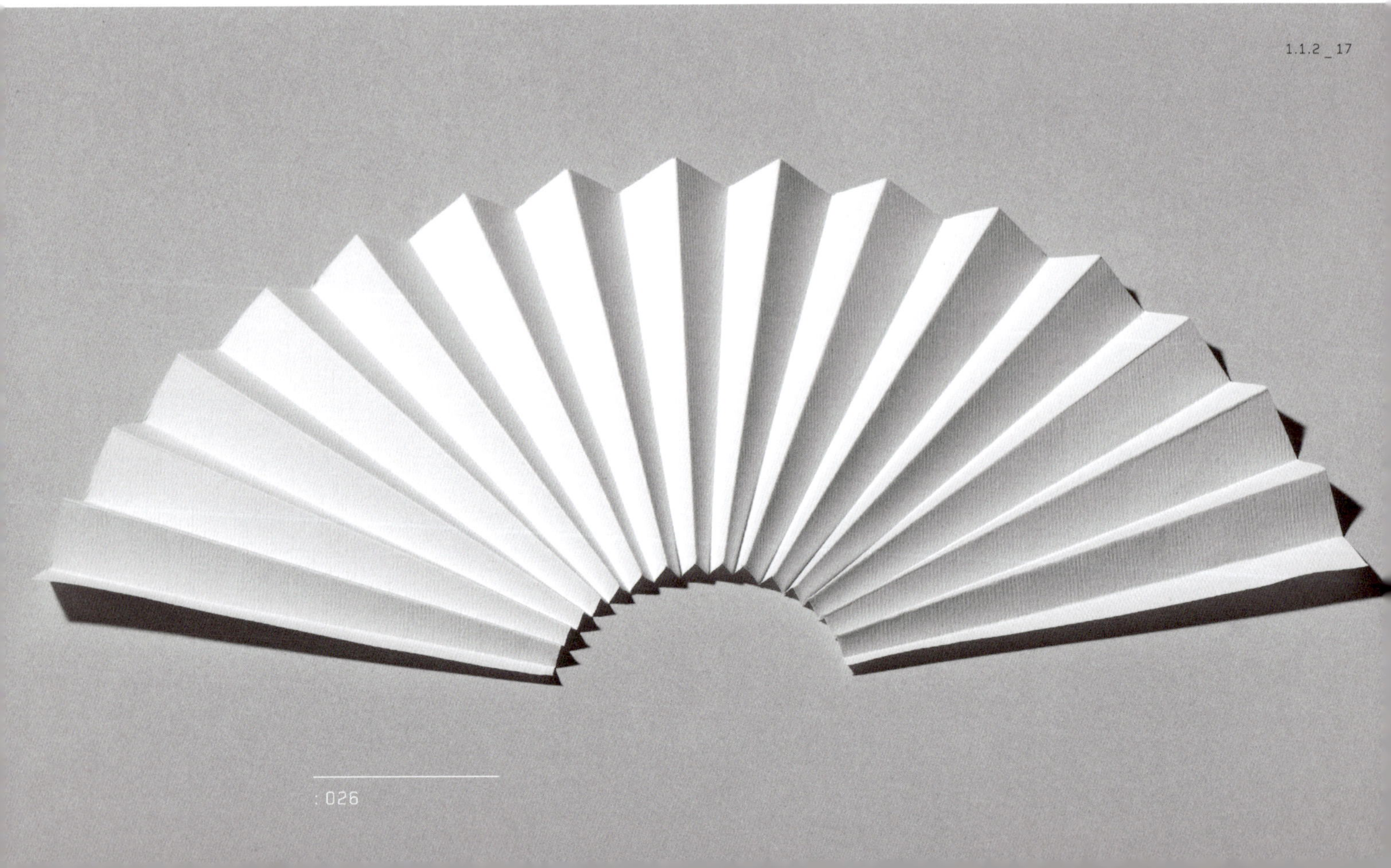

1.1.2 _ 17

1.1.3. 対角線分割

これまでこの章では、常に紙の縁の辺を既存の折り目に合わせて、紙の辺に平行な折り線を作ることで紙を分割してきた。だが同様に、カドを既存の折り目に合わせて、対角線に平行な折り線を作ることで紙を分割することもできる。どちらの方法も折り方はまったく同じだが、できたものの外観は大きく違っている。

ここで示しているのは対角線に沿って紙を16分割する方法だが、先に説明した紙を32分割、64分割する方法も使える。

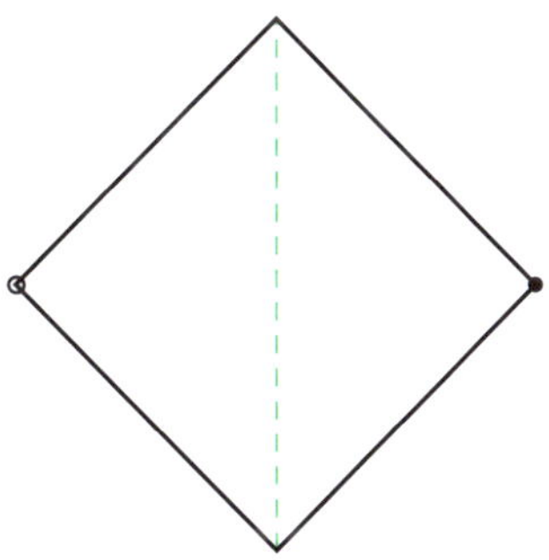

1.1.3_1
正方形の紙を用意する。○印のカドを●のカドに合わせて折る。紙を開く。

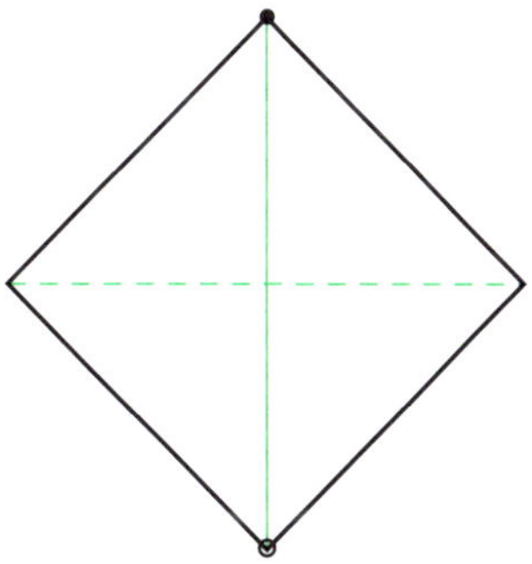

1.1.3_2
同様に○のカドを●のカドに合わせて折って、紙を開く。

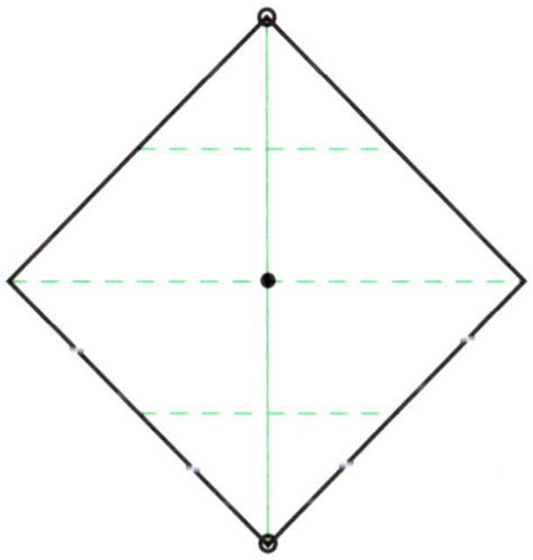

1.1.3_3
○のカドを交点●に合わせて折る。紙を開く。これで縦の対角線が4つに分割される。紙を裏返す。

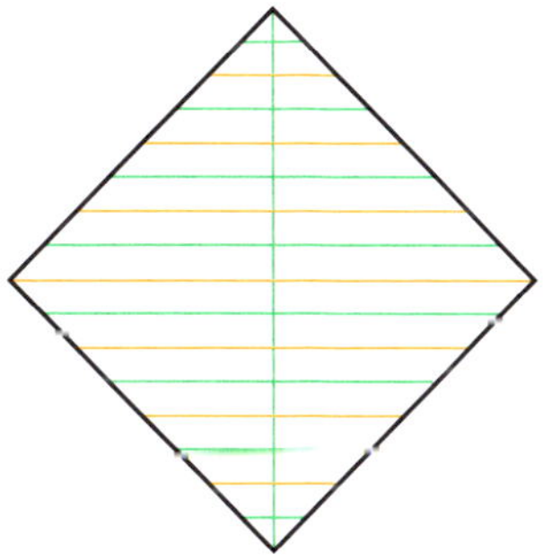

1.1.3_4
直線16分割法（p.16－17参照）で使ったのとまったく同じ方法で続ける。縦の対角線に直交するように、谷折り－山折り－谷折り－山折りと交互に折り目を作ることによって、紙が16等分される（次ページの写真参照）。

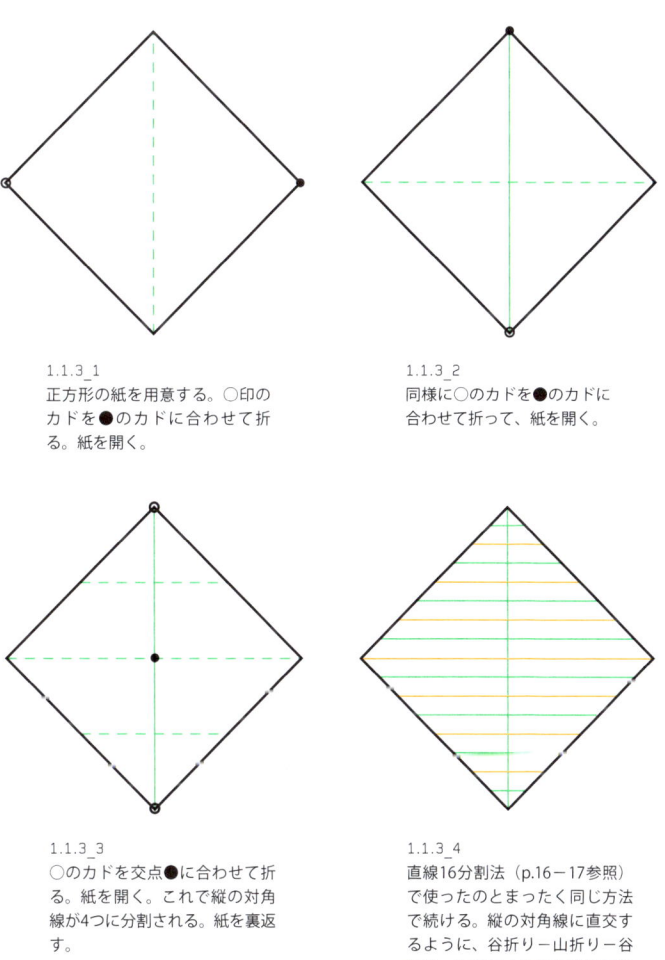

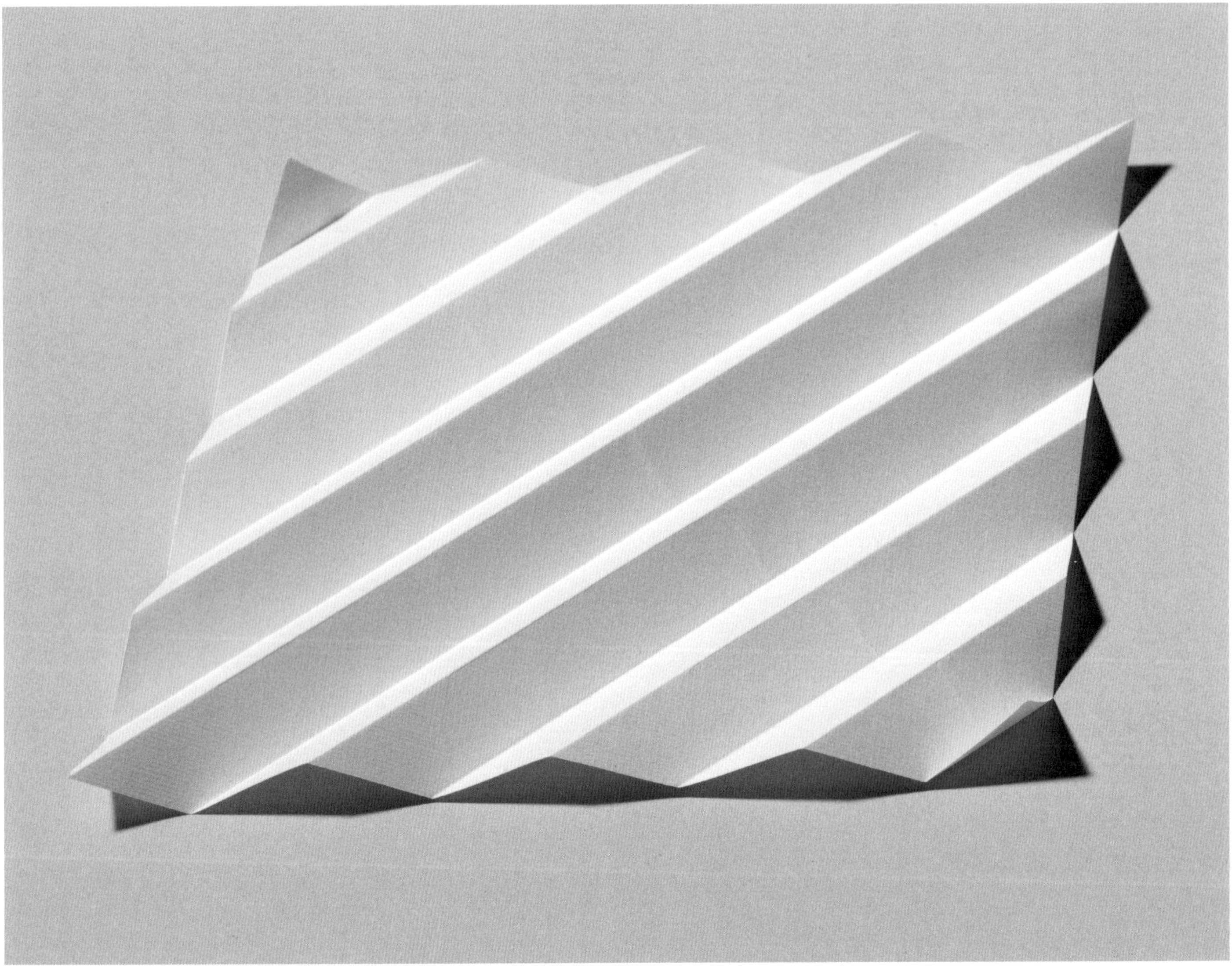

1.1.3 _ 4

1.1.4.　格子分割

p.16－20で説明した直線分割の後、同じ紙の上で別の方向に折り続けると、格子状の折り目ができる。そのバリエーションの可能性はここには載せきれないほどあるが、もっとも一般的な例として、直角に交わる2方向に等しい間隔で分割していくと、正方形の紙なら正方形の格子ができる。

その2方向で異なる数に分割（たとえば8等分と16等分など）すれば、正方形でなく長方形の格子ができる。同様に、正方形でなく長方形の紙を使って格子を伸ばしたり縮めたりすることもできる。

さらに、2つの格子（もっとも一般的には、紙の縁に平行な格子と、対角線に平行な格子）を重ねて、非常に応用範囲の広い緻密な多方向格子を作ることも可能だ。

最後に、正方形や長方形の紙の代わりに別の形の紙（もっとも一般的には六角形の紙）を使えば、正方形や長方形でない格子ができる。この正六角形からできる格子は、紙を正三角形（すべての角が60°の三角形）に分割する3本の直線分割線の集まりでできていて、よくある90°の格子と同じくらい応用範囲が広いのだが、使われている例は非常に少ない。新しい形を開発しようという折りの学習者は、90°の格子で作られる形を取り出して、同じものを60°の格子で折ってみてほしい。まだ60°の格子で折ったり遊んだりしたことのない人は、ぜひ試してみよう。きっと折りの別世界に入った気分になるはずだ！

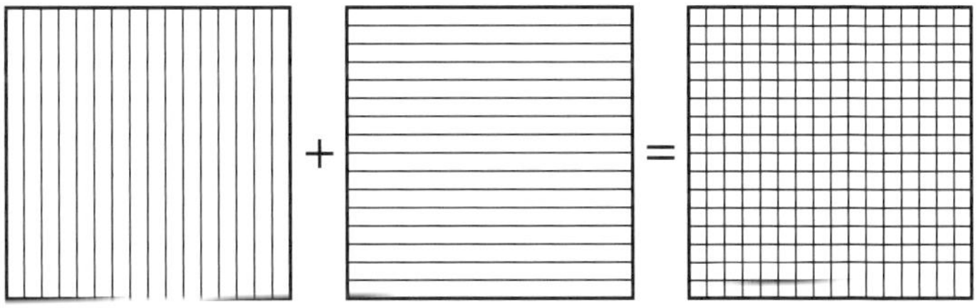

1.1.4_1
両辺に平行に直線16分割。

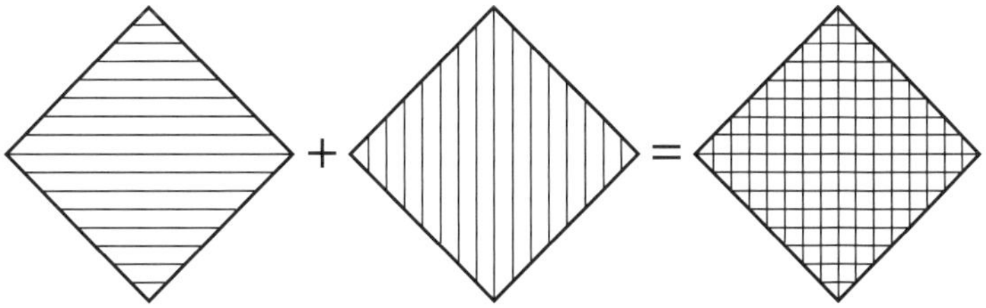

1.1.4_2
両対角線に平行に直線16分割。

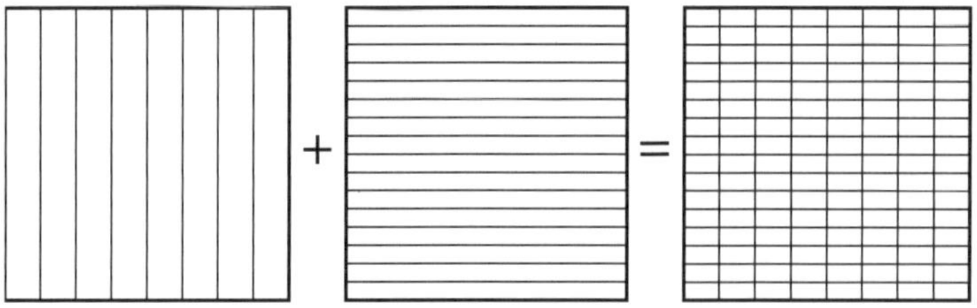

1.1.4_3
縦の辺に平行に直線8分割と、
横の辺に平行に直線16分割。

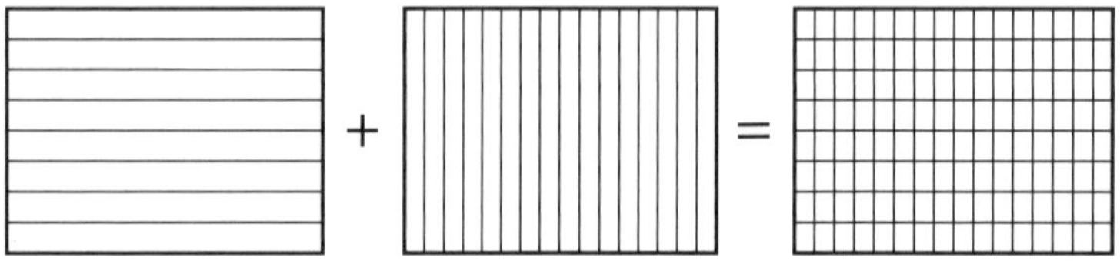

1.1.4_4
横の辺に平行に直線8分割と、
縦の辺に平行に直線16分割。

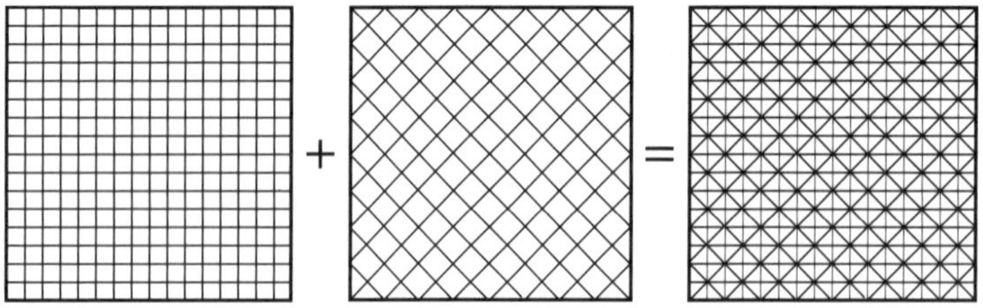

1.1.4_5
2つの格子（辺に平行な格子と、
対角線に平行な格子）を重ね
たもの。

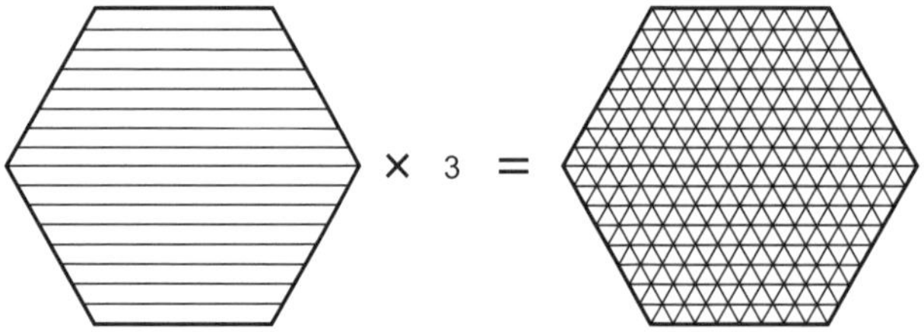

1.1.4_6
六角形に対して直線16分割
を、3回くり返したもの。

1.2.　シンメトリー的反復

折りのデザインとは、折り線による二次元の平面デザインによって三次元の形を作ること、とも言い表すことができる。何であれ平面デザインの研究をすると、すぐにパターンの問題が登場する。ここでのパターンとは、１つのモチーフが規則的な配列でくり返されることを指す。折りの造形には、反復パターンでできているものが多い。その中には見てそれとすぐわかるものと、そうでないものがある。

折り線図を含め、パターン作りの基本は、シンメトリー（対称性）だ。二次元のシンメトリーには、並進対称 (translation)、鏡映対称 (reflection)、回転対称 (rotation)、映進対称 (glide reflection)の4つの基本的なタイプがある。どれも新しい折りの造形を開発するときに非常に効果的に利用できる。この4つのタイプをしっかり理解しておくと、もっとも単純なモチーフからさえ驚くほどの数の使える折り線図を生み出すことができる。こうしたパターンを生み出すには鉛筆と紙さえあればいい。だがもちろん最終的にはその図を折って、自分が創作したものを自分の目で確かめることに代わる方法はない。

1.2.1.　並進対称

定義：１つのモチーフをそのままの形で１方向に反復すること。

これはシンメトリーのもっとも単純な形だ。１つのモチーフを直線方向に、重ならないようにくり返す。これを正方形（あるいは他の多角形）の紙に応用すると、正方形が横に単純にくり返され、折り線のパターンもくり返される。

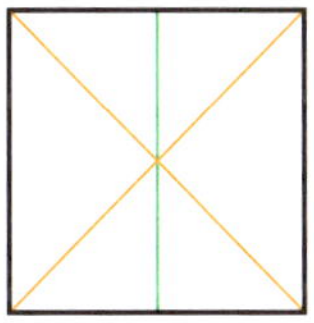

折りのモチーフ

1.2.1_1
並進対称の例（次ページの写真参照）。

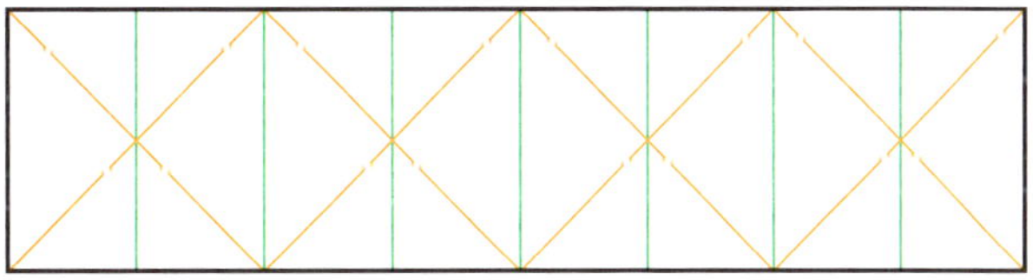

折りのモチーフ

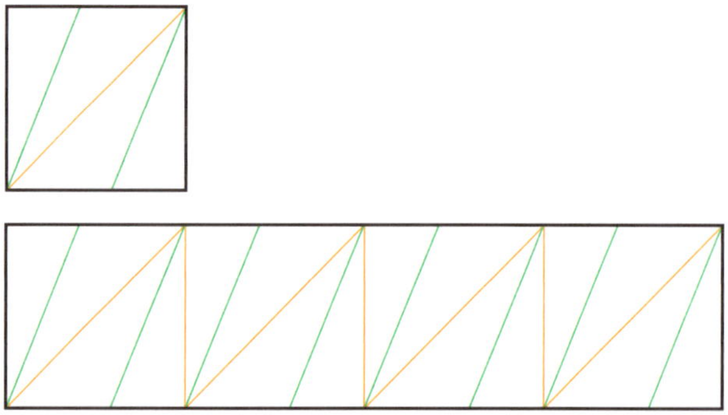

1.2.1_2
並進対称の例。

1.2.2. 鏡映対称

定義：１つのモチーフをそのままの形で１方向に、だが１回ごとに先のモチーフの鏡像として反復すること。

鏡映対称を使うと、並進対称で作ったものより複雑な折り線図が可能になる。なぜなら、対称中心線をこえて共通の折り線でモチーフをつないでいくのが、より簡単になるからだ。

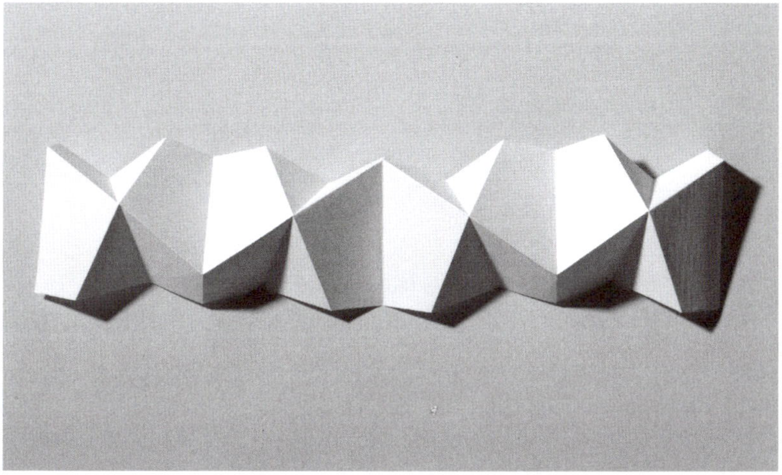

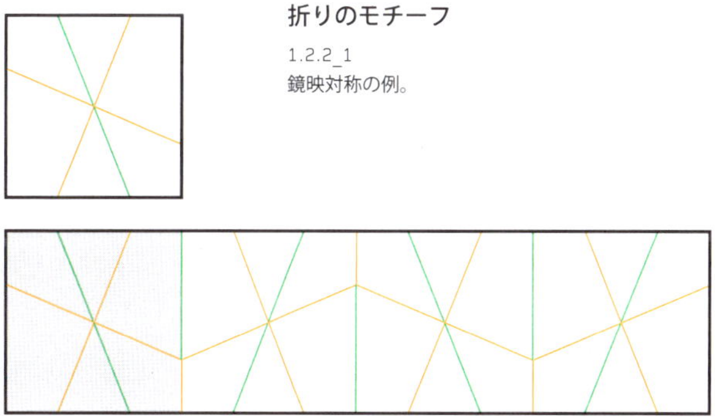

折りのモチーフ

1.2.2_1
鏡映対称の例。

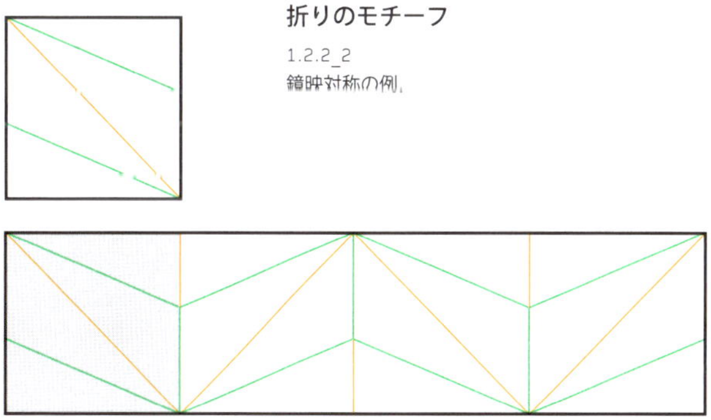

折りのモチーフ

1.2.2_2
鏡映対称の例。

1.2.3.　回転対称

定義：１つのモチーフをそのままの形で１つの共有点の周りに反復すること。

並進対称と鏡映対称は直線的なくり返しだが、回転対称はそれらと違って、平面上で共有点の周りを回転するように反復する。正方形を使う場合、4つのカドのどれもが回転の共有点として使え、同じモチーフから数多くの形を作ることができる。

1.2.3 _ 1　モチーフ1とそのバリエーション

1.2.3 _ 1 _ 1

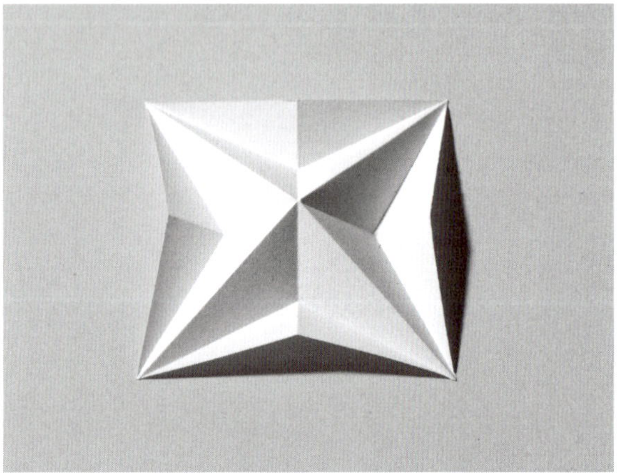

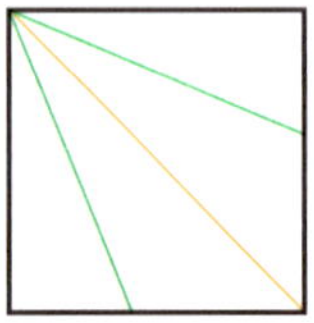

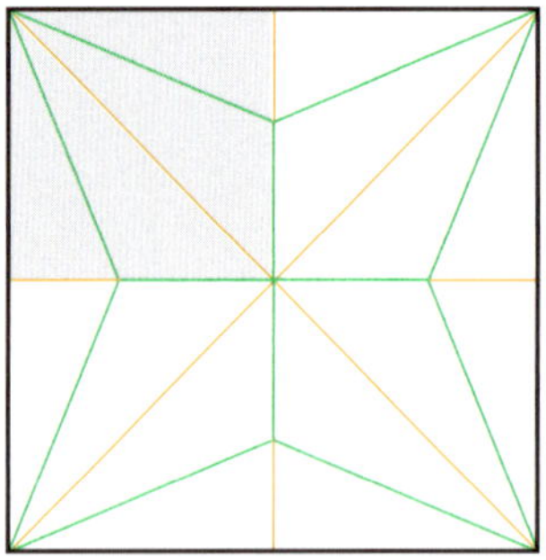

折りのモチーフ1

1.2.3_1_1
このモチーフをくり返して星形の折り線図を作ったもの。左の2枚の写真の形は、どちらもこの１つのパターンから折られている。一方の内側と外側をひっくり返すと、もう一方の形になる。

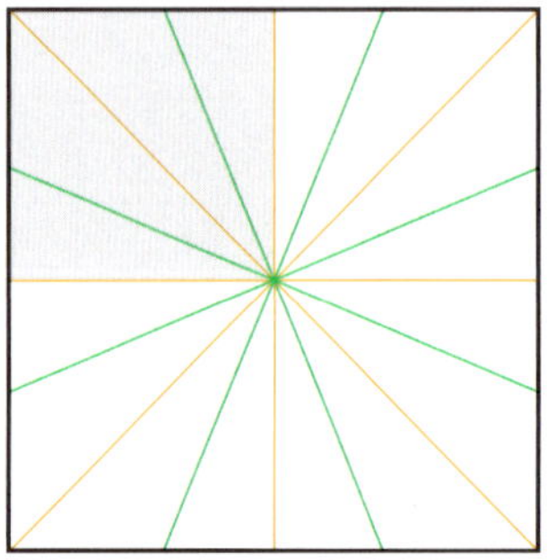

1.2.3_1_2
モチーフのくり返しで放射状の折り線図を作ったもの（右ページの写真参照）。写真左上と左下の例と同じように、この形も内側と外側をひっくり返せるが、違いはそれほど劇的ではない。

1.2.3 _ 2 モチーフ2とそのバリエーション

モチーフ1でもモチーフ2でも、それぞれをどう折りたたむかによって多くの造形が可能になる。各モチーフの別のカドを回転の共有点にすれば、大きく異なる形が生まれる。4個のモチーフから成るそれぞれの回転対称パターン自体を、共有点の周りにさらにくり返していけば、たった１つのモチーフから非常に複雑で美しい表面と立体造形ができる。

1.2.3 _ 2 _ 1

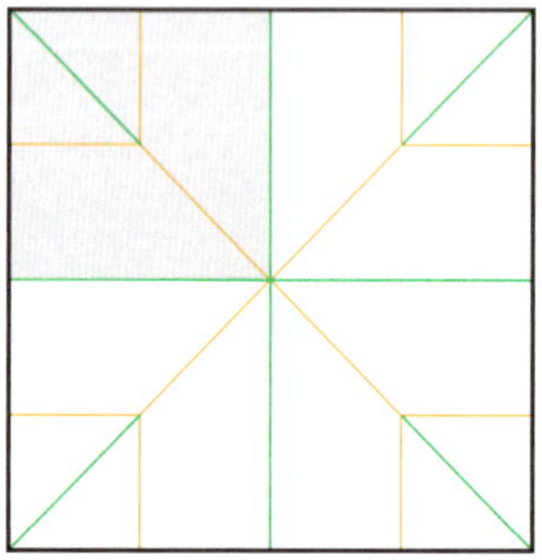

折りのモチーフ2

1.2.3_2_1
上の2枚の写真は、同じ形を内側と外側を逆転させたもの。どちらも、モチーフを回転対称させたこの折り線図から作られている。

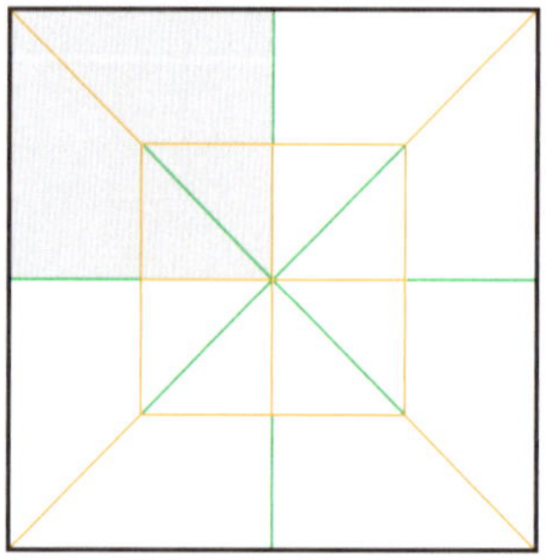
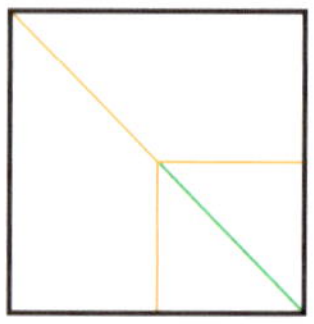

折りのモチーフ

1.2.3_2_2
モチーフ内の右下の小さな正方形を、中央点の周りに配置し、それらを合わせて大きな山折りの正方形を作ったもの。この正方形は内側に折り込むことができる。次ページの写真参照。

1.2.4.　映進対称

定義：１つのモチーフに並進と反転をくり返すこと。直線方向とはかぎらない。

これはシンメトリーのもっとも複雑な形で、完璧に理解するのにもっとも時間がかかる造形だ。上記の定義はもっとも厳密でもっとも正しい定義だが、もっとゆるく考えて、並進対称と鏡映対称のどんな組み合わせでも含めることが多い。規則は破られるために作られるものであり、映進対称は学んでそれから学んだことを軽視するところからデザインは生まれるということの、もっともいい例である。基本的には何でもありだ。ただし無視するのではなく、尊重すること。なぜならシンメトリーの規則は、見てすぐにわかるようなものをはるかにこえた映進対称パターンをデザインするツールを与えてくれるからだ。

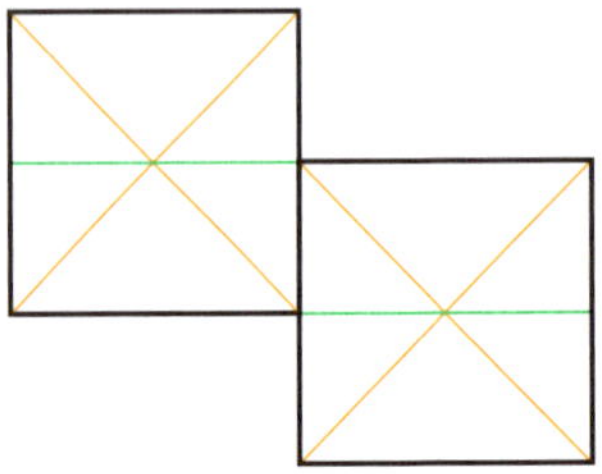

1.2.4_1
この単純な映進対称の例では、モチーフの対称性とはつまり、見たところは反転していないということを意味する。2個の正方形からなるモチーフを平面全体にくり返していくと、複雑で非常に柔軟性に富んだ表面が生まれる。これはおそらくあらゆる折りの造形の中でももっとも驚嘆すべきものの１つである。p.42の写真参照。

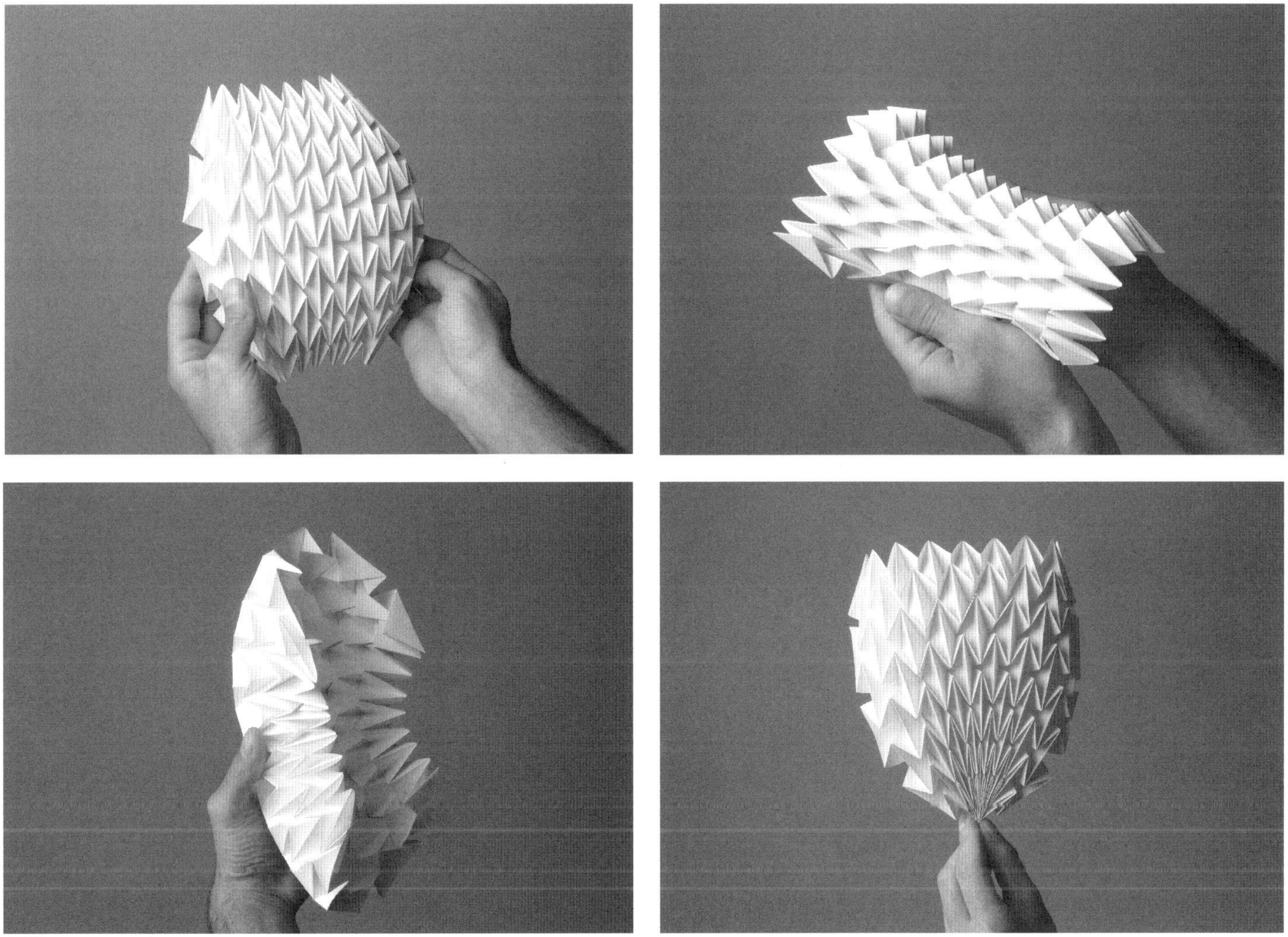

このモチーフがとりうる数多くの形の一部。より柔軟性を与えるために、この例題では左ページの折り線図を4回くり返している。

1.2.4 _ 1 映進対称

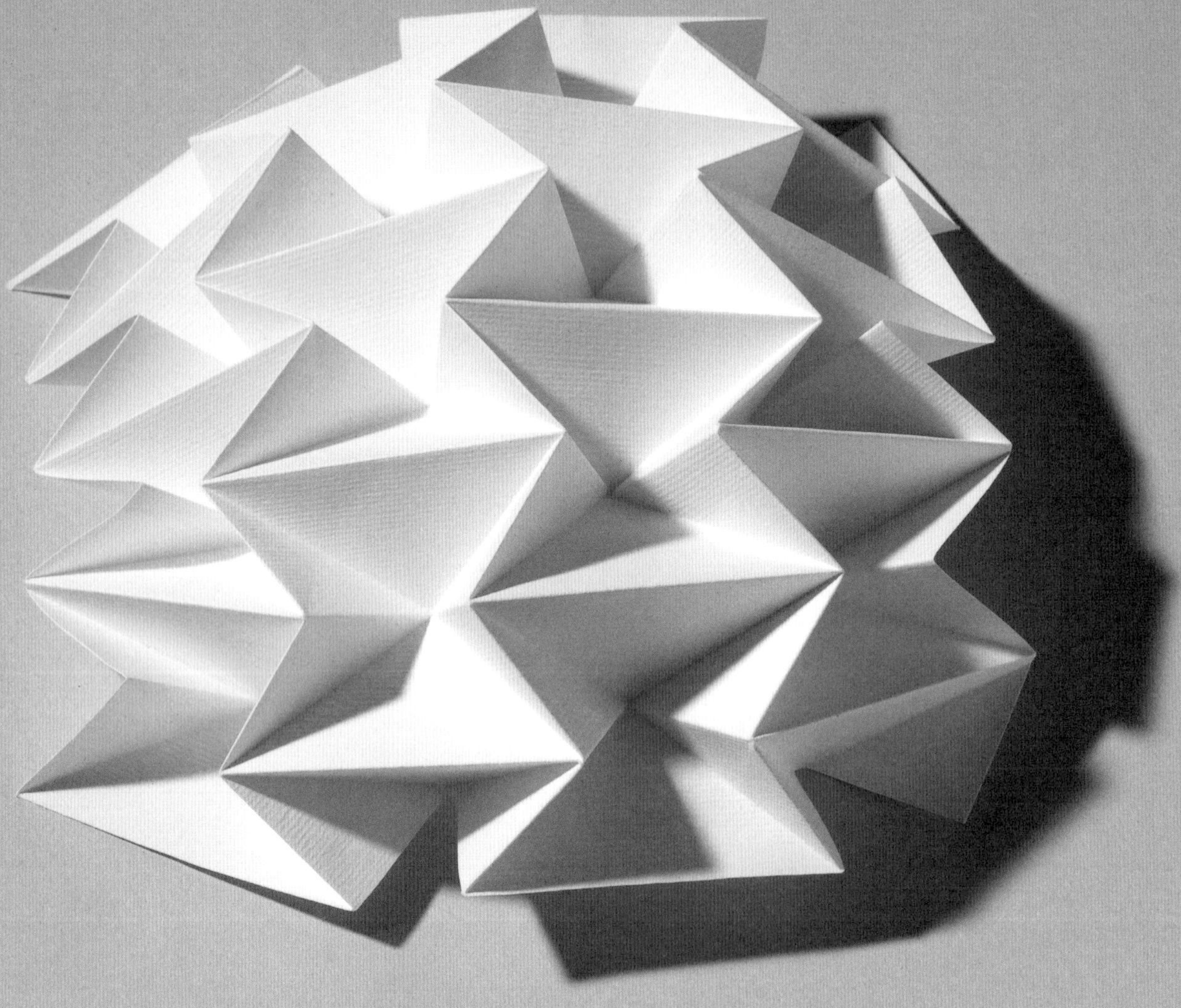

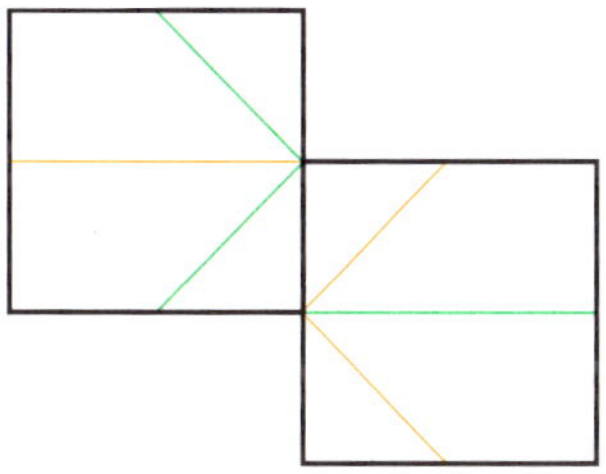

1.2.4_2
この例では、映進対称に鏡映が含まれているのがはっきりわかる。だが元のモチーフも表から裏にひっくり返されているので、山折りと谷折りがすべて入れ替わっている。表面全体にこれをくり返していくと、この複雑なシンメトリーは面白い折り目模様を作り出す。そこではもうシンメトリー的な反復を見つけるのは難しい。

1.3. ストレッチとスキュー

ストレッチ（引き伸ばす）とスキュー（斜めに傾ける）は、新しい折りの造形を生み出すわけではないが、オリジナルの形から、デザイン目的により適したバリエーションを作る簡単な2つの技術だ。もっとも自然に使われる紙の形は正方形だが、正方形は凡庸で、時には押しつけがましいように思えることもあるかもしれない。正方形を別の形に変えると、折られた形がより個性的で独創的なものになる。

ストレッチとスキューをこの章の他の基本コンセプトと効果的に組み合わせると、正方形の紙で作った元の折り目模様から2倍も3倍もかけ離れた形ができあがる。それらの新しい折りの造形は、非常に洗練されたユニークなものになることもあるし、はっきり言ってわざとらしい安っぽいものになることもある。よい結果になるか、そうでないかは、自分の手で実際に紙を折って判断するしかない。

1.3.1. ストレッチ

正方形をある一定の方向に引き伸ばすと長方形ができる。元の折り線図によって、縦に引き伸ばすか横に引き伸ばすかで結果が異なる場合もあるし、どちらの方向に引き伸ばしても変わらない場合もある。

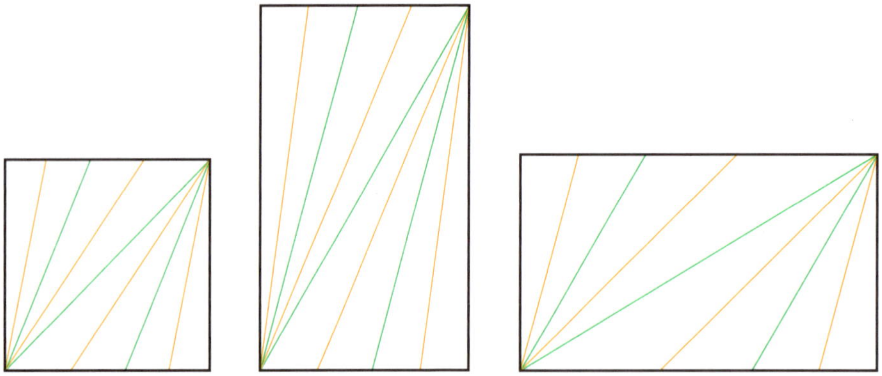

例：セット1

上左図は正方形に作った折り線図。この正方形を縦に引き伸ばし（中央図）、次に横に引き伸ばす（右図）と、ストレッチによるバリエーションができる。次ページの写真参照。

例：セット2

p.44のセット１と同様に、正方形に作った折り線図を縦と横に引き伸ばしたもの。下と右ページの写真は、このプロセスの結果それぞれの折りの造形がどう変化するかを示している。

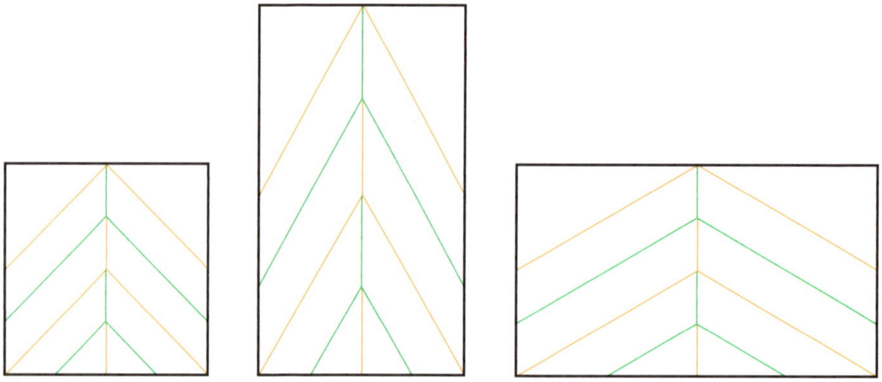

1.3.2.　スキュー

正方形を一方に斜めに引っ張ると、対辺の長さは等しいが角度は90°でなくなる。最初に正方形を斜めに変形させた場合より、正方形の紙で折った形に変形を加えたほうが、変化は劇的だ（p.44－47参照）。

例：セット1

ストレッチの例のセット1（p.44）の正方形のモチーフを、最初に右に、それから左に傾けたもの。

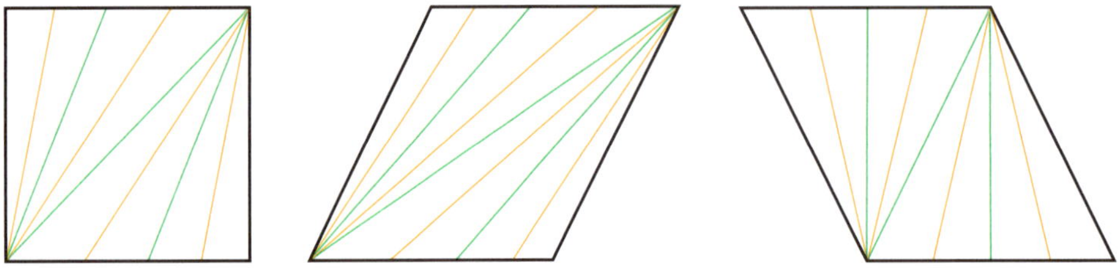

例：セット2

ストレッチの例のセット2（p.46）のモチーフと同じ構成のものを、最初に右に、次に左に傾けたもの。その2枚の写真がこのページに、もう1枚が次ページにある。

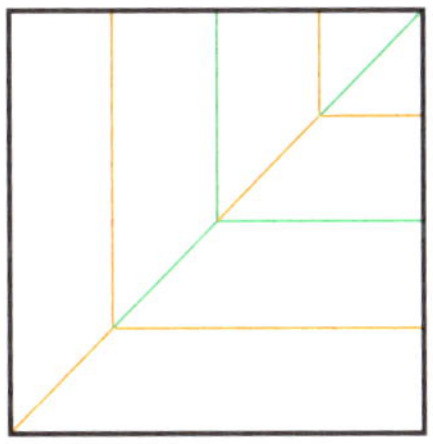

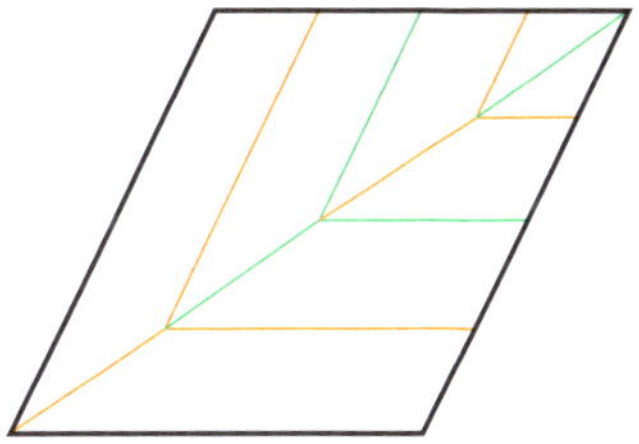

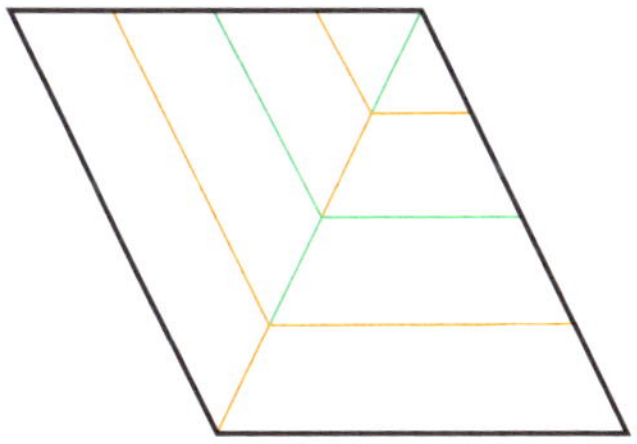

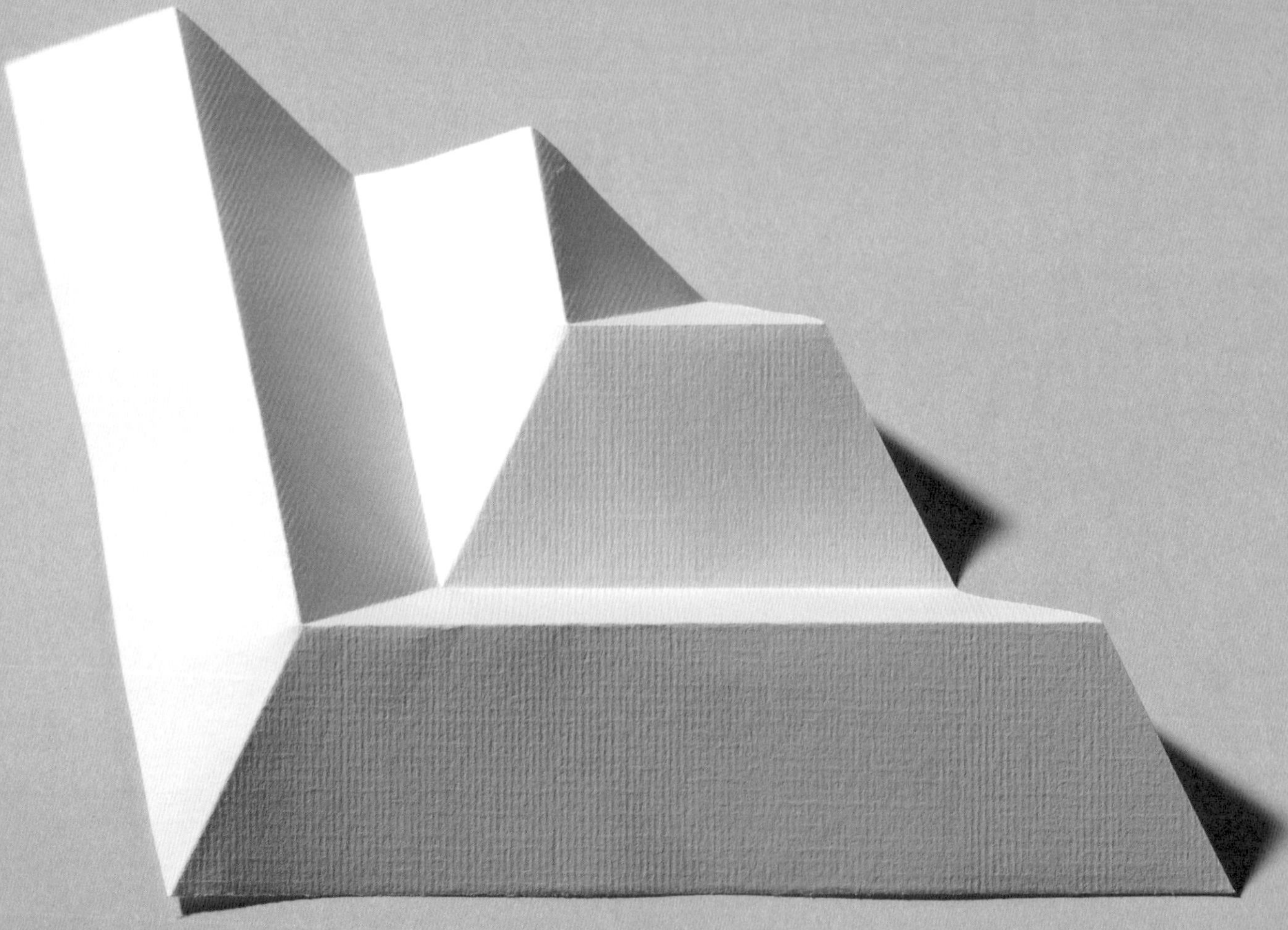

1.4. 多角形

私たちは90°の世界に住んでいる。この本（これ自体、四隅のカドは90°だ）から目を上げて、まわりにどれだけ90°のものがあるか数えてみよう。ゆるやかにうねった自然の中の木陰に座っているのでないかぎり、おそらく数え切れないほどのものが見つかるだろう。この形が選ばれるのは製造上の制約やコストの面からという場合もあるが、むしろ何の考えもなく選ばれていることが多い。まるで90°のものは文句なく正しいとでもいうように。

この自動的な選択は、紙を折る場合にも当てはまる。どんな種類の紙でも90°のカドがついてくる。これは非常に実際的な理由からで、ほとんどは種々の印刷工程の必要性にかかわっている。だがデザイナーである私たちが紙を折る場合、この90°のカドを使う必要はまったくないし、考慮する必要さえない。私たちはどんな角度の紙を使うのも自由だし、さらに言えば、4辺にかぎらず、辺がいくつある多角形を使ってもいいのだ。

三角形、平行四辺形、五角形、六角形、円、その他あらゆる不規則な形の紙を折るのは自由で解放的な経験だが、この90°の世界では少しまごつくこともある。だがもし正方形や長方形を使わない折りの造形を開発したいと思っているなら、ぜひ90°以外の多角形で折ってみてほしい。結果はそれほど思わしくないこともあるだろうが、時にはすばらしいものができることもある。常に言えるように、骨惜しみしない実験の精神が質の高い作品を生み出す鍵だ。

1.4_1
新しい折りの造形を開発するときに考慮したい多角形の例。ほとんどのものが90°のカドを持たない。

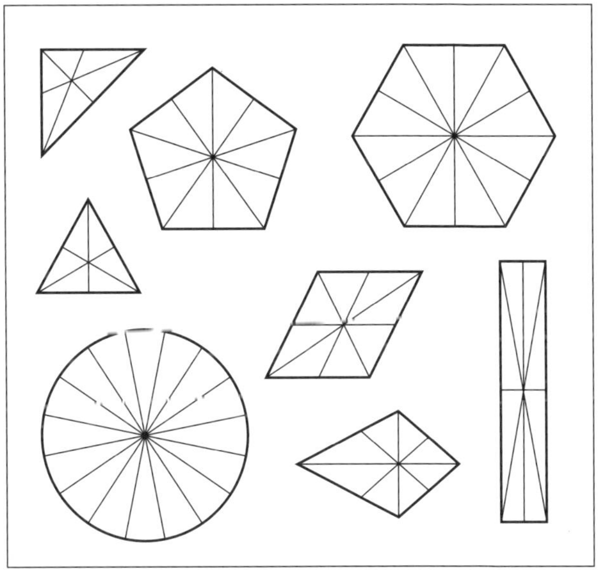

02

2.　基本のプリーツ

プリーツはあらゆる折りの技法の中でもっとも一般的で応用範囲が広く、使いやすい。この章ではアコーディオンプリーツ、ナイフプリーツ、ボックスプリーツ、インクリメンタルプリーツの4種類の基本的なプリーツの作り方を説明し、そのような基本的な技術を知っているだけで、どれだけ多様な洗練された表面や立体造形を作ることができるかを示す。この4種類のプリーツは同類であることは確かだが、できあがったものは非常に違っているので、全部覚えておいたほうがいい。

折りの技術は相互に関連している場合が多い。後の章で出てくる技術の中には、ここで紹介する基本的なプリーツパターンを発展させたものがあるので、この章にじっくり時間をかけると、この本のほかの部分に大いに役立つようになる。

本章で図とともに示す折り工程の説明は、「紙を分割する」セクション（p.16－30）で説明した紙の分割法を熟知していることを前提としている。まだそのセクションを読んでいない人、そこに含まれている例題を折っていない人は、この章に入る前にまずそれをやってほしい。また、「基本コンセプト」に書かれていることを利用すれば、ストレッチやスキュー、四角形以外の多角形、シンメトリカルな反復を使って、ここに示されている例題を発展させることもできる。

2.1.　アコーディオンプリーツ

アコーディオンプリーツは、山折り－谷折り－山折り－谷折りのひだが直線的に、あるいは回転するように等間隔で反復する基本的なプリーツだ。間隔が均等であるため、折るのが非常に簡単なうえ、光と影の美しいリズミカルな反復が生まれる。

折り方が簡単だということは、折りに創造力を集中させる必要がないということで、その代わりにプリーツとそれを折る紙（あるいはその他の素材）の形の関係に注意を向けることができる。ここに示されている紙の形はごく一部の例にすぎない。ちょっと想像力を働かせ、実験してみれば、無数の形を考え出せるはずだ。

2.1.1.　直線状アコーディオンプリーツ

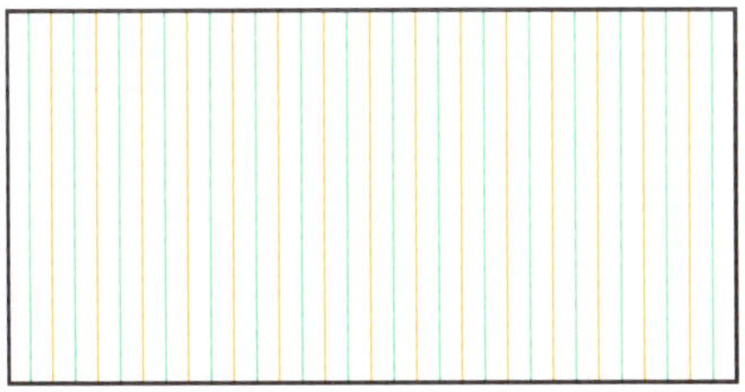

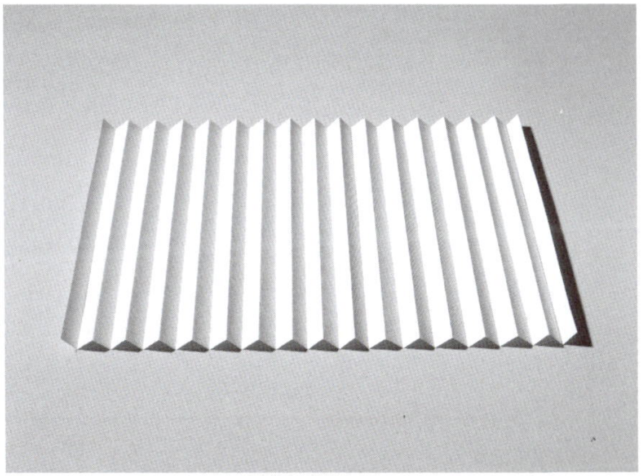

2.1.1_1
これはアコーディオンプリーツのもっとも単純な例で、実を言うと「基本コンセプト」の章の直線32分割（p.18）とまったく同じものだ。

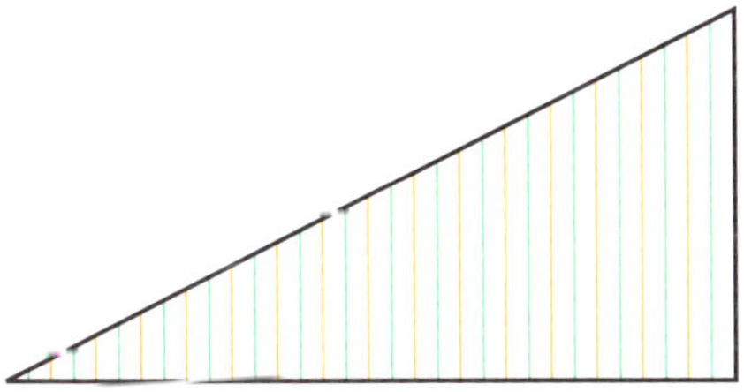

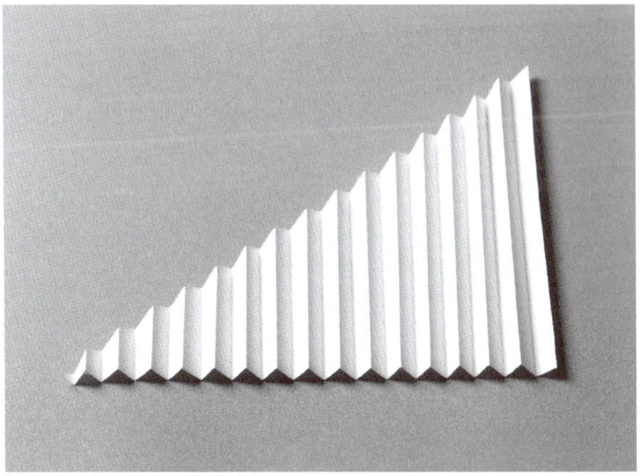

2.1.1_2
ひだを寄せ集めると、斜線の部分が複雑なジグザグの辺を作り出す。この形を左方向や下方向に反転させると、ジグザグの辺はさらに増える。

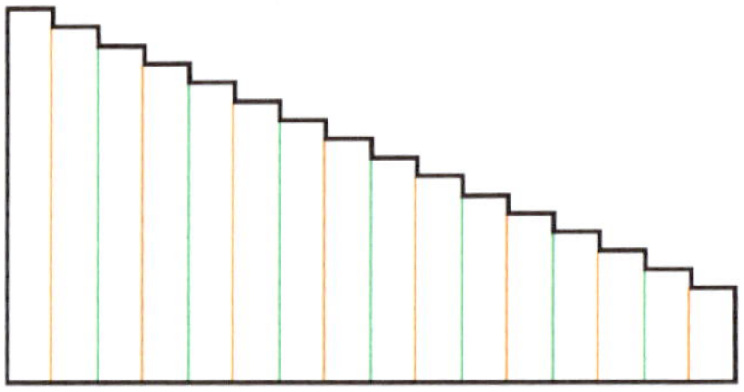

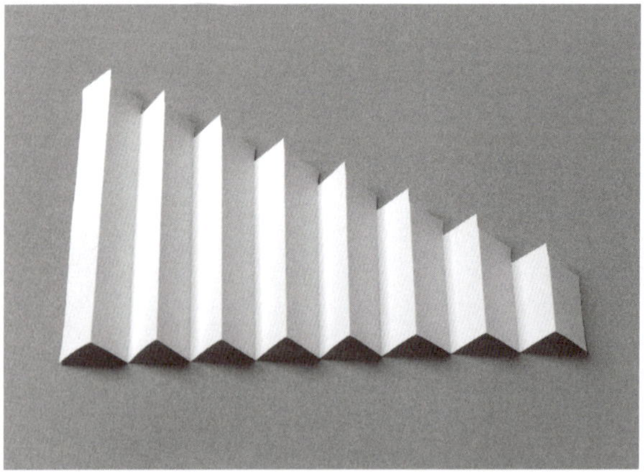

2.1.1_3
上辺をなだらかな斜線でなく階段状にしたもの。辺をいろいろに切って、さまざまな形を試してみよう。非常に複雑な、絵画的なもの、タイポグラフィックなものができることがある。

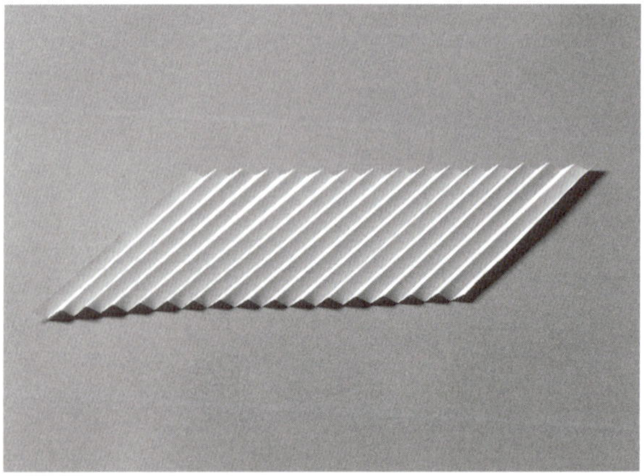

2.1.1_4
基本的な長方形を傾けると平行四辺形になる（p.48参照）。傾ける角度とひだの間隔をいろいろ変えてみると、違った効果が生まれる。

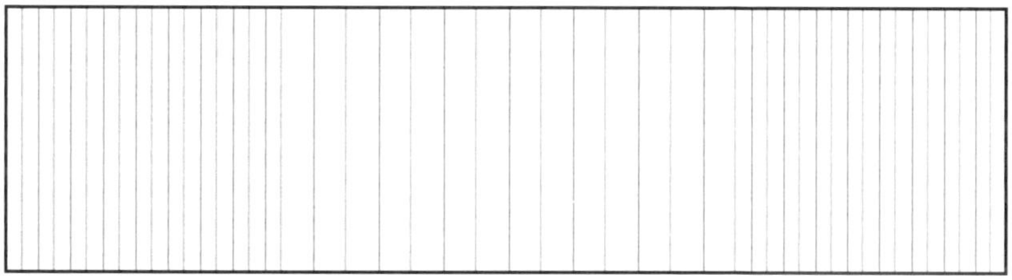

2.1.1_5
アコーディオンプリーツは規則的な間隔のひだと定義されてはいるが、異なる間隔のプリーツをいくつか組み合わせることもできる。この例では、中央部のひだの幅が両側のひだの幅の2倍になっているが、ほかにも多くのパターンが考えられるだろう。

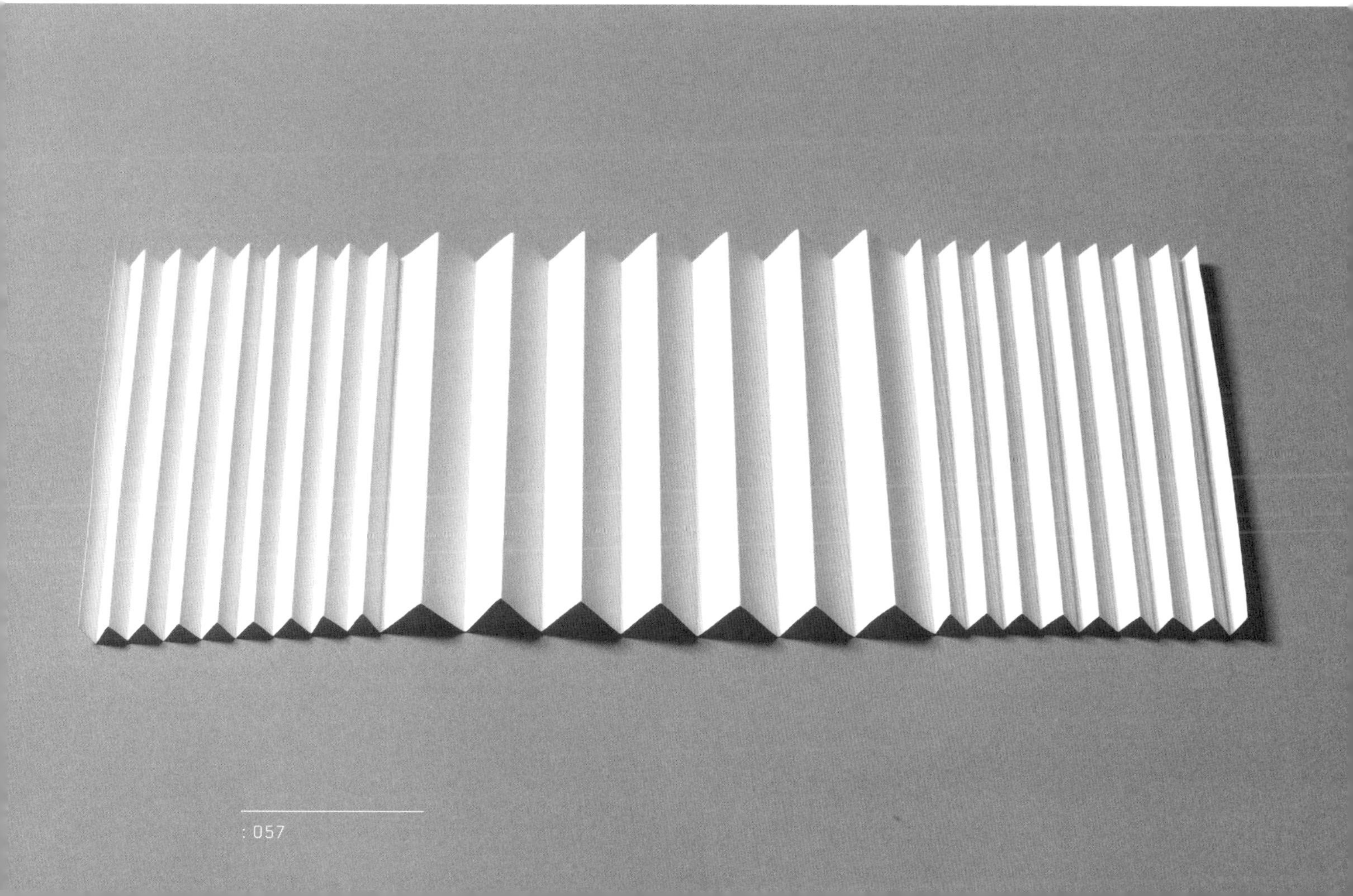

2.	基本のプリーツ	
2.1.	**アコーディオンプリーツ**	
2.1.2.	回転状アコーディオンプリーツ	

2.1.2 _ 1

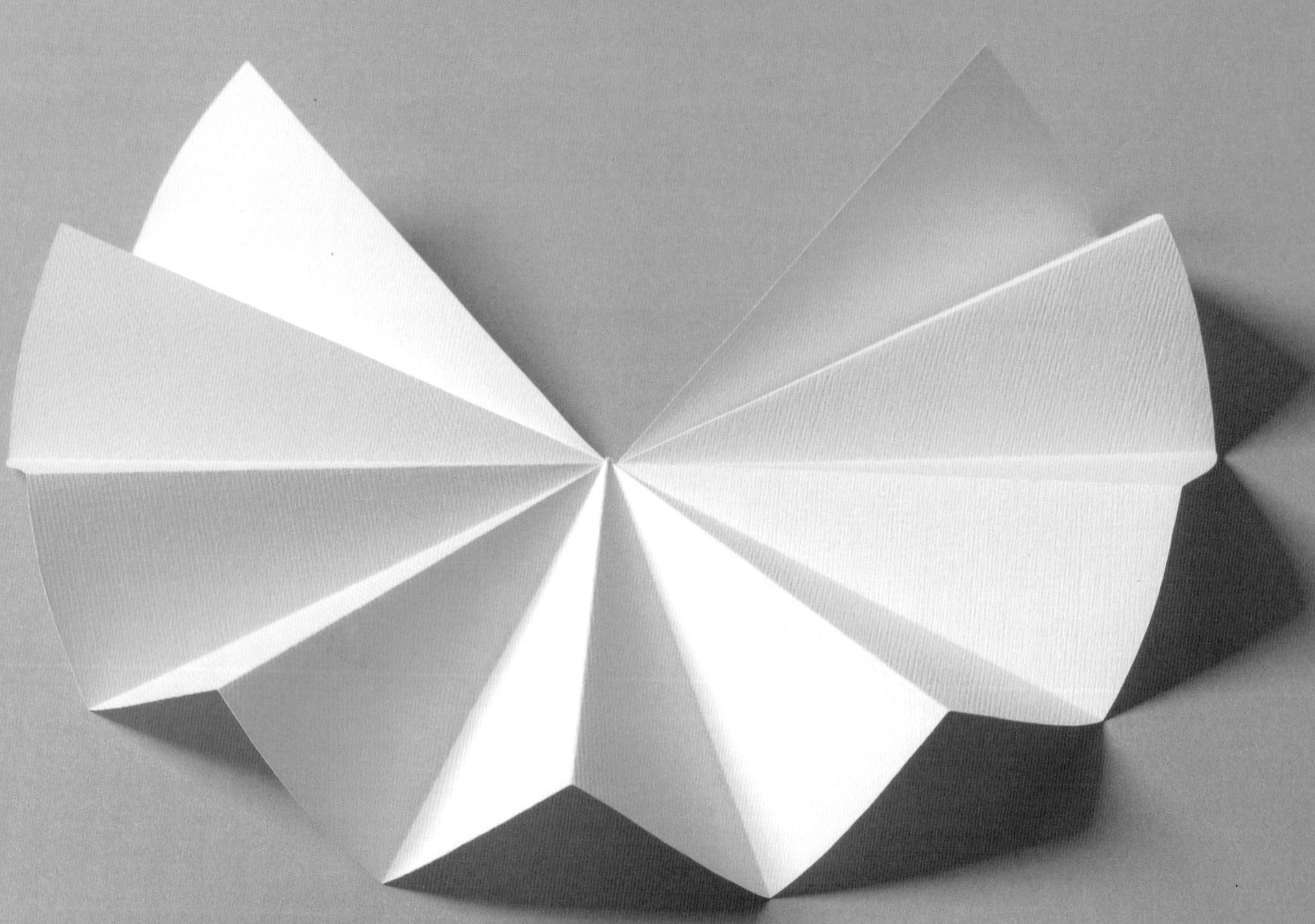

2.1.2.　回転状アコーディオンプリーツ

2.1.2_1
この基本的な回転状アコーディオンプリーツは360°の円を16等分したもので、p.23−25の「回転16分割のバリエーション」と同じものだ。

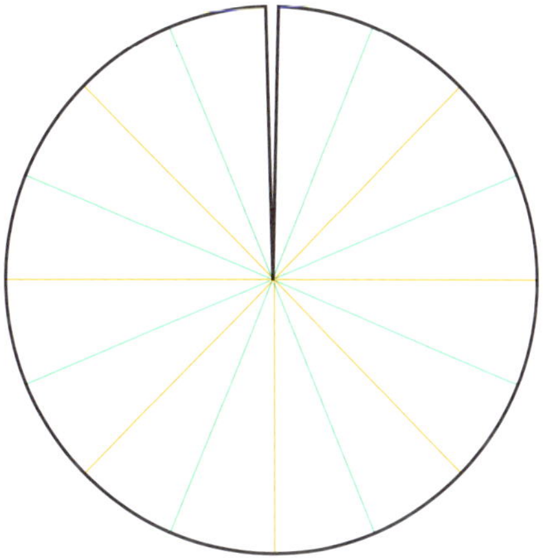

2.1.2_2
2つの半円を16分割し、端と端をつないで「S」字の形にしたもの。このパターンは無限に続けることができる。

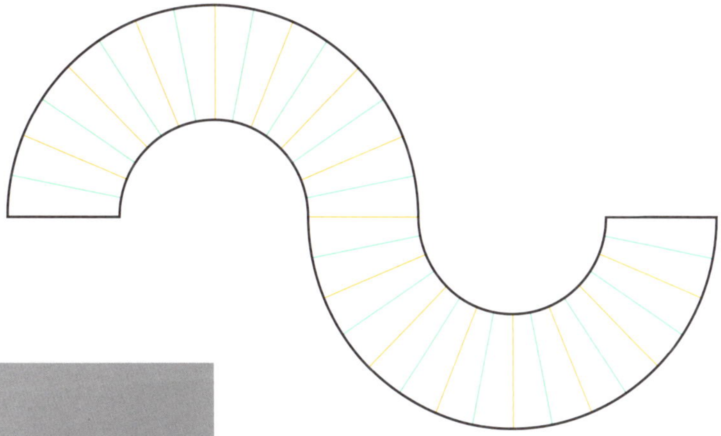

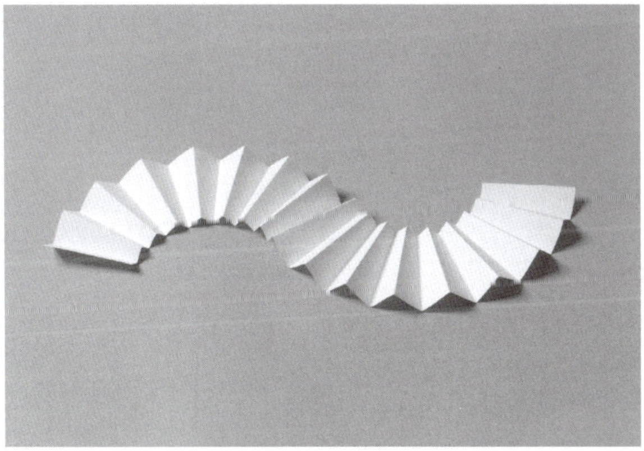

2.1.2 _ 2

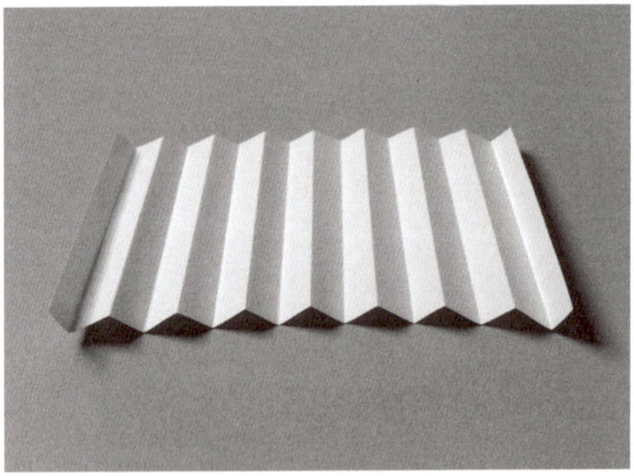

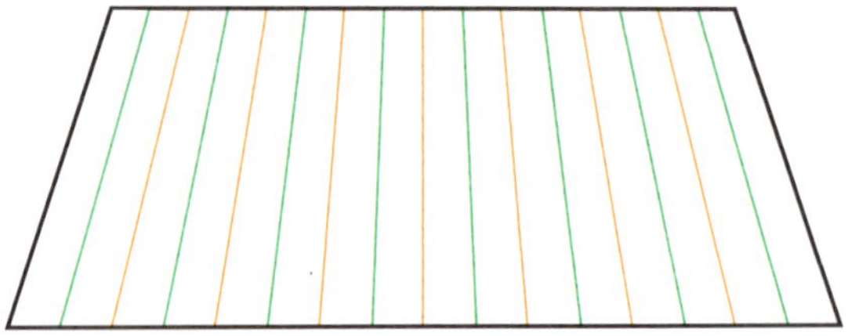

2.1.2_3
これは回転状の折りだが、ここでは曲線の辺は使われていない。すべての折り線を延長していくと、仮想の一点に集結するのがわかるだろう。この例題は、角度を測らなくても直線16分割法（p.16ー17）を使えばすぐにできる。

2.1.3.　円柱と円錐のアコーディオンプリーツ

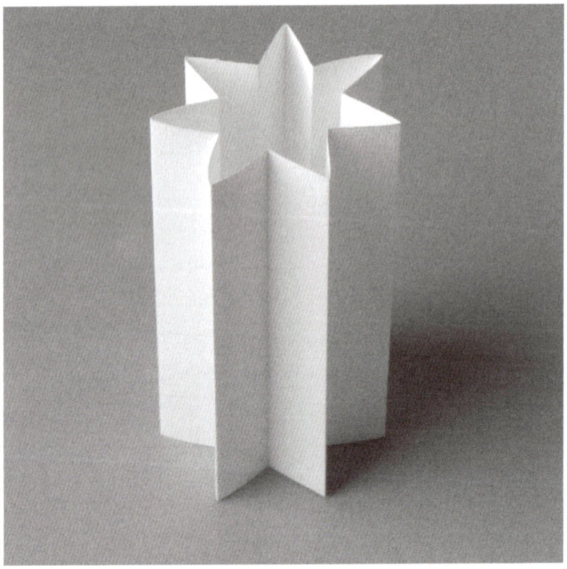

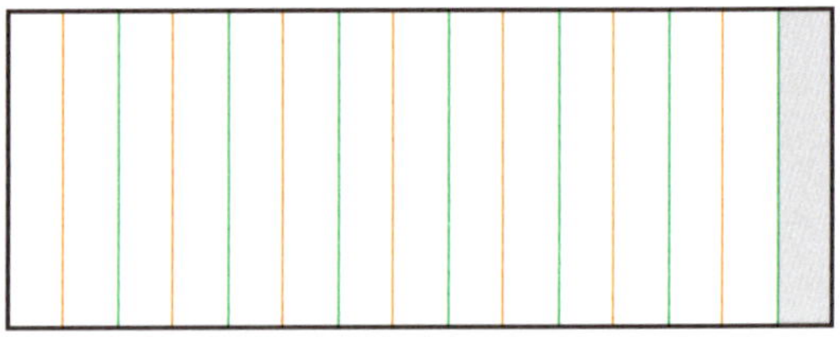

2.1.3_1
アコーディオンプリーツの一方の端をもう一方の端と貼り合わせると、簡単な円柱形ができる。この例題は16分割した紙を使ったものだが、1列切り落として奇数の15分割にしている。奇数のプリーツを作れば、ひだを2つではなく1つだけ重ねて貼ればよくなり、紙はより簡単にシンメトリカルな星形になる。

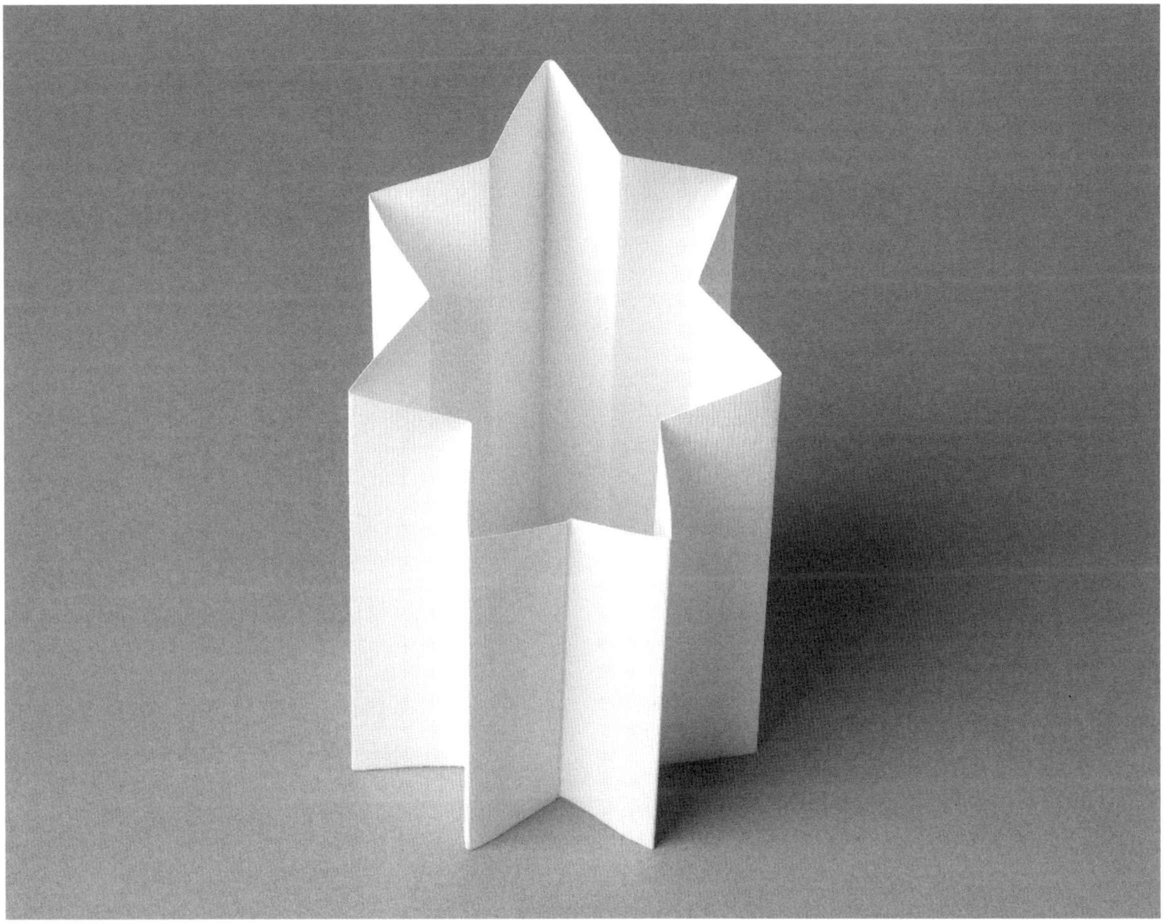

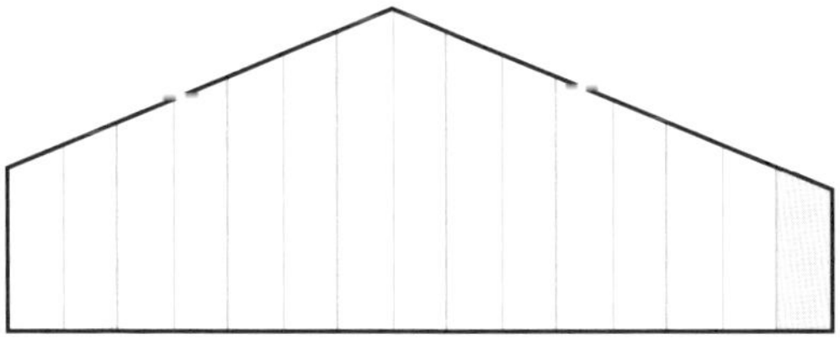

2.1.3_2
紙の1辺を平らではなく、斜めに切ってもいい。ここに示したものよりずっと複雑な形に切ることもできるだろう。底辺も切ってみよう。前の例題と同様、紙は16分割でなく15分割にし、1列だけ重ねて貼っている。

2.1.3_3
円形の紙を16の等しい角に分割する。16等分でなくても、偶数ならいくつに分割してもいいが、数が大きくなればなるほど、すべての折り目が集まる中心点は混み合ってくる。円形の紙は、もっと複雑な形に切ってもいいだろう。

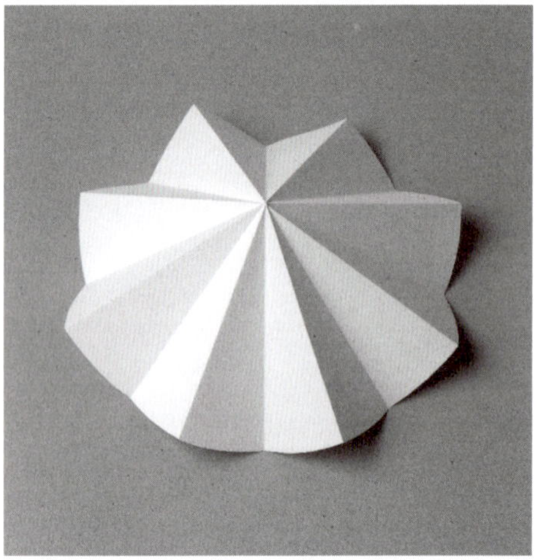

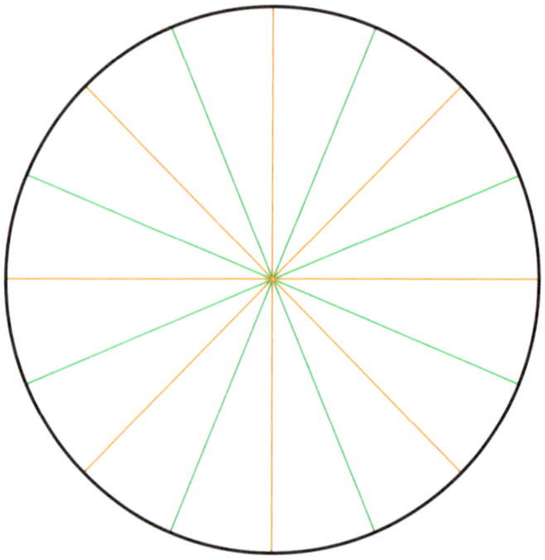

2.1.3_4
円をドーナツ形に切るのもいい。紙の中央部分を取り除くと、もっとひだを多くしても折りやすくなるし、はるかに柔軟性を持った形になる。360°の円周の一部を切り取って両端を貼り合わせると、より尖った円錐形になる。

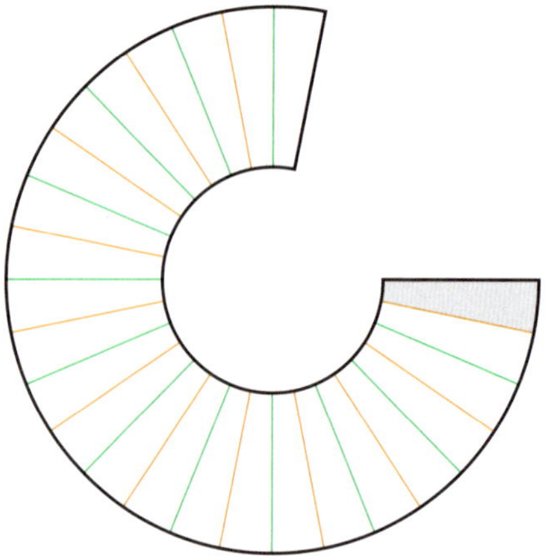

2.1.3_5
ここでは紙を五角形に切って、360°を10の等しい角に分割している。さらに、中央に外側の五角形を36°回転させた小さな五角形をくりぬいて面白みを加えている。

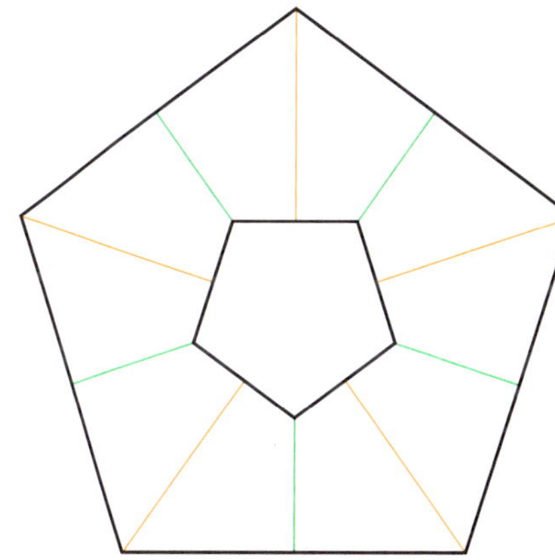

2.1.3_6
ドーナツ形の紙を作るとき、くりぬく内側の形は常に中央でシンメトリカルである必要はなく、中央からずれていてもかまわない。違いは微妙だが、ちょっと変わった雰囲気になる。

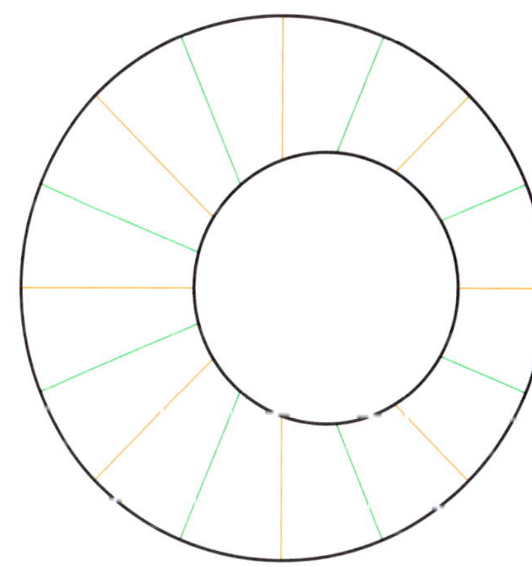

2.2.　ナイフプリーツ

ナイフプリーツは基本的な山折りー谷折りー山折りー谷折りのひだを直線方向あるいは回転状に並べたプリーツだが、山折り線から谷折り線までの間隔と、谷折り線から山折り線までの間隔が異なる。

間隔が均等なアコーディオンプリーツは圧縮したときに立体のジグザグの積み重ねになるのに対して、間隔の不均等なナイフプリーツでは積み重ねは左からあるいは右から流れて、二次元の表面を作り出す。表面を作ることができるという点と、折り線と折り線の不均等な間隔をあらかじめ定めておいたり、変化させたりできることから、ナイフプリーツは一般にアコーディオンプリーツより利用範囲が広く、したがってより頻繁に使われている。

2.2.1.　直線状ナイフプリーツ

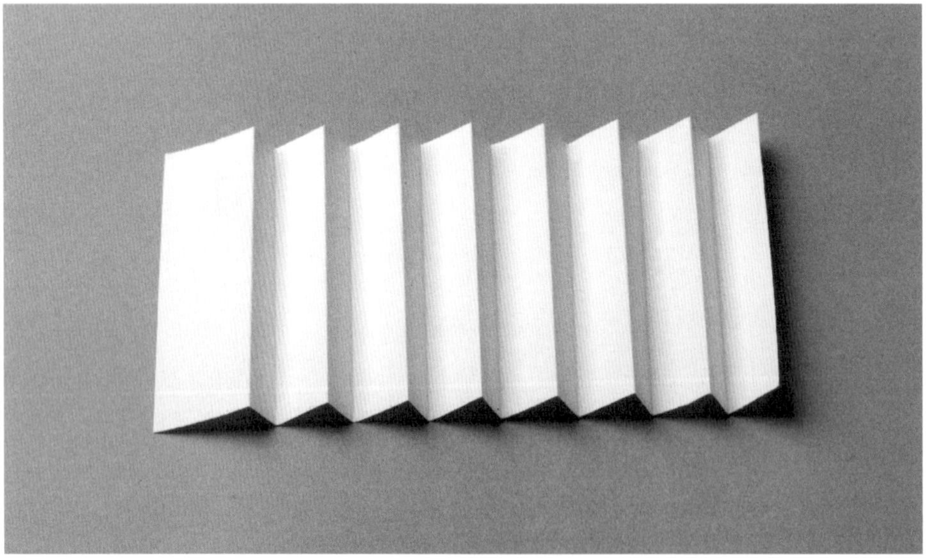

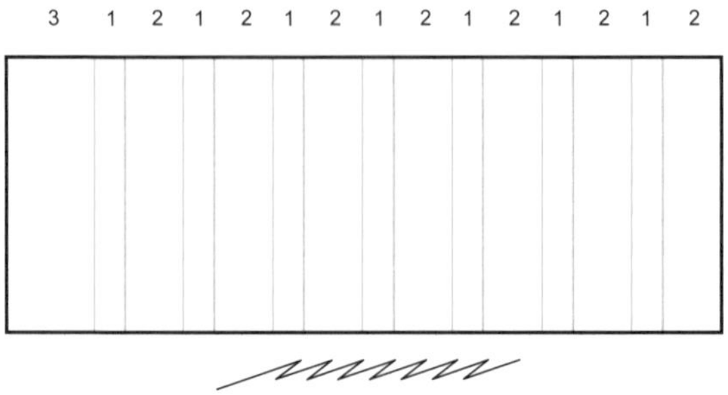

2.2.1_1
１枚の紙を山折りで8等分し、それから山折り線と山折り線の間の3分の１の位置に谷折りを折って、紙全体に1：2：1：2：1：2のリズムのナイフプリーツを作っている。この比率は感覚で折ってもいいし、ものさしを使って谷折りの位置を正確に測ってもいい。

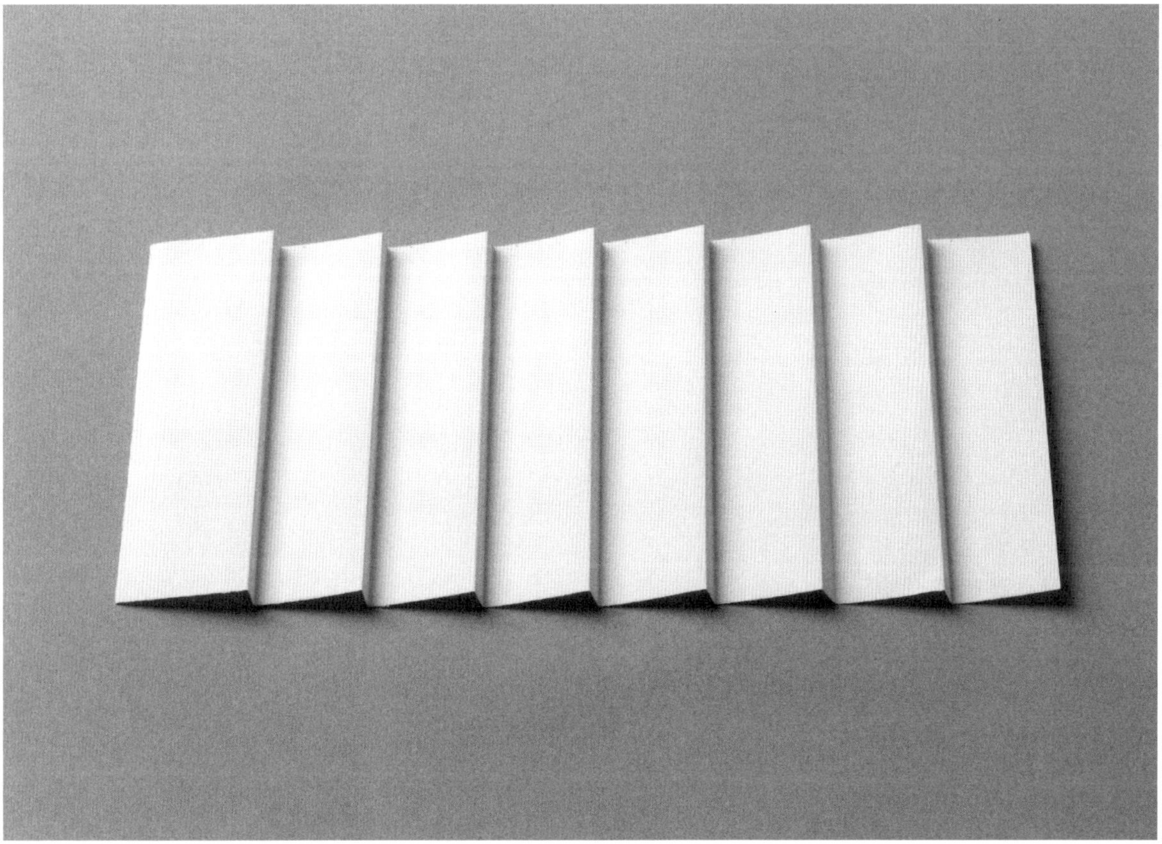

2.2.1_2
ここでは山折りで紙を8分割し、山折り線から山折り線までの間隔の5分の1の位置に谷折りを作って、紙全体に1：4：1：4：1：4のリズムを作り出している。その結果、最初の例よりもひだの間隔が離れたナイフプリーツになり、幅の広い表面ができる。

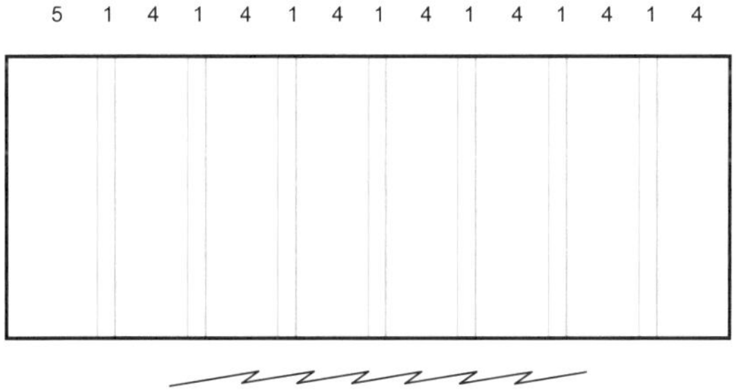

2.2.2. 回転状ナイフプリーツ

2.2.2 _ 1

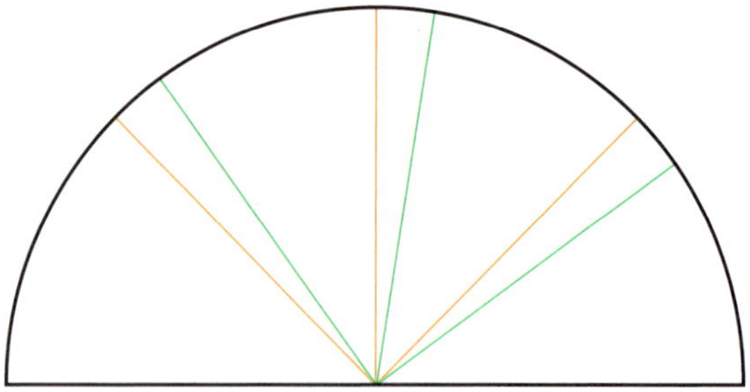

2.2.2_1
ここでは半円上にナイフプリーツを展開している。この形は完全な円でも多角形でもいいし、ひだを作る山折りと谷折りの間隔を変えてもいい。

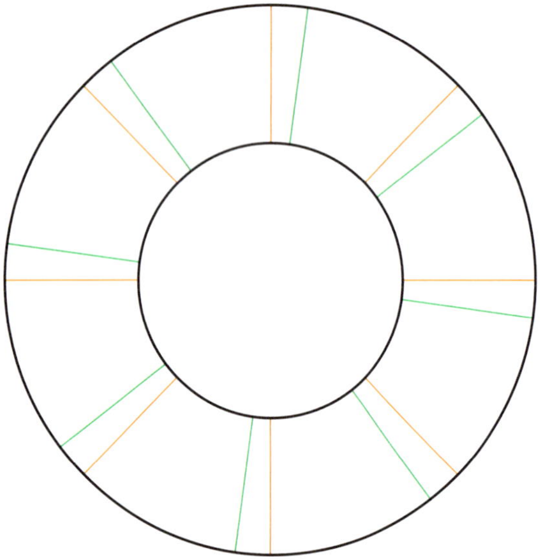

2.2.2_2
ドーナツ形の紙に、縁に沿って8本のナイフプリーツを配置したもの。すべてのひだの線を延長すると見えない中心点に集結することと、山折りと谷折りの各ペアの2本の折り線は平行でないことに注目。

	基本のプリーツ	2.2.2_2
2.	**ナイフプリーツ**	
2.2.	回転状ナイフプリーツ	

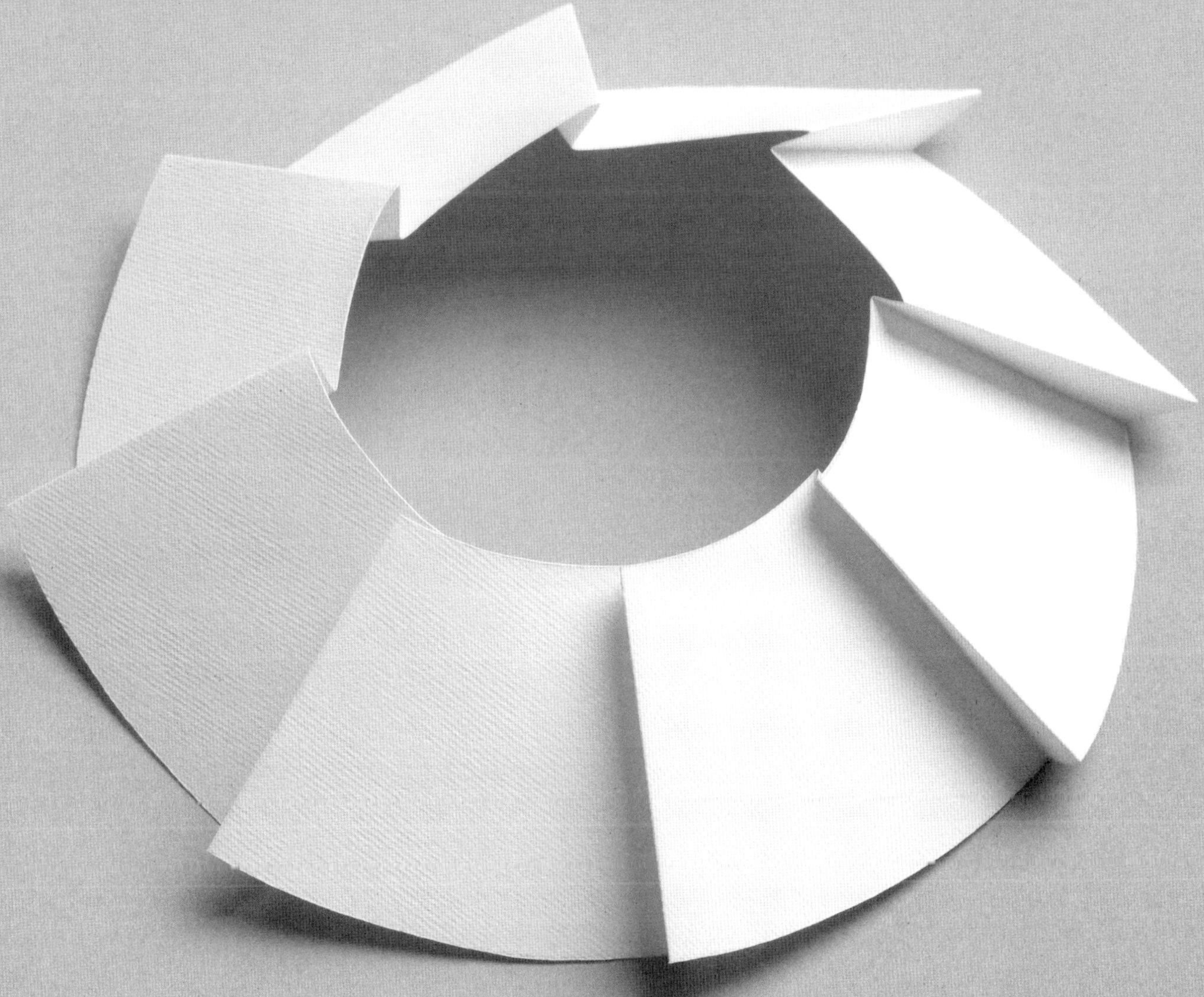

2.2.3.　鏡映対称ナイフプリーツ

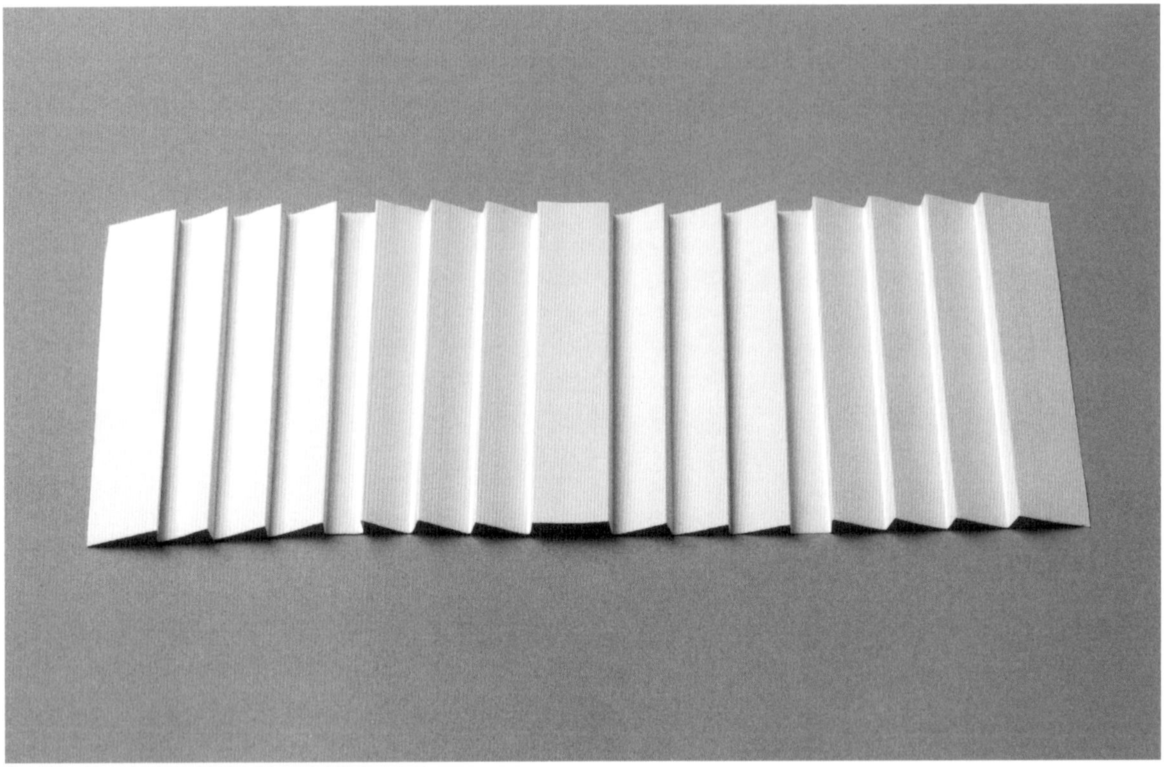

2.2.3_1
一続きのナイフプリーツを直線状あるいは回転状に走らせ、それから鏡映対称（p.35「鏡映対称」参照）にすることもできる。その結果、左右反転のシンメトリーが鏡像を作り出し、下降していたナイフプリーツが突然、上昇する（あるいはその逆になる）。ここに示した例は、紙を山折りで17等分し、山と山の間隔の4分の1の位置に谷折りを作ったもの。このほかにもさまざまな鏡映対称ナイフプリーツのパターンが可能だ。

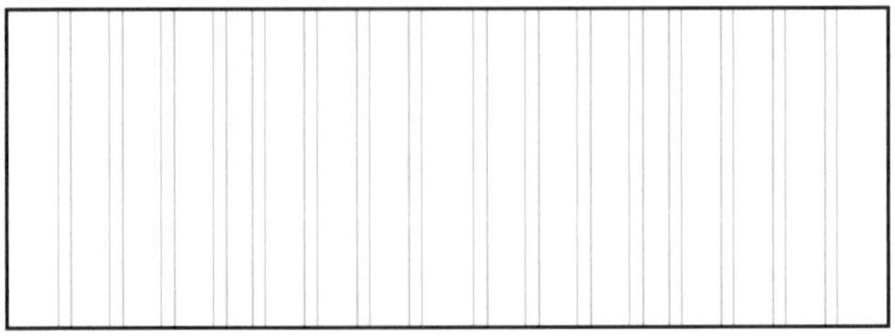

2.2.4. 円柱と円錐のナイフプリーツ

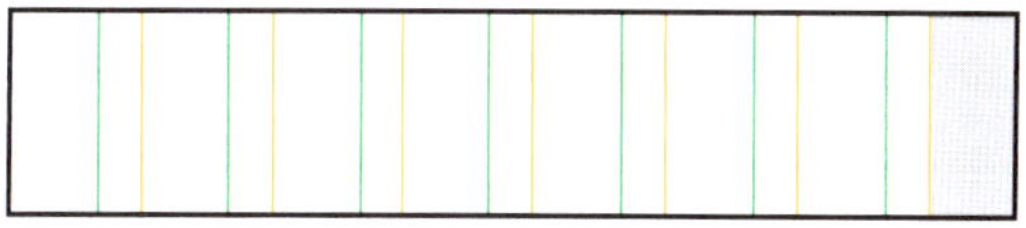

2.2.4_1
直線状に伸びるふつうのナイフプリーツは、一端をもう一方の端と貼り合わせると円柱になる。上辺と下辺をいろいろな複雑な形に切ることもできる。

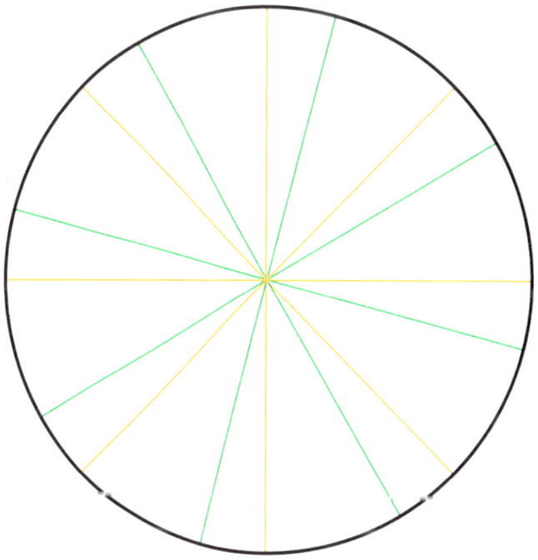

2.2.4_2
回転状ナイフプリーツは円錐になる。ナイフプリーツのひだの数が多ければ多いほど、またその間隔が近ければ近いほど、尖った円錐になる。反対に、ひだの数が少なく、ひだの幅が狭ければ狭いほど平たい円錐形になる。

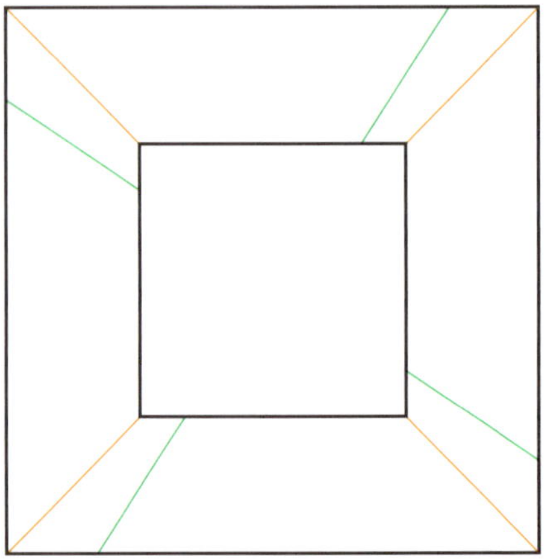

2.2.4_3
円ではなく多角形で切り抜くと、円錐形の代わりにピラミッド状の形が生まれる。ここではピラミッドの頂上が取り除かれている。面がいくつあってもピラミッドの形が作れるが、面の数が多ければ多いほど円錐形に似てくる。

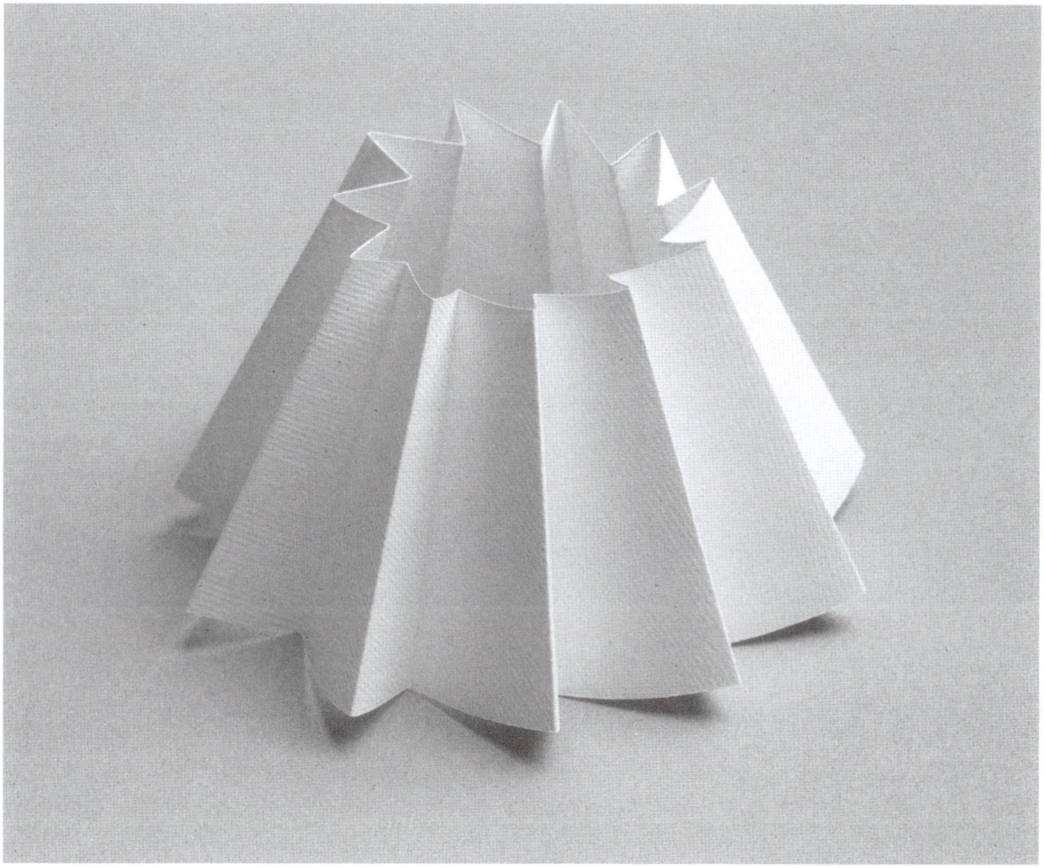

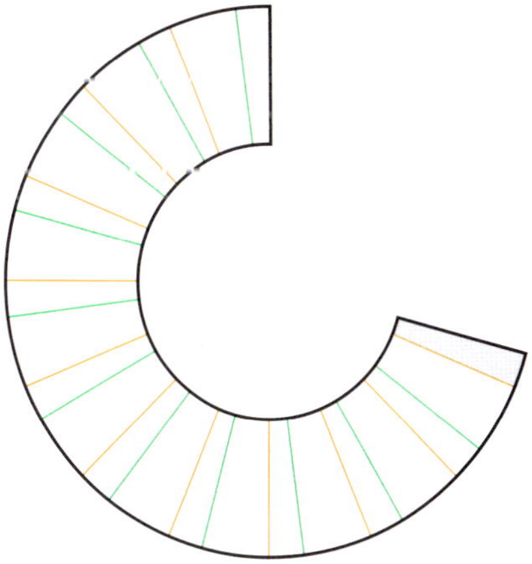

2.2.4_4
完全な円でなく円の一部を使い、ナイフプリーツの数と密度を変えることによって、円錐の正確な傾斜を慎重にコントロールできる。その両端を貼り合わせれば正確な形の円錐が作れる。

2.3.　ボックスプリーツ

ボックスプリーツは4本の折り線を１グループとして、それを紙全体に直線状あるいは回転状にくり返したものだ。このグループはまず谷折りー山折りのペアの単純なナイフプリーツから始め、これを鏡映対称にして山折りー谷折りのペアを作り、谷折りー山折りー山折りー谷折りのパターンを作って表面全体に反復する。

ナイフプリーツと同様、ボックスプリーツは二次元の表面を作ることができる。だがナイフプリーツがちょうど階段のように表面を上昇あるいは下降するように見えるのに対して、ボックスプリーツは水平なレベルにとどまる。したがって視覚的にはナイフプリーツほどダイナミックではないが、より安定して見える。

2.3.1.　直線状ボックスプリーツ

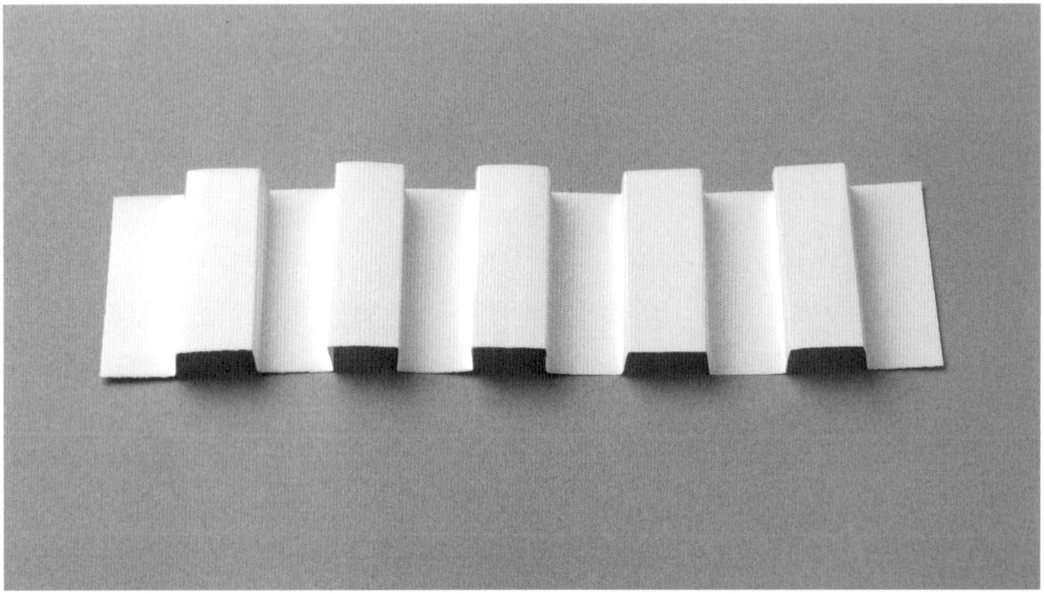

2.3.1_1
これはもっとも基本的なボックスプリーツのパターンで、裏から見てもまったく同じに見える。谷折りー山折りのペアと山折りー谷折りのペアが交互に並んでいることに注目。完全に平らに折りたたんだとき、この柱は互いの縁を接するようにしてぴたりとおさまる。

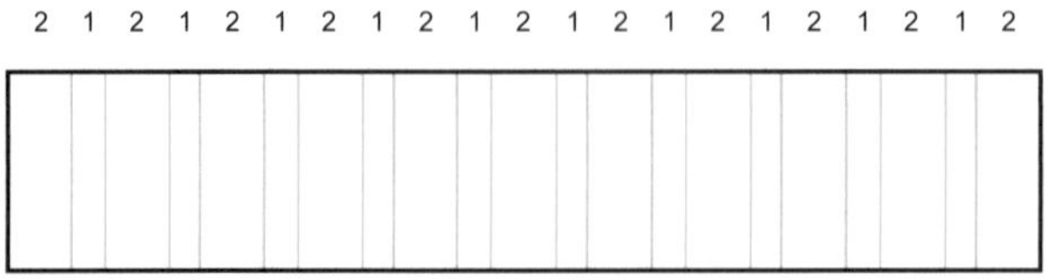

2.3.1_2
谷折り－山折り、山折り－谷折りの折り線図は前の例と同じだが、紙を平らにしたとき、柱は離れる。この柱をさらに離してみるのもいいだろう。柱が離れている場合、裏から見た形はもう表から見た形と同じではない。

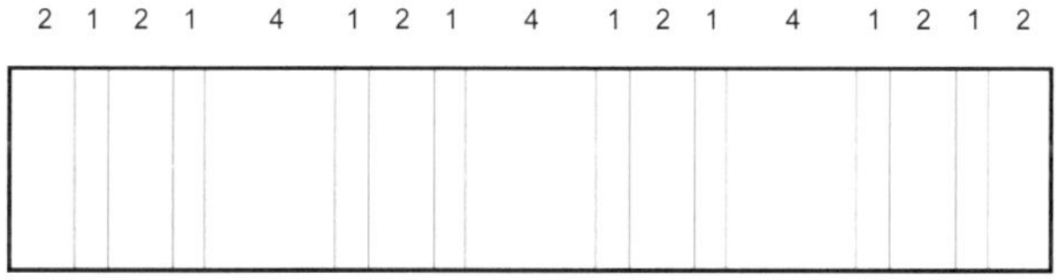

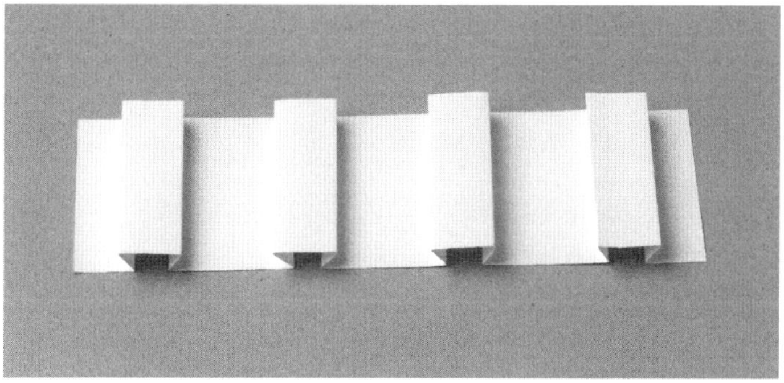

2.3.1_3
この例では、柱は表面から裏面へと紙全体に交互に続いている。柱は離れ、表から見た形と裏から見た形も同じになる。

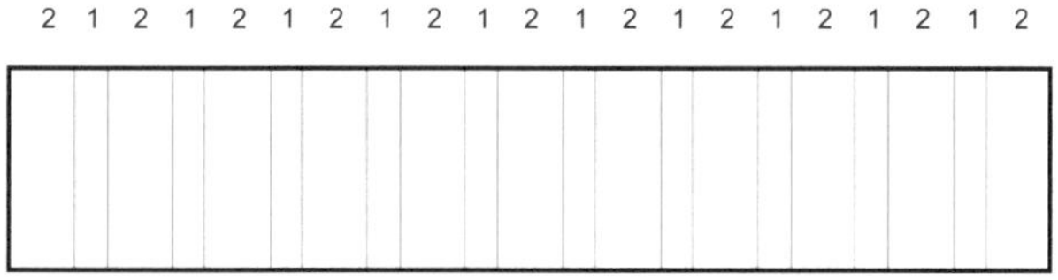

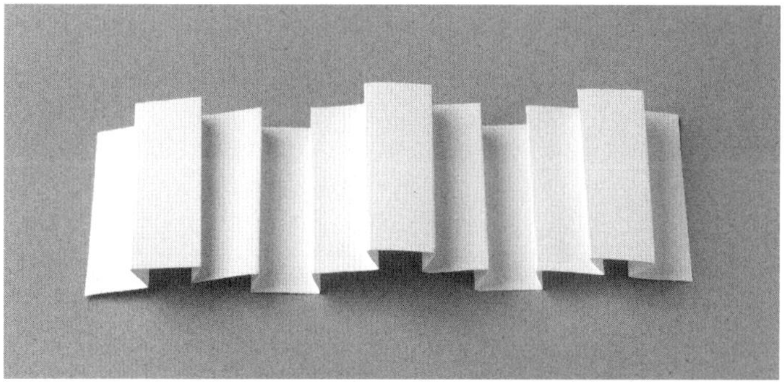

2.3.1_4
ボックスプリーツにひだをもう1本（あるいは2本、またはそれ以上）加えると、非常に複雑な表面ができる。このように折り目を足す可能性は膨大にあり、このセクションのどの例題にも応用できる。

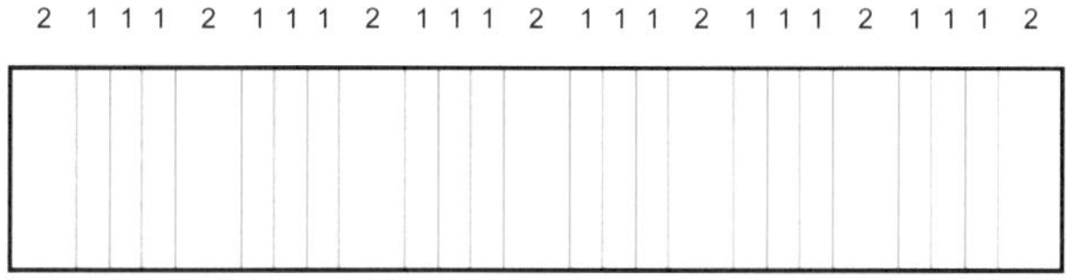

2.3.2. 回転状ボックスプリーツ

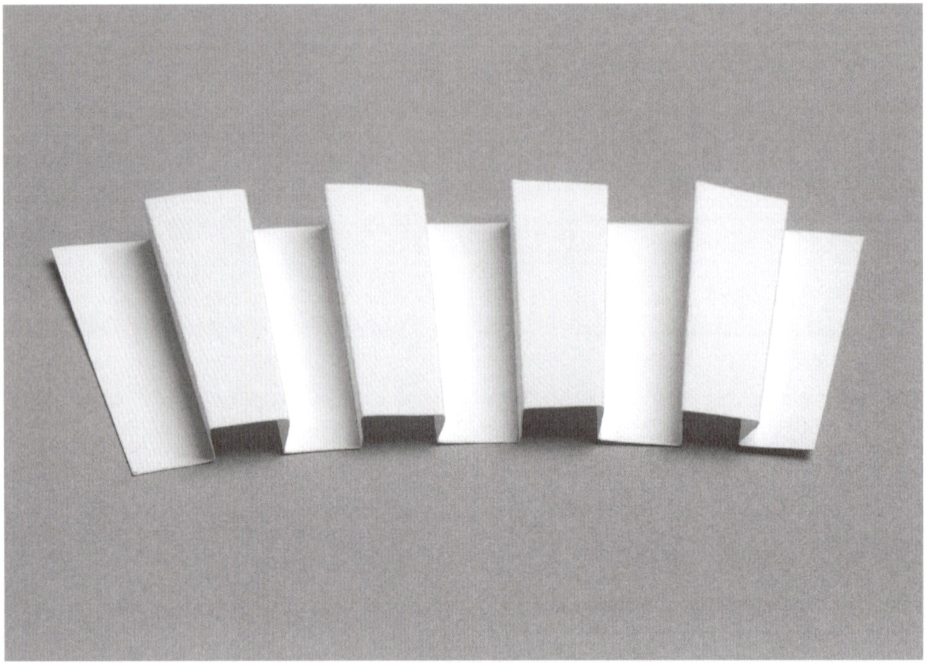

2.3.2 _ 1

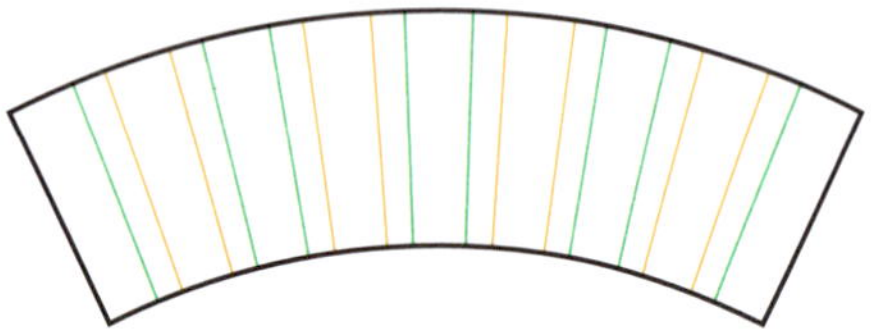

2.3.2_1
ここでは基本のボックスプリーツを円の弧に沿って配置している。すべての折り線を延長すると、見えない円の中心点に集結することに注目。

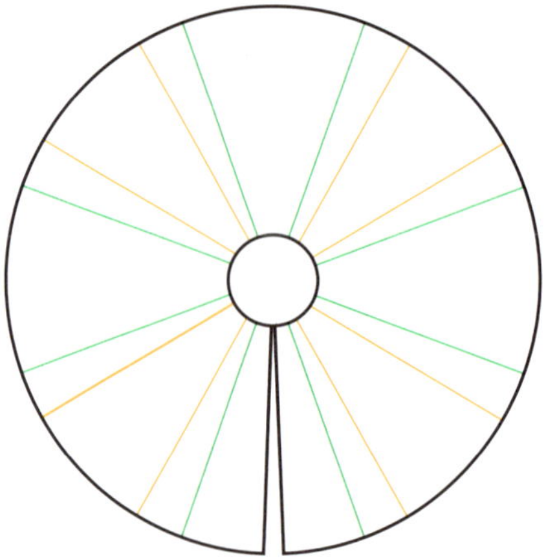

2.3.2_2
円全体に4つの大きなボックスプリーツを配置したもの。16本の折り目が中央に集まるとあまり美しくなくなる可能性があるので、中央部分に小さな円をくりぬいている。

	基本のプリーツ
3.	**ボックスプリーツ**
3.2.	回転状ボックスプリーツ

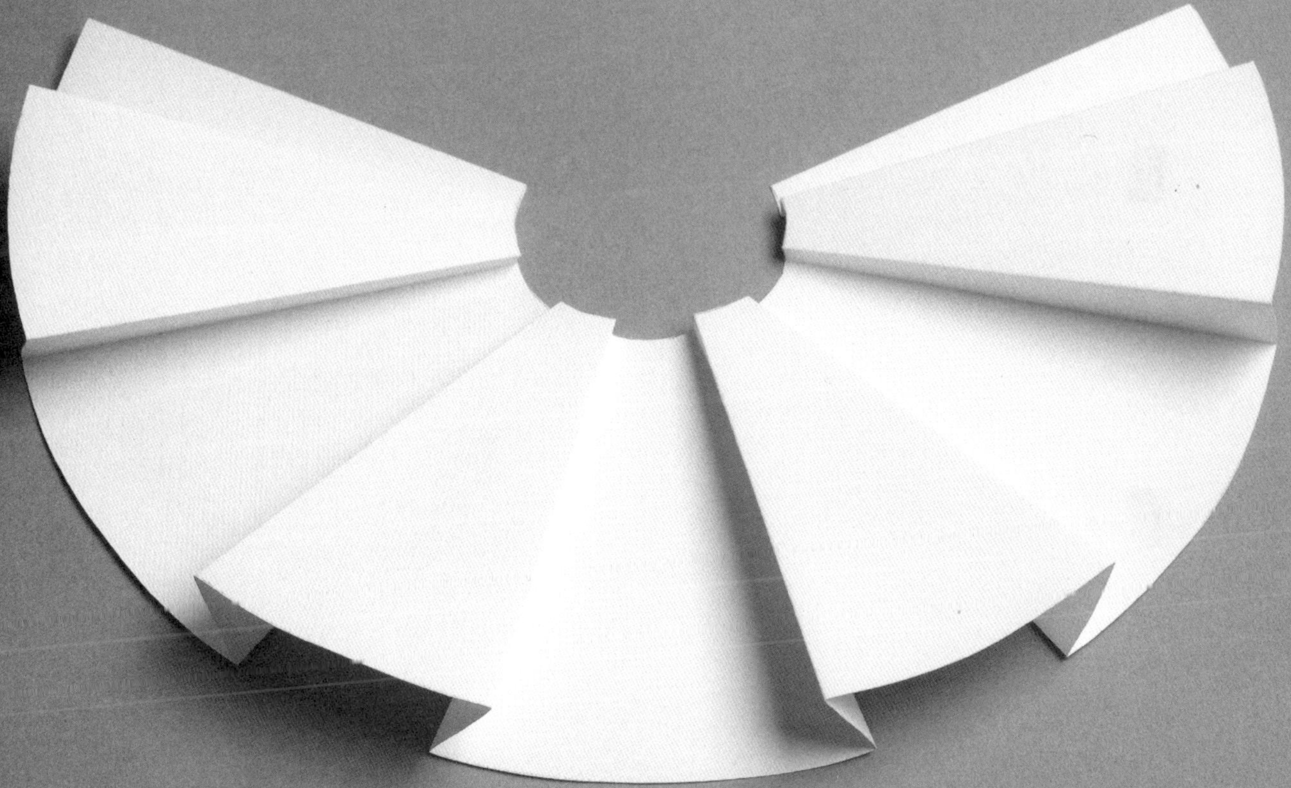

2.3.2_3
ボックスプリーツであれ、ほかの形のプリーツであれ、紙に垂直に配置しなければならないということはない。斜めに置いて変わった効果を出してみるのもいい。ここでは斜めに作ったボックスプリーツを鏡映対称（p.35参照）にしている。

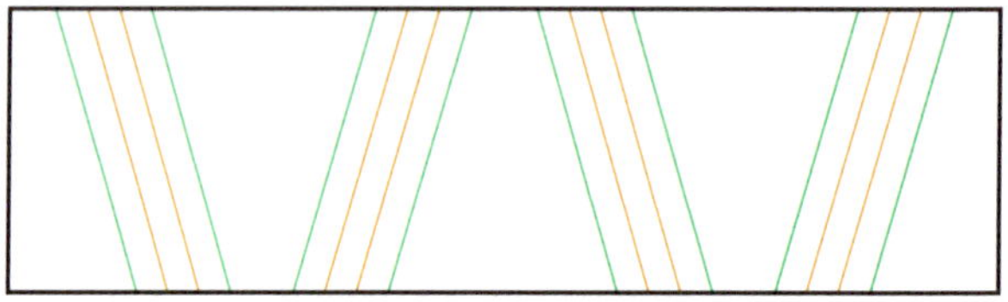

2.3.3.　円柱と円錐のボックスプリーツ

2.3.3_1
紙の両端を貼り合わせると、ボックスプリーツでさまざまな円柱や箱の形を作ることができる。ほとんどの場合、紙のどちらの面（表と裏の）を内側にするか外側にするかで、できるものは非常に違ってくる。この2つの例は、折り方はまったく同じだが、表と裏を逆にしている。

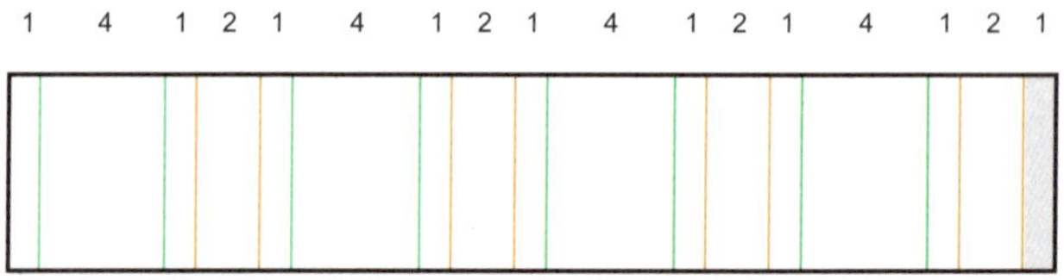

2.3.3_2
ボックスプリーツのパターンは円や多角形（この例では八角形）でも使える。できたものをぽんと押して内側と外側をひっくり返してみよう。紙を裏返すと、外観は非常に違ってくる。このように円錐形やピラミッド形になる折りのパターンはすべて2つの立体の形になる可能性があり、下の写真の2つの例のように、一方はもう一方を裏返したものだ。これはボックスプリーツだけでなく、どのプリーツパターンについても言える。

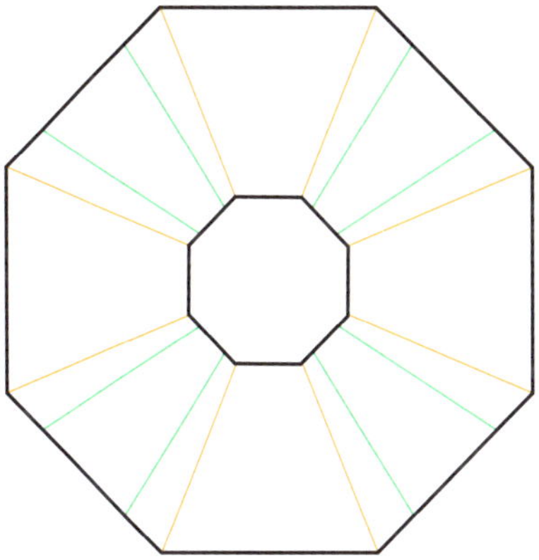

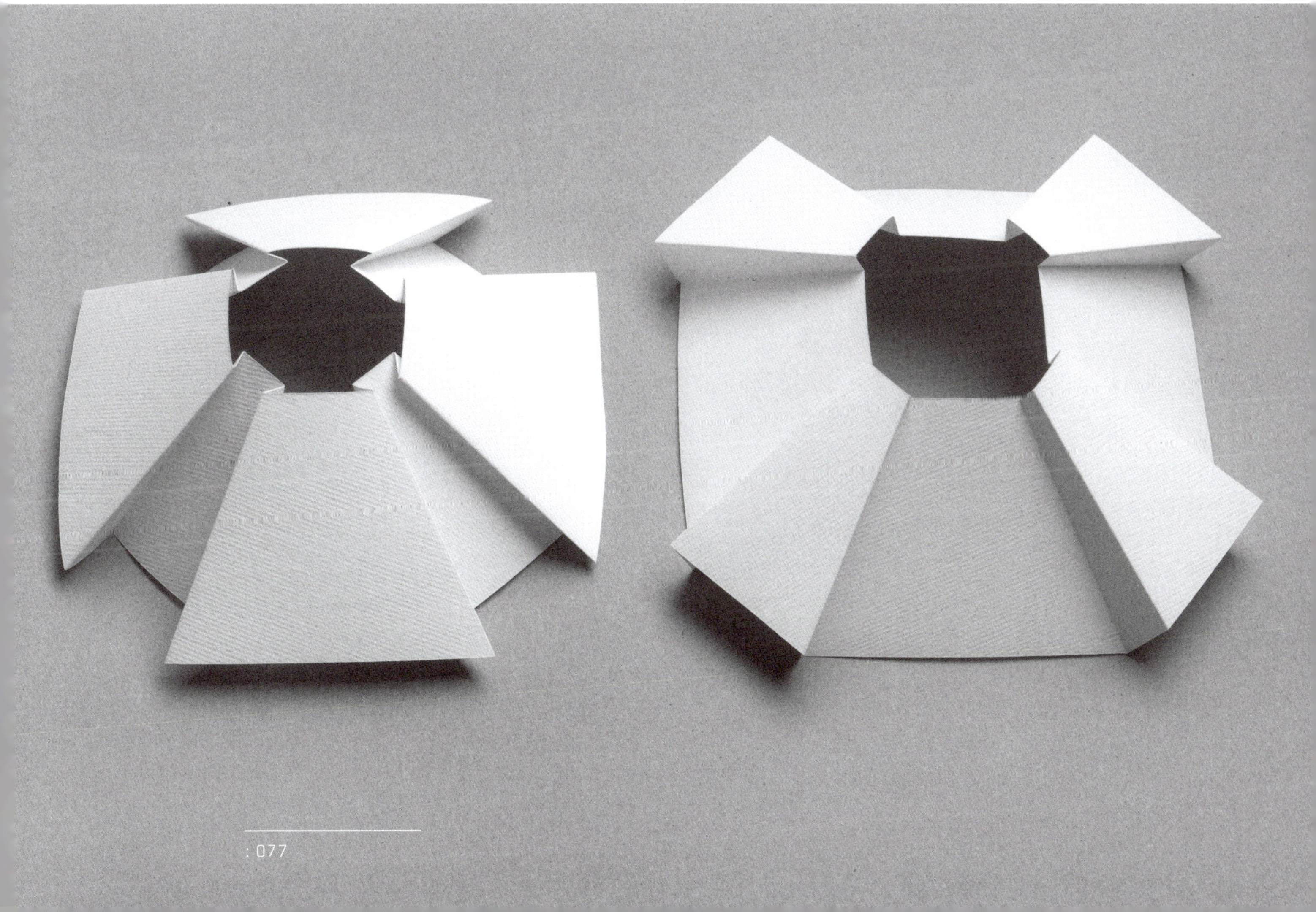

2.4.　インクリメンタルプリーツ

インクリメンタルプリーツ (Incremental pleats)は、ひだとひだの間隔が徐々に広がったり狭まったりしているプリーツだ。たとえばひだの間隔を10mmずつ増やして10mmから20mmに、次に30mmに、さらに40mm、50mmにというように増やしていく。あるいは、たとえばフィボナッチ数列や対数関数の数列を使って幾何級数的に間隔を増やしていくこともできるだろう。増減の割合を不規則にしてもいいが、そうすると外観の表面や立体造形があまり美しくなく混乱したものになることがある。

うまく使えばインクリメンタルプリーツは無限のプリーツパターンを生み出す可能性がある。変わった形の素材や、アコーディオンプリーツ、ナイフプリーツ、ボックスプリーツの創造的なパターンと組み合わせれば可能性はさらに広がる。次の章のプリーツパターンをインクリメンタルにしてもいいだろう。

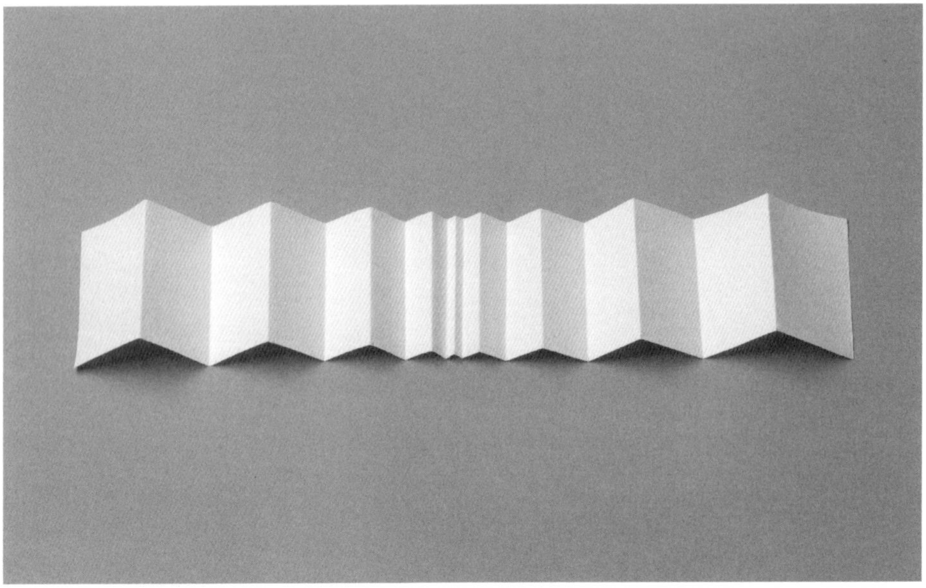

2.4_1
この例では、ひだとひだの間隔を端から中央に向けて徐々に減らし、それからもう一方の端に向けて鏡映対称にしている。このようにして複雑な、地形図のような表面（必ずしもシンメトリカルである必要はない）を作ることもできる。

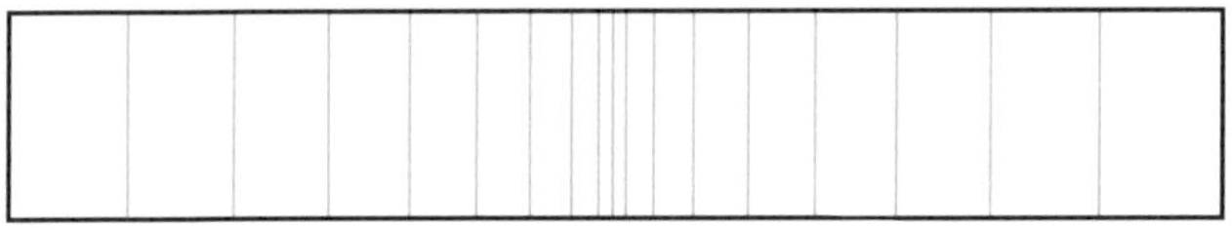

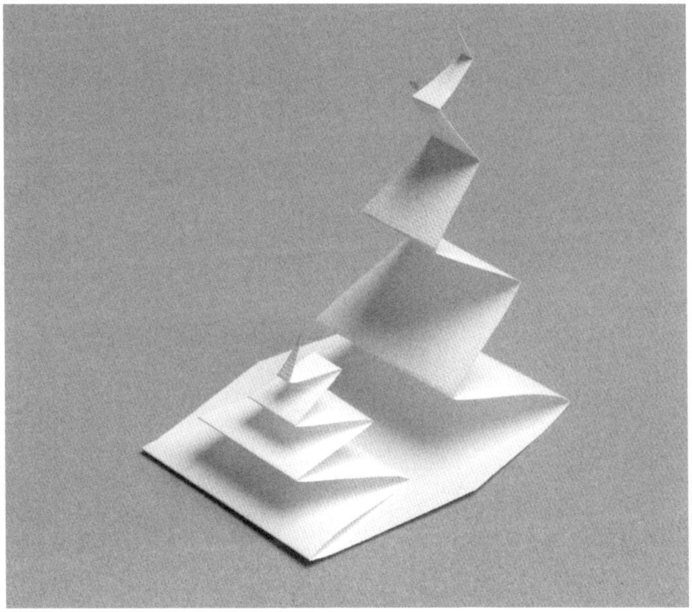

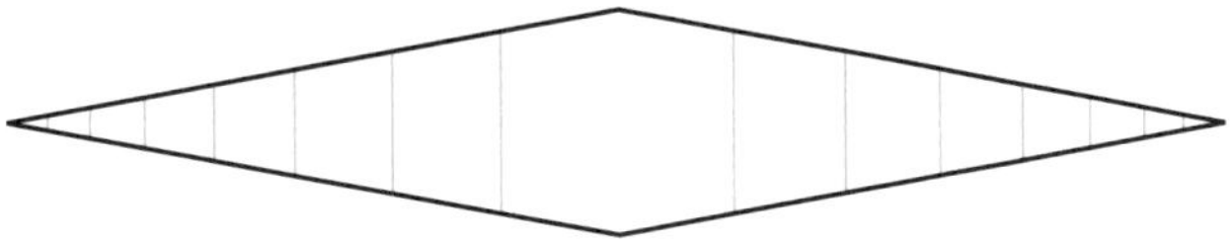

2.4_2
三角形のインクリメンタルプリーツを鏡映対称にして、凝った重層的パターンを作り出している。表と裏で異なる色やテクスチャーの平面素材を使えば、装飾的効果はさらに高まる。

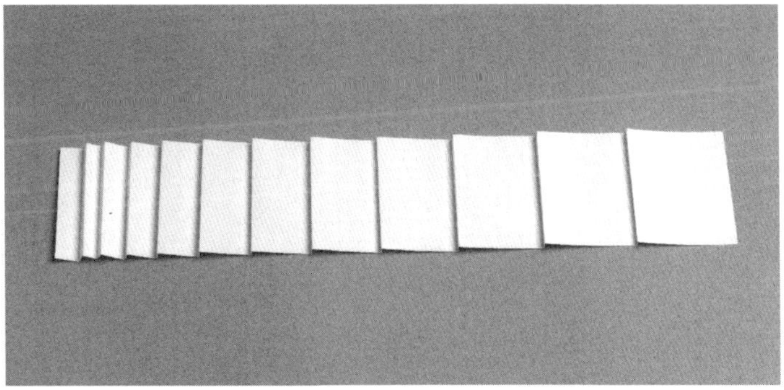

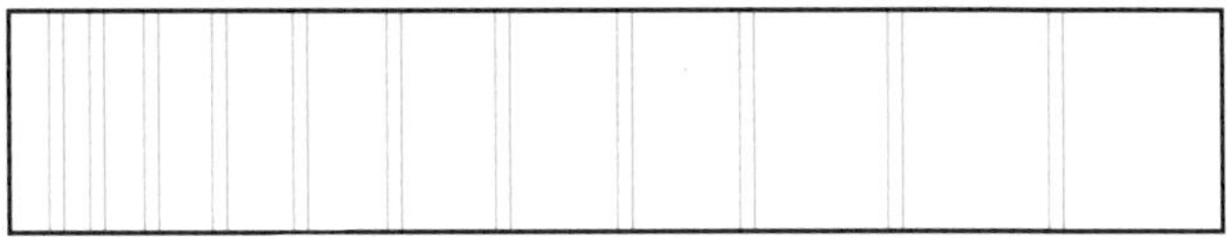

2.4_3
このナイフプリーツは一貫して同じ形を保っているが、プリーツの間隔は徐々に広がっている。同じ効果はボックスプリーツを使っても得られるだろう。

3.　その他のプリーツ

前の章では基本的な4種類のプリーツを紹介した。次の章ではそれらを使って多種多様な表面と形を作る方法を紹介している。この短い章はその橋渡しだ。少し基本から離れた、しかしまだ充分一般的なコンセプトを紹介する。それ自体、独自の章を立てる価値のあるコンセプトだ。

この章は短いが、展開すればすぐに本書中でもっとも長い章になる可能性がある。どの基本技術からも膨大な数のバリエーションを引き出すことができる。ここに含めた技術（スパイラルプリーツ、ギャザープリーツ、ツイストプリーツ）は、経験から、もっとも実用的で、もっとも応用範囲が広いことが証明されたものだ。だが自分自身でいろいろ試してみれば、ほかにももっとたくさんのバリエーションが見つかるだろう。いつものように、1枚の紙を手に取って、この本をガイドにしながらまず折り始め、試してみることに代わる方法はない。

3.1.　スパイラルプリーツ

スパイラルプリーツとボックススパイラルは一般的に作るのが簡単で、基本的に同じ折り線の構造を持っている。長方形や台形を均等な間隔の山折り線で分割し、それから対角線を谷折り線にすることで山折り線と山折り線をつなぐ。できた折り線図は、連続する1本のジグザグ線で描くことができる。

3.1.1.　シンプルスパイラル

単純だが美しい螺旋形のプリーツを作るには、まず紙を山折りで均等な間隔に直線分割し（p.16－17参照）、それぞれの長方形の対角線を谷折りで折る。

3.1.1_1
この螺旋形プリーツは水平に置いているが、空中につるすと非常に優雅に回転する。平らに折りたたむと円形のバラの花飾りのようになる。非常に細長い三角形や非常に長い菱形など、長方形以外の形にも作れる。

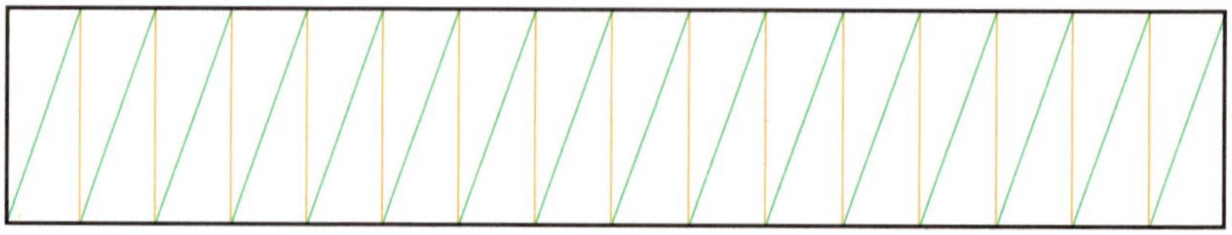

3.1.1_1

3.1.2.　ボックススパイラル

ボックススパイラルは、折りの構造は前ページのシンプルスパイラルと同じだが、端を貼り合わせて箱の形にしたものだ。こうすると面が折り重なって、カメラの接写レンズの絞りのように見えるが、これは二次元ではなく、箱の中心点の周囲に広がる三次元の形だ。ちょうど砂時計の形に似ている。

これを成功させる鍵は、箱の面の数に対する谷折りの斜線の角度を厳密にコントロールすることだ。この角度が大きすぎると箱の丈が高くなりすぎる。小さすぎると箱は平たくなる。わずか数度違っただけでもできあがりの形は大きく変わってくるので、可能なかぎりいろいろな角度を試してみることが重要だ。

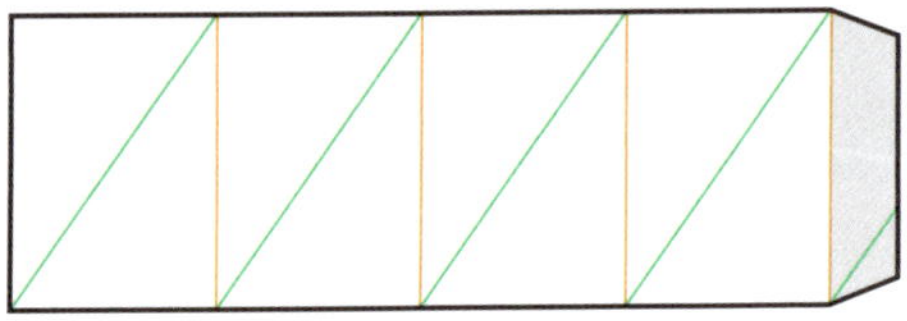

3.1.2_1
これが基本的な4面の箱の形。図のように山折り、谷折りの折り線をつけ、糊しろに糊をつけて箱の反対側の端に貼りつける。この長方形の箱を、ちょうど瓶のねじ蓋を閉めるようにひねると、箱は「砂時計」の形になる。ひねりには一定のコツがあり、面の数が増えるにしたがって難しくなってくる。

3.1.2_2
これは前の例と似ているが、上辺を少し切り落として、山折り線と谷折り線が上辺で合わないようにしている。その結果、箱の中心より上の位置に絞りができ、上辺がより装飾的になる。

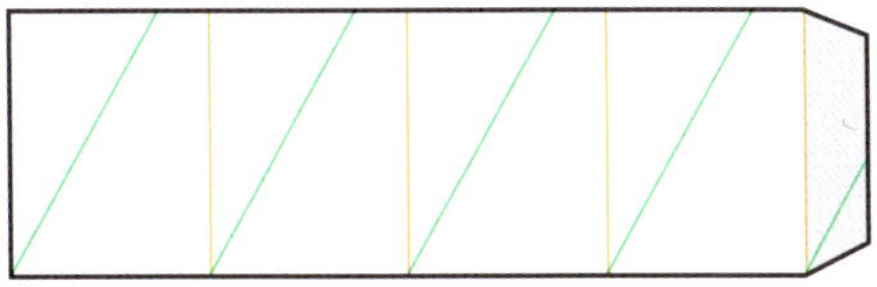

3.	その他のプリーツ
3.1.	**スパイラルプリーツ**
3.1.2.	ボックススパイラル

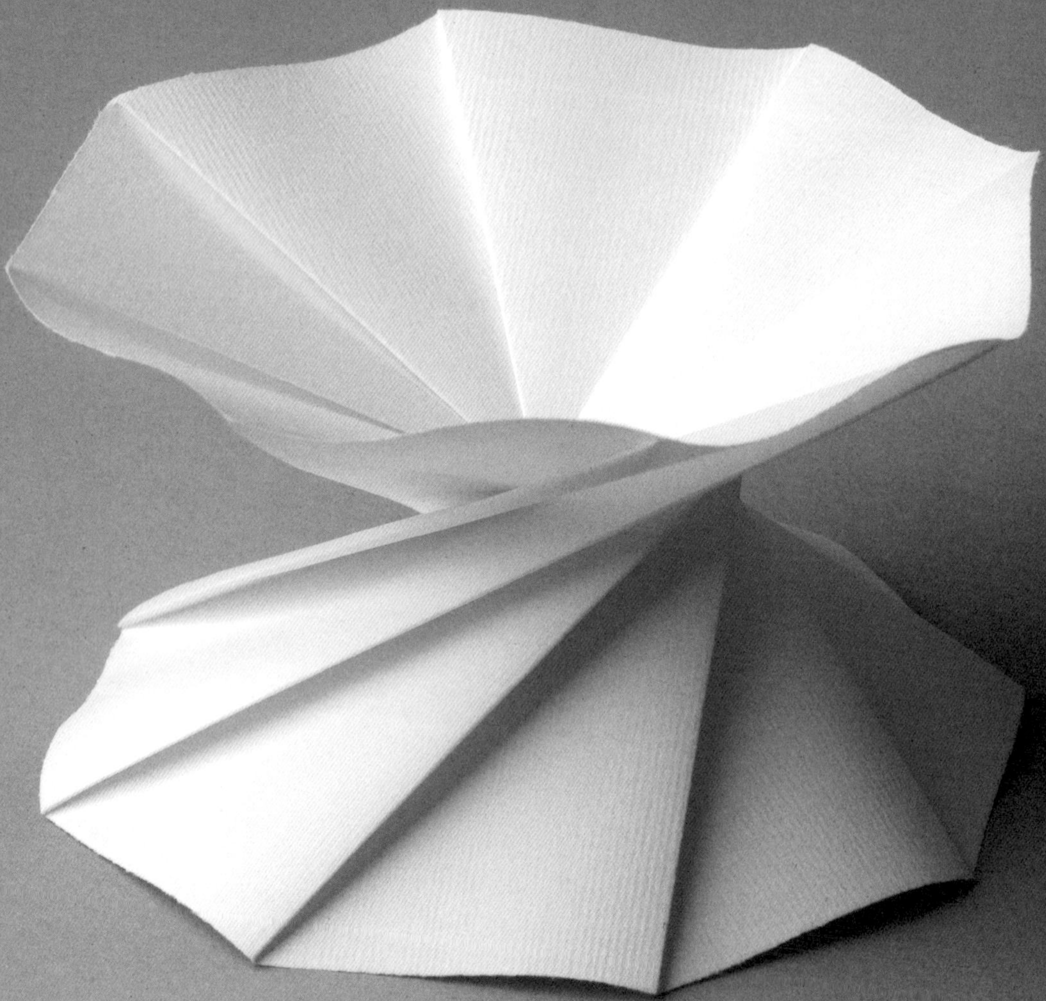

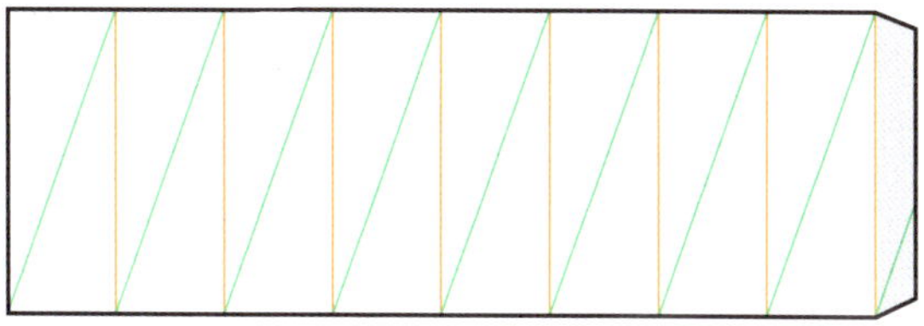

3.1.2_3
箱の面の数はいくつでもいい。この例では8面にしている。面の数を偶数にした場合（4面、6面、8面など）のメリットは、押すと左から右へ（あるいは前から奥へ）平らになり、またすぐに立てられることだ。試してみれば二次元から三次元への早変わりにあっと驚くだろう。谷折りの斜線の角度は70°である。左ページの写真参照。

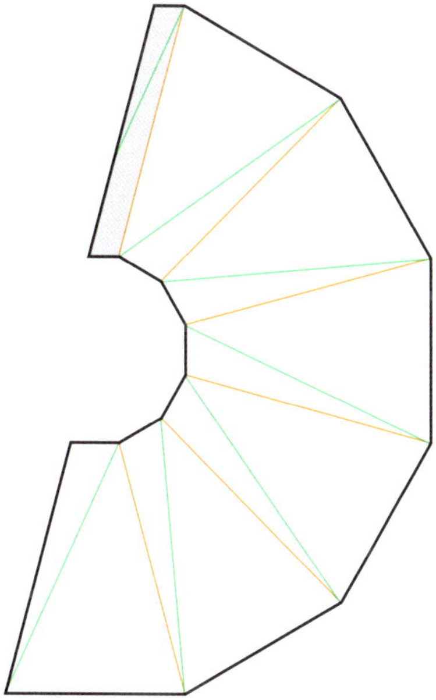

3.1.2_4
紙を平行な山折り線で長方形に分割する代わりに、台形を作ってもいいだろう。この例では斜辺の角度が75°の台形を6個つないでいる。谷折りの対角線の傾きは、各台形の底辺に対して65°である。その結果、上部に向かってすぼまった形ができる。

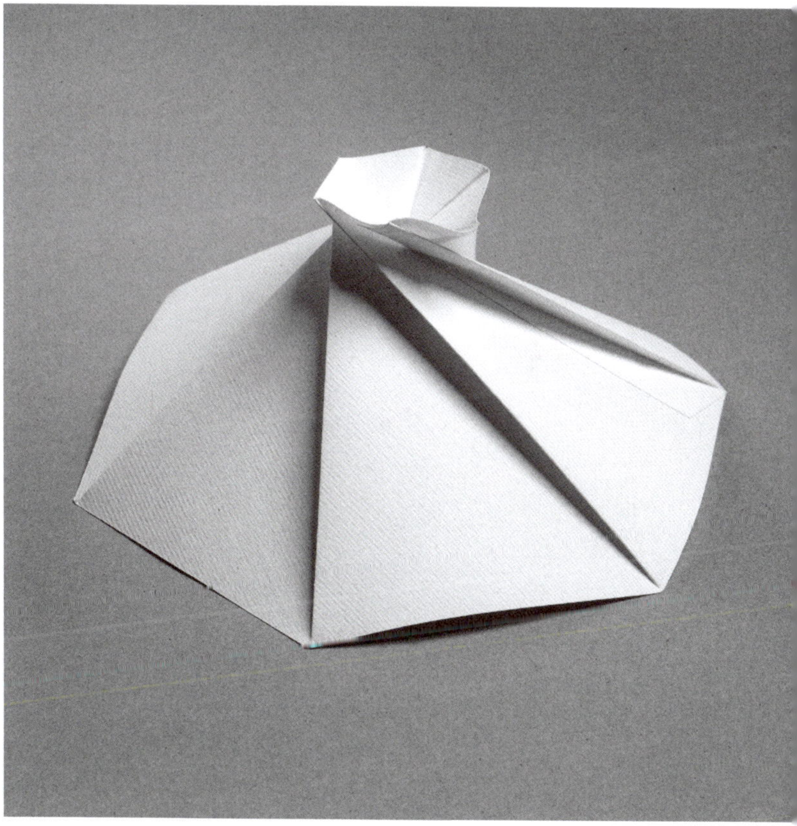

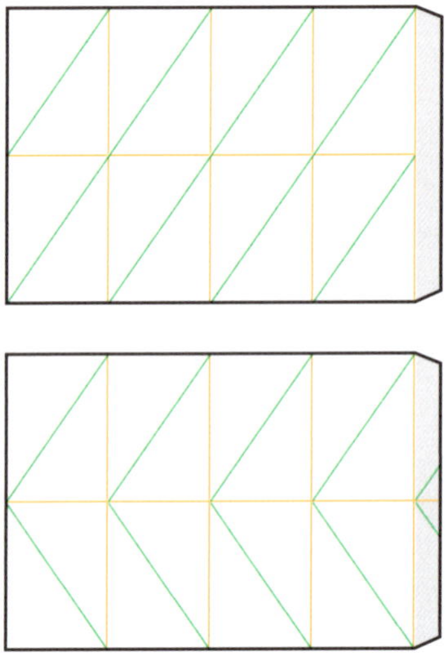

3.1.2_5
ボックススパイラルを何個も重ねて、強固な塔を作ることができる。ここでは4面の箱を2つ重ねているが、重ね方を変えている。最初の例は2個の箱の谷折りの斜線を同じ対角線上に置いたもの、２番目の例は谷折りの斜線を別の対角線上に置いたものだ。箱を重ねるときはどちらの例を使ってもいい。

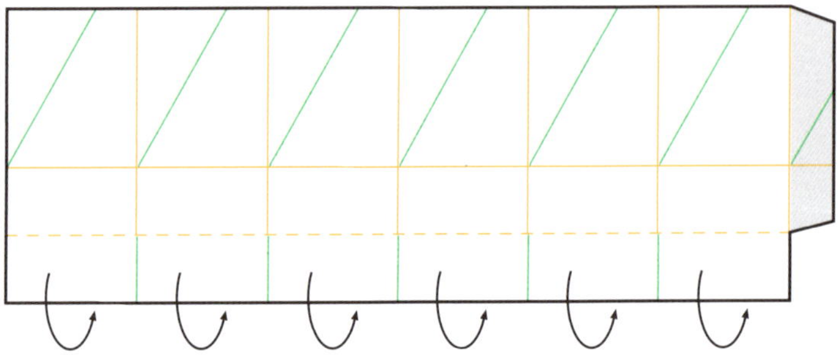

3.1.2_6
ボックススパイラルを使って装飾的な蓋を作ったもの。この蓋は6面で、谷折りの斜線は水平線に対して60°になっている。この角度を61°、62°……と増やしていくと、立体の「砂時計」の形の蓋ができる。度数が大きくなればなるほど蓋の丈は高くなる。底辺を点線に沿って裏へ折り返すと、蓋の側面が頑丈になる。右ページの写真参照。

3.2.　ギャザープリーツ

直線状または回転状プリーツは、開いたままでもいいし、一端あるいは両端に寄せ集めてもいい。寄せ集めるとたくさんの新しい立体造形やレリーフ表面が可能になる。

ギャザープリーツをまとめる方法はいろいろある。ここの例では紙に糊しろをつけて貼り合わせているが、ひもで縛る、鋲でとめる、糸で縫い合わせる、ホッチキスでとめるなど、使う素材によってほかにもさまざまな方法があるだろう。いつも言うように、この本では紙と、視覚的に「ピュアな」折りを示しているが、自分のデザイン作品を作るときはそういうことはいっさい無視してかまわない。

3.2.1.　アコーディオンプリーツ

3.2.1_1
これは1.1.1_11（p.17）と同じものだが、糊しろがついている。すべてのひだをきっちりと折りたたみ、糊しろに接着剤をつけていちばん端のひだに貼る。こうするとアコーディオンプリーツの一方の端が寄り集まって、ちょうど扇のような形になる。

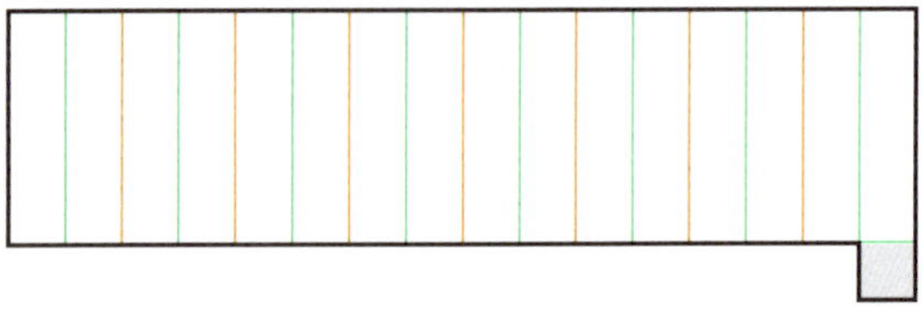

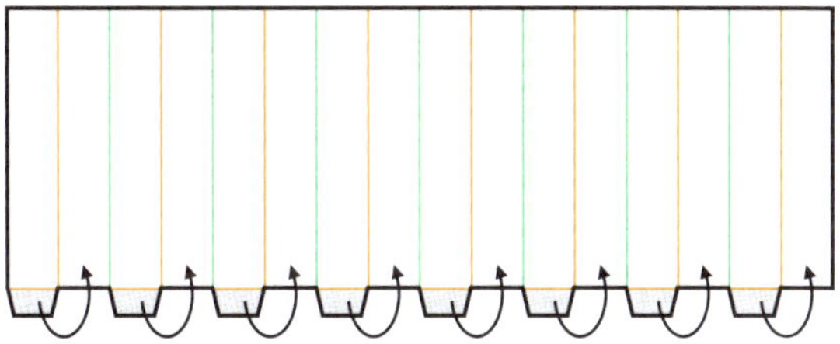

3.2.1_2
前の例ではアコーディオンプリーツの片側が完全に閉じられていたが、ここではアコーディオンプリーツの一方の縁に沿って、１列ずつとめられている。こうすると平らな扇が立体の円錐形になる。糊しろに接着剤をつけ、ひだを折りたたむ。それぞれの糊しろを隣のひだに貼りつける。こうするとアコーディオンプリーツの一端が半分閉じられた形になる。

3.2.1_3
前の2つの例で説明した技法をアコーディオンプリーツのもう一方の端にも用いると、両端が閉じた、あるいは半分閉じたものができる。紙の中央に1本の折りを加えると、プリーツは中央で開いたままになる。

3.2.1 _ 3

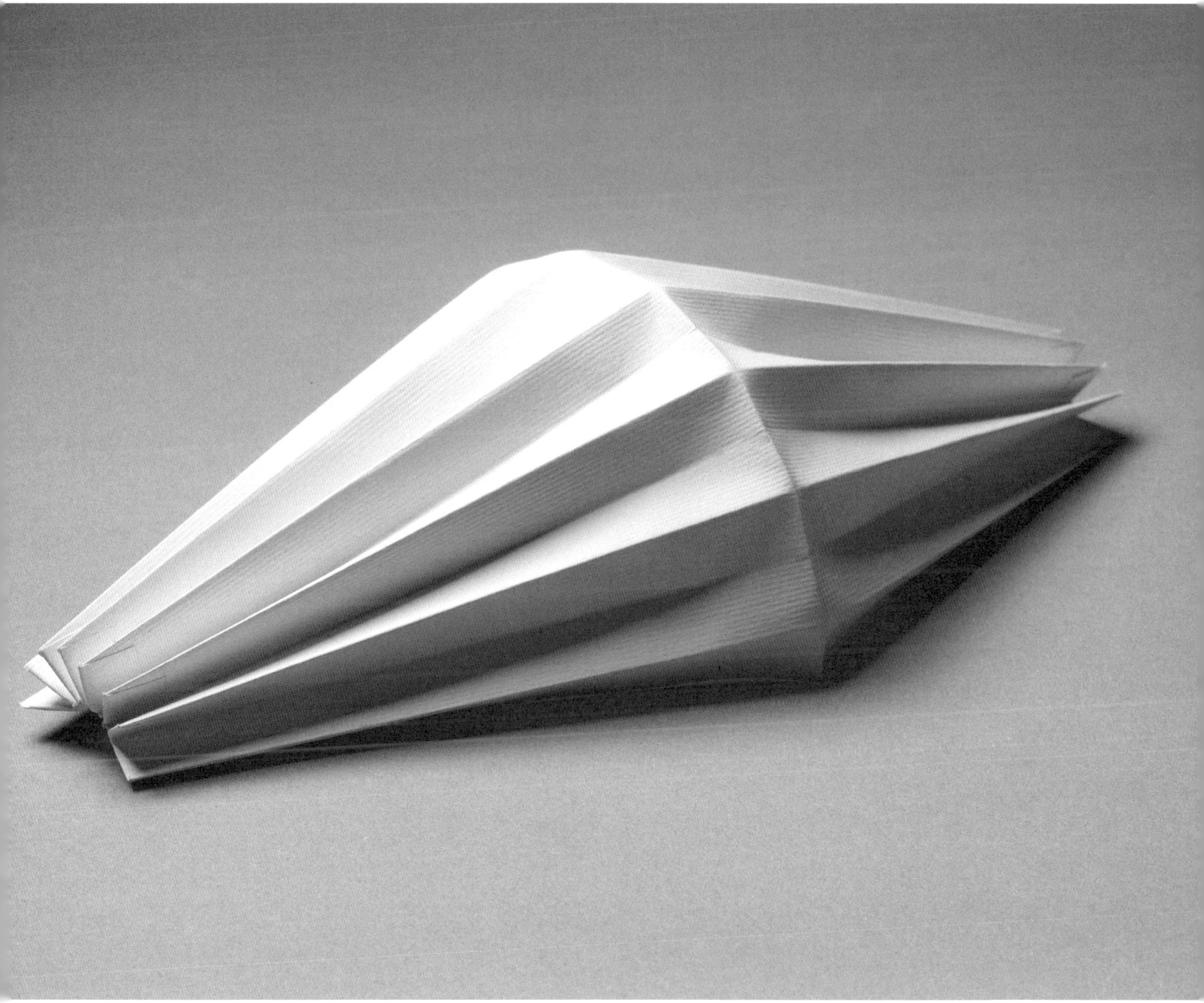

3.2.2.　ナイフプリーツ

3.2.2_1
これは2.2.1_1（p.64）と同じものだが、ナイフプリーツを折った後に紙の中央に谷折りを1本加えている。こうすると中心に沿ってプリーツが寄せ集められ、両端で開くようになる。その結果、一端で閉じ、もう一方の端に向かって徐々に開いた形ができあがる。

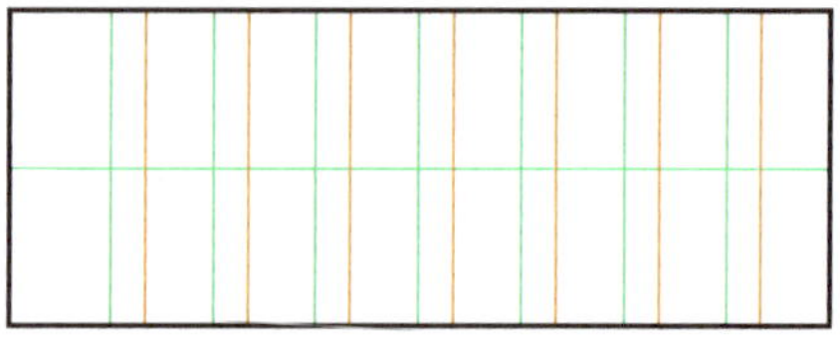

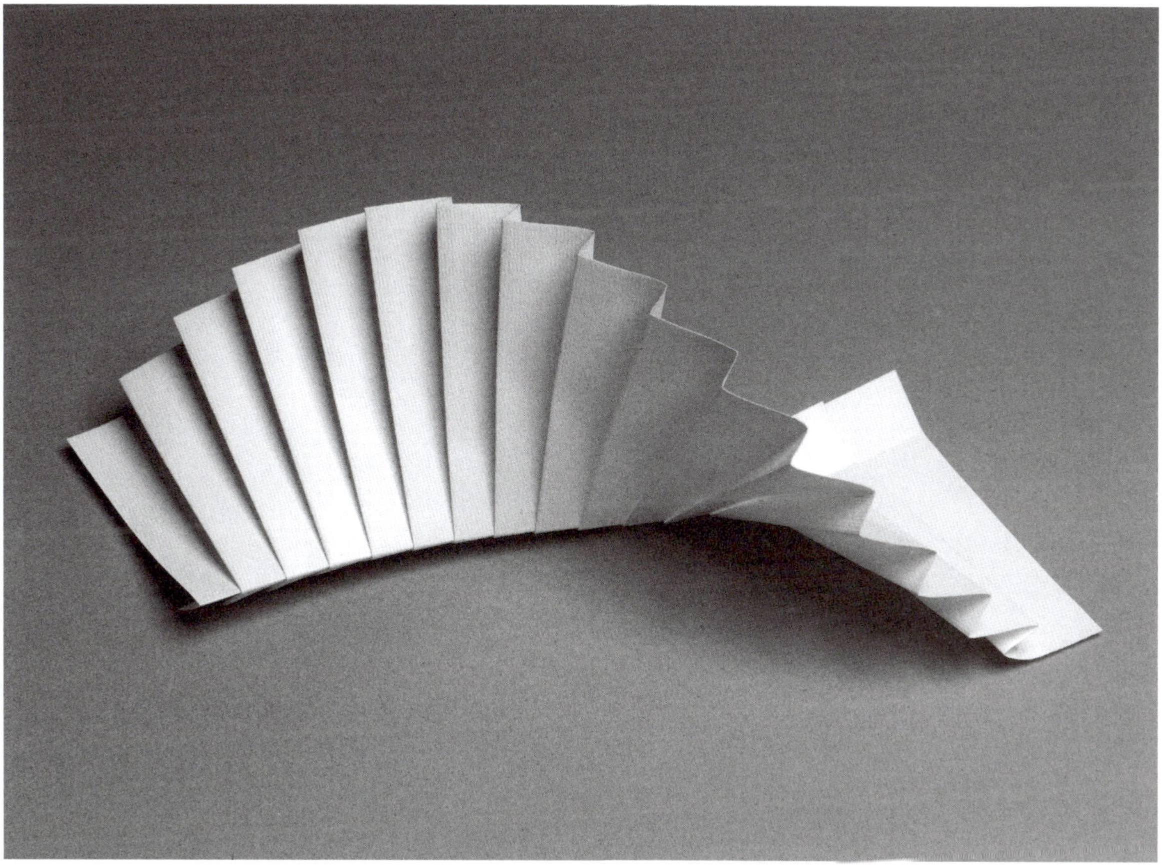

3.2.2_2
ここでは15本のナイフプリーツの線が、１つの縁に沿って寄せ集められている。こうすると集められていないほうの縁が広がって、集められた縁の周囲に螺旋を描き、ちょうど螺旋階段のような形を作り出す。縁は折り返す代わりに糸やテープ、ホッチキスなどでとめてもいい。

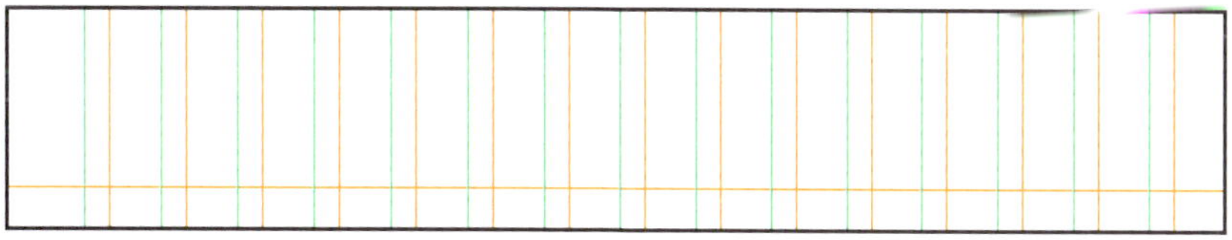

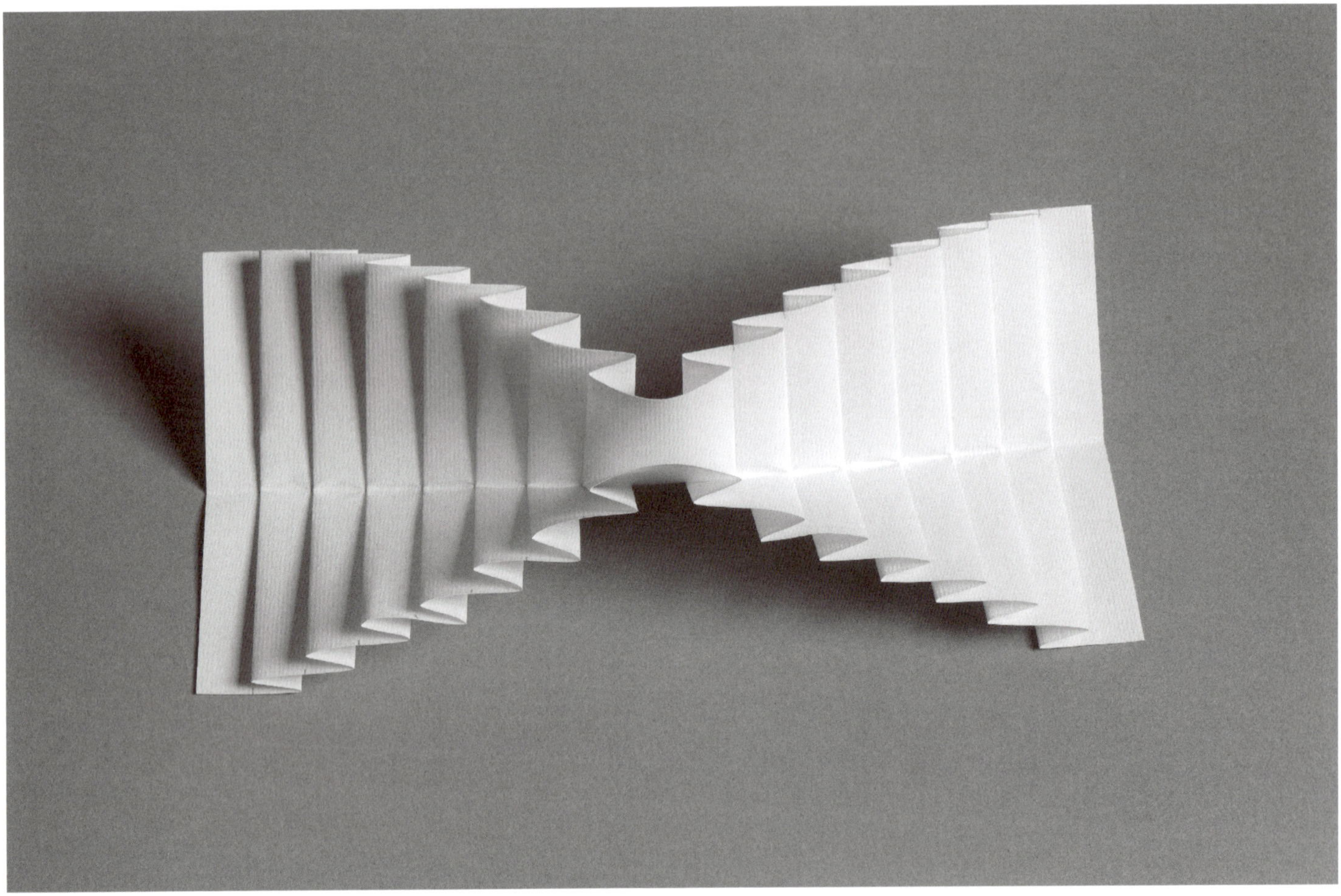

3.2.2_3
紙の左側に7本のナイフプリーツを作り、それを右側に反転させて、3.2.2_1の例題（p.94）を2つ背中合わせにした形。その結果、左右で開き、中央で閉じた形ができあがる。紙を長くしてさらに鏡映のパターンを続けていけば、くり返し閉じたり開いたりするプリーツパターンができる。

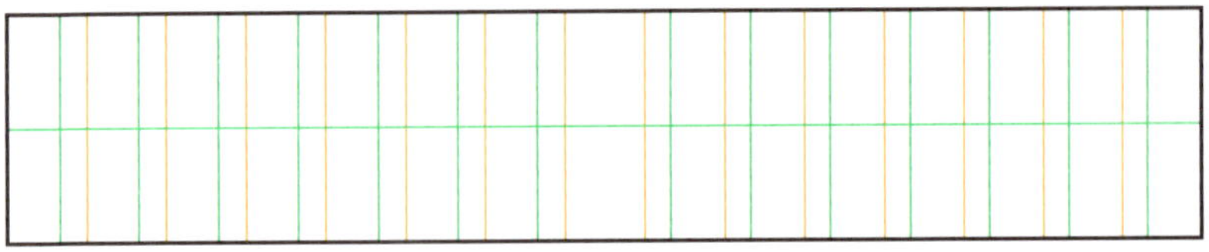

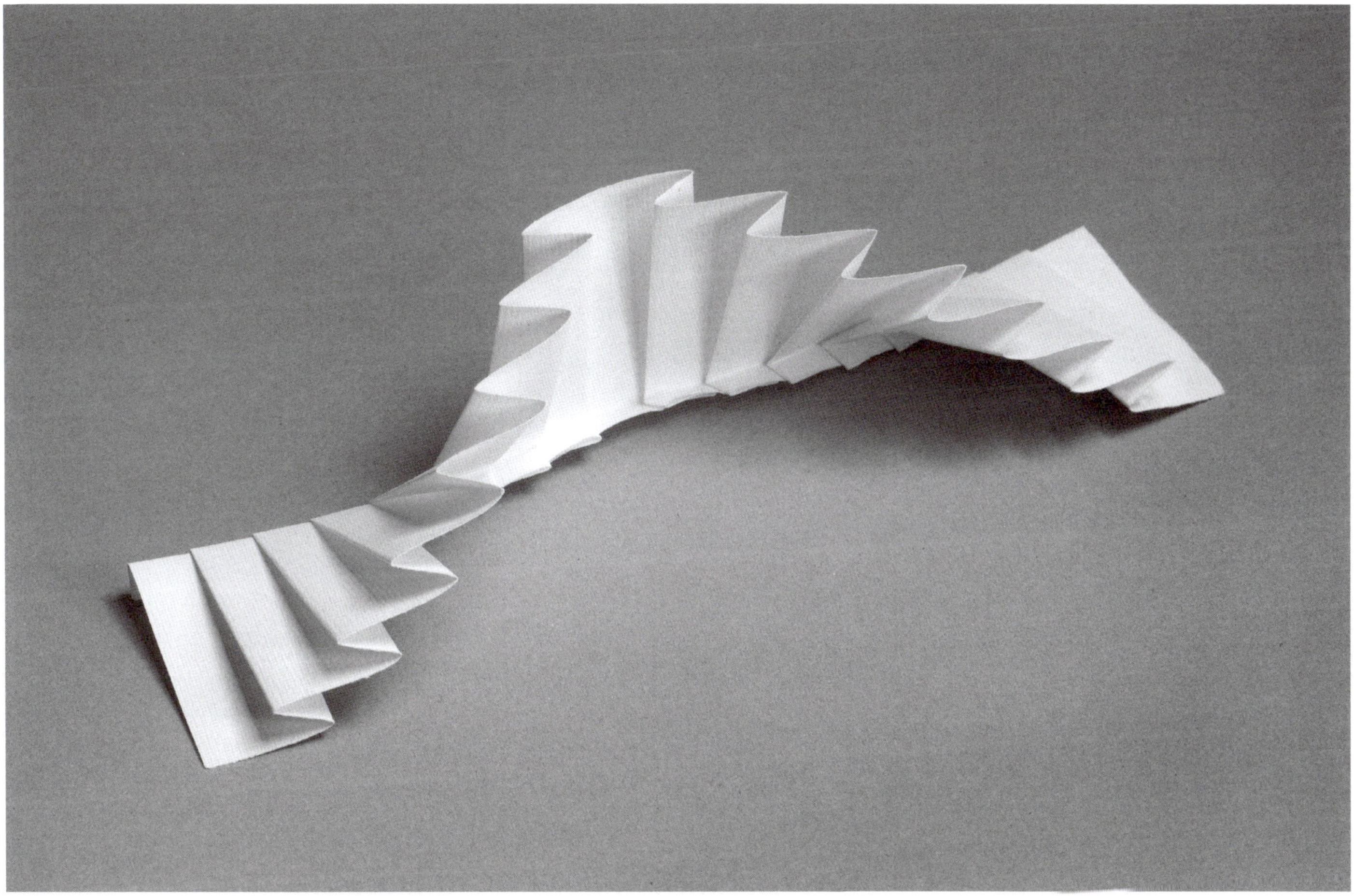

3.2.2_4
左側に7本のナイフプリーツを折り、それを右側に反転させて鏡映対称にし、上辺近くに長い山折り線を折って、ひだを寄せ集めたもの。これは前の例の形を効果的に半分にしたものだが、レリーフ表面であって、三次元の形ではない。

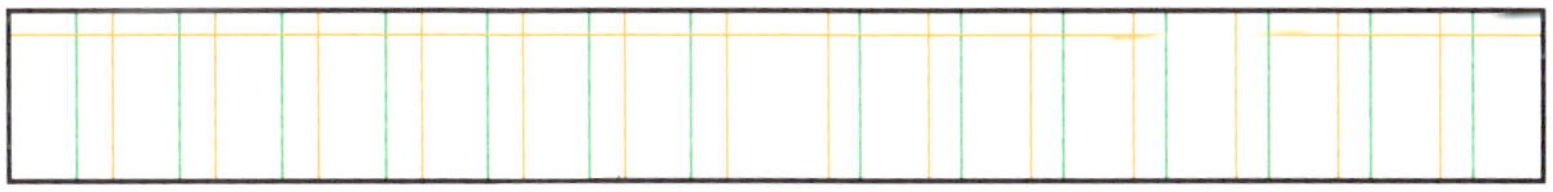

3.3.　ツイストプリーツ

ツイストプリーツは平坦な表面に視覚的な面白みを作り出す優れた方法だ。紙や、その他のかたい素材で作るとやや緊張した感じになるが、布などのやわらかい素材で作ると、はるかにゆったりして自然な感じになる。このためアパレルやファッションアクセサリー（バッグ、ベルト、帽子、靴など）の分野でよく使われている。

ここに挙げた例はツイストプリーツの基本的な利用法を示すものだが、いつも言うように、基本コンセプトや基本のプリーツの章を参考にしていろいろ試してほしい。

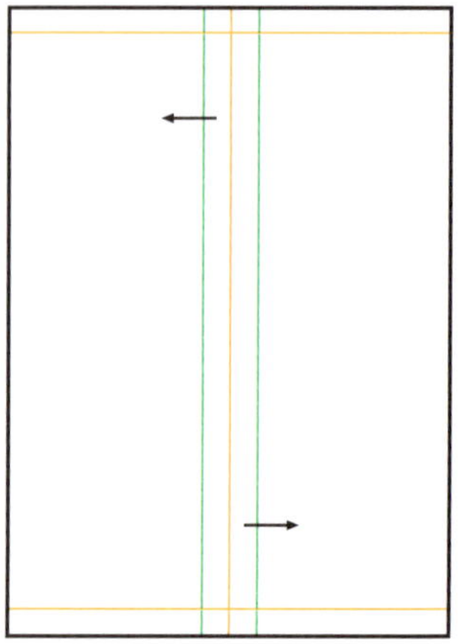

3.3_1
これが基本的な技法。中央に3本の折り線を作って、低いテニスネットのようにひだを立てる。紙を開く。上辺と底辺近くに水平に山折り線を折って開く。中央のネットを立て直す。上部でひだを左に倒し、水平の山折りとともに平らに折り返す。下部ではひだを右に倒し、水平の山折りとともに平らに折り返す。ひだを平らにとめるのに、水平の山折りを作る代わりに糸、鋲、ホッチキスなどを使ってもいい。

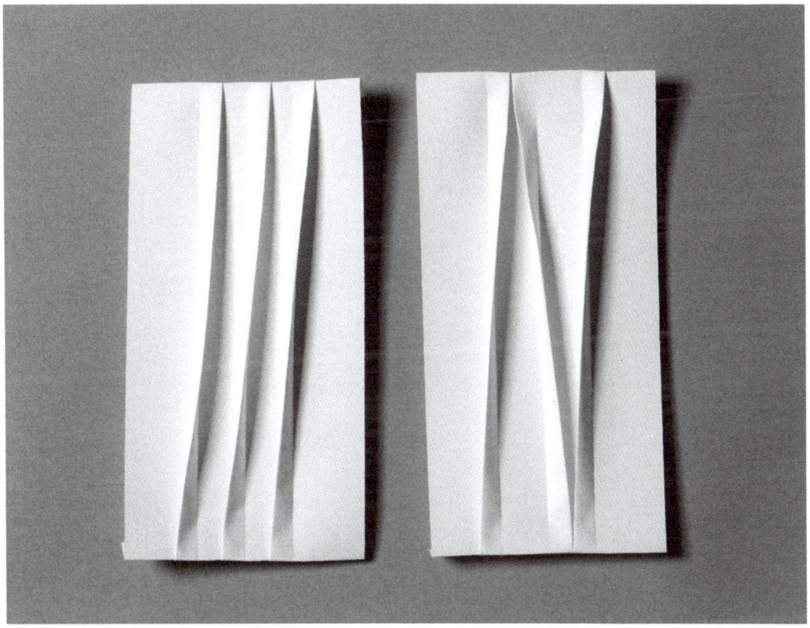

3.3_2
ツイストプリーツを直線方向に連続させる場合、次の2つのパターンをとることができる。1つはすべてのプリーツを同じ方向にひねる方法、もう1つは各プリーツを隣のプリーツと反対方向にひねる方法だ。写真はそれぞれの例を示している。

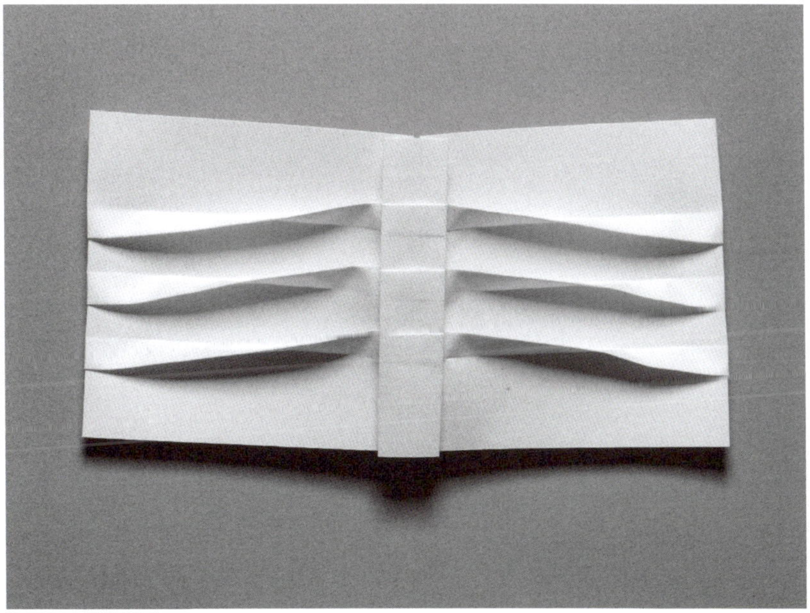

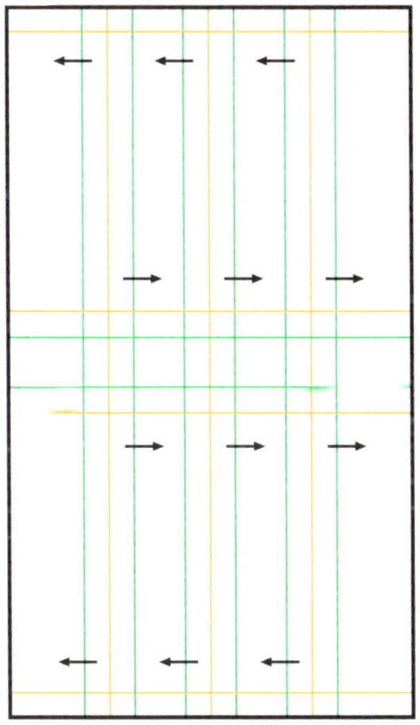

3.3_3
ボックスプリーツ（p.72）を加えるとひだをとめる場所が増え、プリーツをひねってそれをボックスプリーツで平らにとめ、そこからまたひねりを加えることができるようになる。作る素材の幅を長くすれば、その幅だけ1本のプリーツを何度もひねり返せる。ボックスプリーツを使う代わりに、糸、鋲、ホッチキスなどを使ってひだをとめることもできる。

4.　　Vプリーツ

この章では、プリーツを折る技術が極上の楽しみに変わる可能性を述べてみよう。ここに紹介するコンセプトをさらに難しいレベルに発展させれば、驚くほど複雑なレリーフ表面や立体造形を作ることができる。

だが焦ることはない！　もっとも単純なVプリーツからさえすばらしい結果を得ることができる。その理由は、ほとんどのVプリーツが動的であるからだ。表面を広げたり縮めたり、いろいろな方向に折り曲げたり、そしてひねることができるのがVプリーツだ。固定された形がなく、折り目の配置によって非常に多様な動きをする。

Vプリーツは探究心がかきたてられる魅惑的なテーマで、始めるとやめられなくなるところがある。もっと折り目を加え、反復の回数を増やし、構成をさらに込み入ったものにしてますます複雑なパターンを追求したくなるが、デザインのための時間をむだに費やして、見返りが得られないということになりがちだ。探求のためにのみ探求すれば、技術的可能性の迷路に迷い込みやすい。もし探求する時間があるなら、それはうらやむべき折り紙のパラダイスだ。だが、もし時間が限られているなら、自分の得たいものは何かをはっきりさせることが重要だ。

4.1.　基本のVプリーツ

Vプリーツの特徴は明確な「V」字の形をしていることで、3本の山折り線と１本の谷折り線（または１本の山折り線と3本の谷折り線）が１点で接している。Vプリーツは直線方向に連続して紙全体に無限に広がりうる。ほとんどの場合、すべてのひだを同時に操作することができ、紙は折りたたまれて小さな平たい形になる。

4.1_1
これがもっとも基本的なVプリーツだ。折り線図がシンメトリー（対称）で、山折りと谷折りが正確に配置されることに注意。中心の線（これを「対称中心線」と言う）は紙のどこに置いてもいいが、V字形の折り線はその線の両側に対称に置かなければならない。

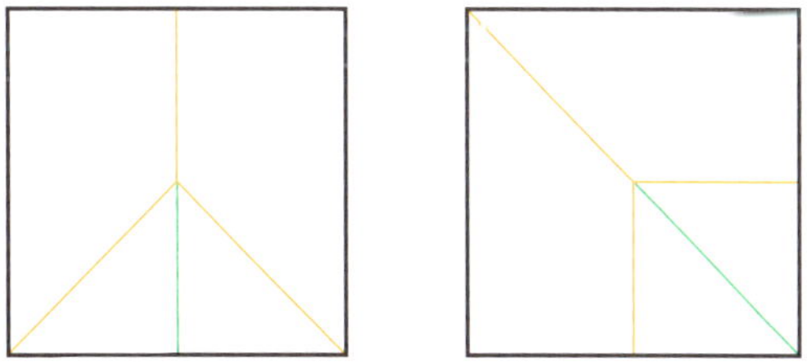

4.1_2
Vプリーツは1個である必要はなく、対称中心線に沿って無限に続けることができる。V字は中心線に沿って山折り－谷折り－山折り－谷折りと交互になっていなければならない。連続するプリーツの間で、対称中心線も山折りと谷折りが交互になっていることに注意。

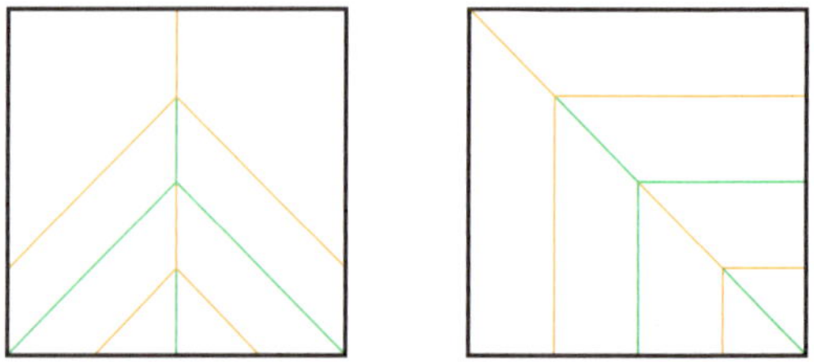

4.2. 手で作る

Vプリーツはたくさんの小さな山折り、谷折りの折り線で複雑な折り線図を作り出す。この折り線図はコンピューターで作図して、プリントアウトしてから折ってもいいし、幾何学的な用具を使って紙に直接描いてもいいが、手で作ったほうがはるかに簡単で早い場合が多い。この方法は驚くほど簡単だ。だが例によって例のごとく、自分でオリジナルの折り線図をデザインするときは、ここで紹介する方法をもとにいろいろ工夫する必要があるだろう。

4.2_1
正方形を対角線に沿って斜めに折る。紙を開き、折り線を逆に折り返して、山折りにも谷折りにもなるようにする。これを「ユニバーサル折り」と言う。ユニバーサル折りの詳しい折り方についてはp.8を参照。

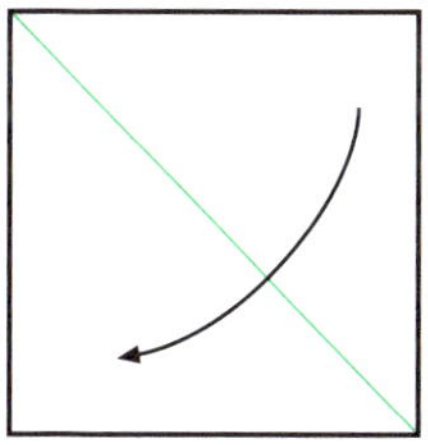

4.2_2
紙を対角線に沿ってどちらでも好きな方向に折り、できた三角形を2枚重ねたまま8等分し、それぞれの折り線をユニバーサル折りにする。

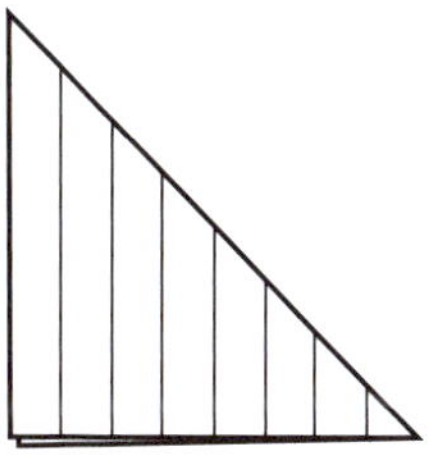

4.2_3
これが完成した折り線図。どのようなデザインのパターンにするにせよ、すべての折り線をユニバーサル折りにして、紙を簡単に折りたためるようにすると非常にやりやすくなる。

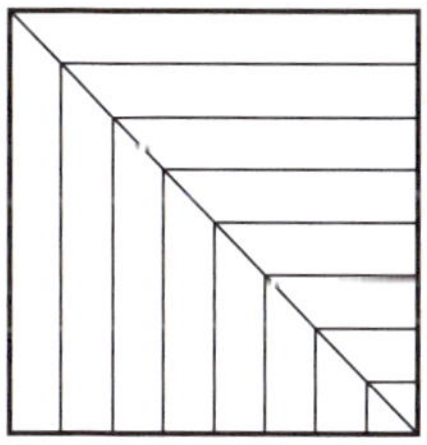

折り目をつけた紙の折りたたみ方

4.2_4
写真のように紙を左右対称に持つ。親指を前面に、ほかの指を裏面に当てて、紙の上部のもっとも長いV字の折り目を持つようにする。親指とほかの指を使って、いちばん長い逆V字を山折りにする。

4.2_5
今折った山折りのV字の下のV字を今度は谷折りにする。先ほどと同様に親指とほかの指を同時に使って谷折りを作る。

4.2_6
山折り－谷折り－山折り－谷折りと交互になるようにV字のひだを折り続ける。進むにつれてひだはだんだん短くなっていく。折ったV字のひだは親指とほかの指の間にまとめてはさんで、紙が開かないようにする。

4.2_7
ひだはきっちりと折りたたまれて、平らな棒のようになる。

4.2_8
この平らな棒を両側に引っ張って開くと、中からV字のプリーツが現れる。

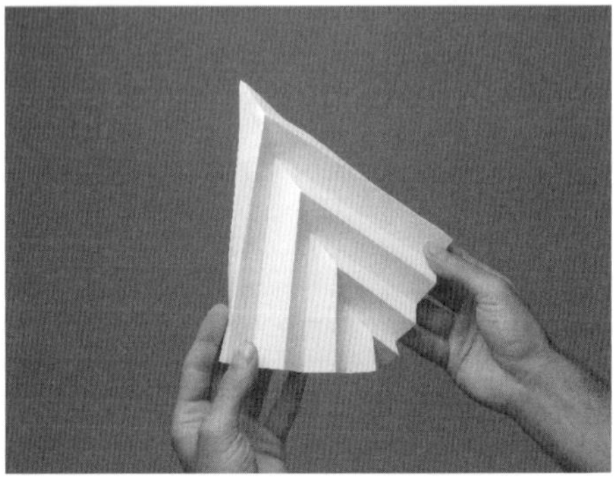

4.3.　バリエーション

Vプリーツの2つの基本要素（対称中心線とV字形のひだ）を利用すれば、完全に新しいものは何も導入しなくても膨大な数のバリエーションを作ることができる。以下は、基本のVプリーツを発展させる4通りの方法だ。これらの例の大部分は、p.105－107で説明したように手だけで作ることができる。

4.3.1.　対称中心線を移動する

対称中心線の位置は、通常、紙の対称中心線上にある。だがこの線はどこにでも置くことができる。それはデザイナーが決定することだ。ここに3つのアイデアを示す。

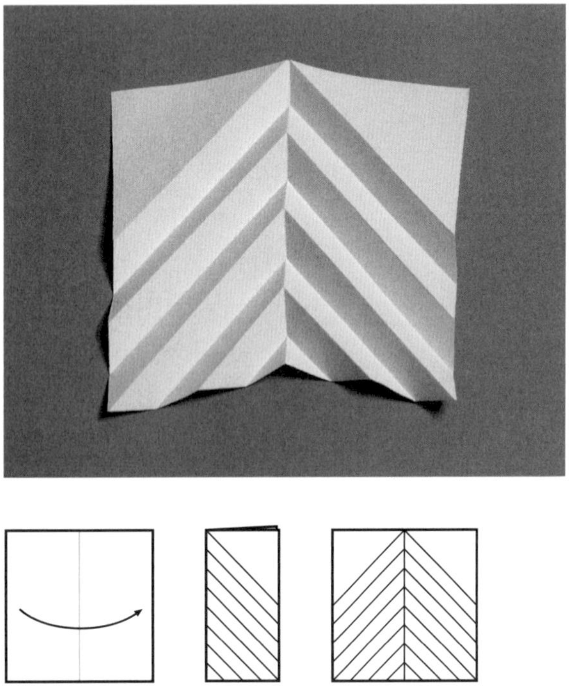

4.3.1_1
これが縦の対称中心線に沿った、もっとも基本的な位置。

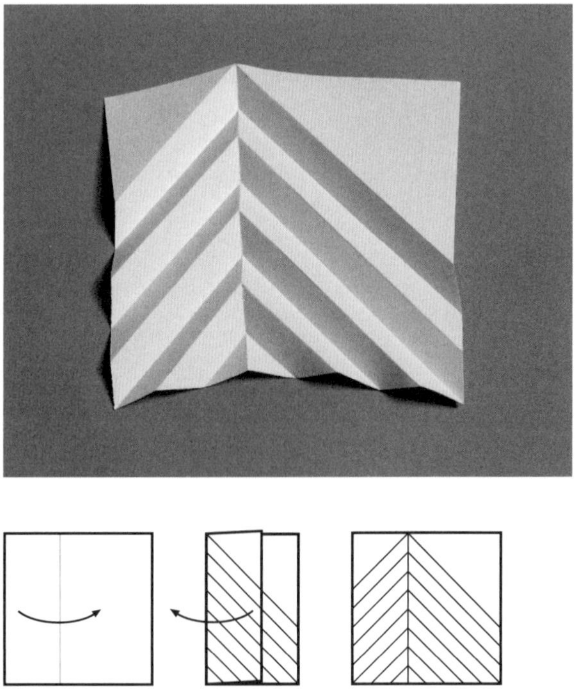

4.3.1_2
ここでは対称中心線を左に移動している。そのため、Vプリーツを折るとV字の両辺の長さが違ってくる。

4.3.1_3
この例では、対称中心線の位置をややランダムに置いている。10枚以上の紙を使って試作をくり返し、よく考えてそのたびに異なる位置に対称中心線を置いてみよう。

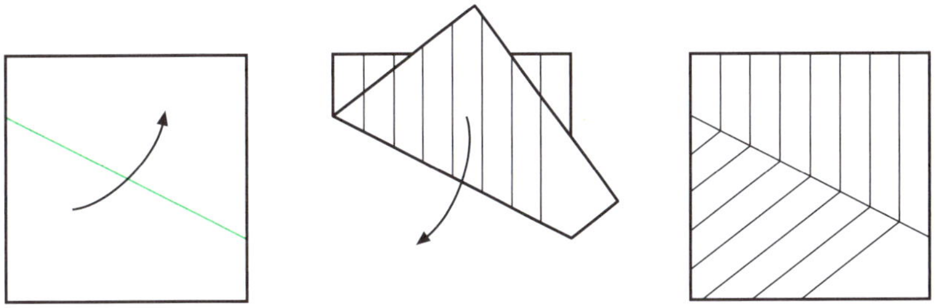

4.3.2.　Vの角度を変える

これまでの大部分の例が対称中心線に対して45°のVプリーツだった。だがこの角度は0°から90°までの間の何度にでもできるし、対称中心線に沿って変化させることもできる。

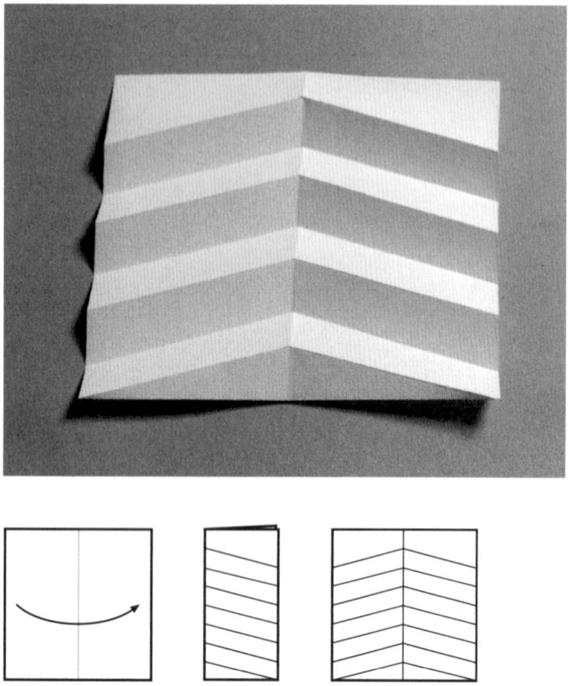

4.3.2_1
この例では角度をおよそ75°にしている。すべてのひだを折りたたんだとき、より急な角度のプリーツのときより紙はずっと小さな形になる。

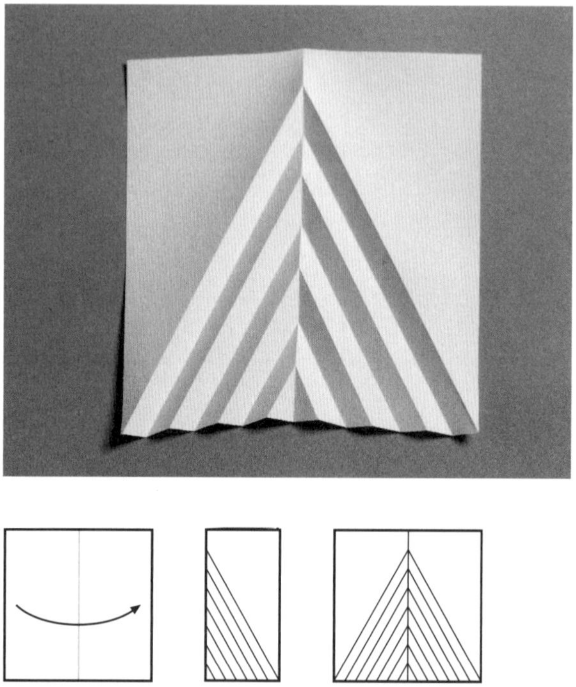

4.3.2_2
角度を約30°にした場合。先の例と比べてみよう。角度を変えただけで、折りたたんだ形は大きく変わってくる。

4.3.2_3
Vプリーツの角度を対称中心線に沿っていろいろに変えることもできる。だが完全に平らに折りたためない場合も出てくるので、この方法にはある程度の制限がある。いつものように実際に試して、できるものとできないものを見分けよう。

4.3.3.　シンメトリーを破る

これまでは対称中心線の片側のVプリーツの角はもう一方の側に反転されていたので、折りのパターンはシンメトリカルだった。だがシンメトリーは選択的なものである。日本の折り紙の巨匠・川崎敏和は有名な「川崎定理」を編み出したが、それによれば、他の一定の条件が満たされれば非対称のVプリーツも可能だ。

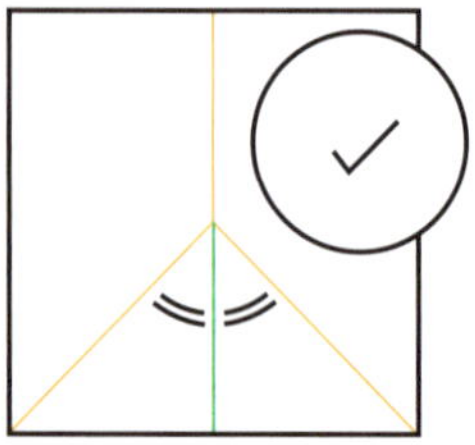

4.3.3_1
この基本的な例では、印のある2つの角が等しいので、紙はVプリーツに沿って半分に、平らに折りたたまれる。折り線図はシンメトリカルになっている。

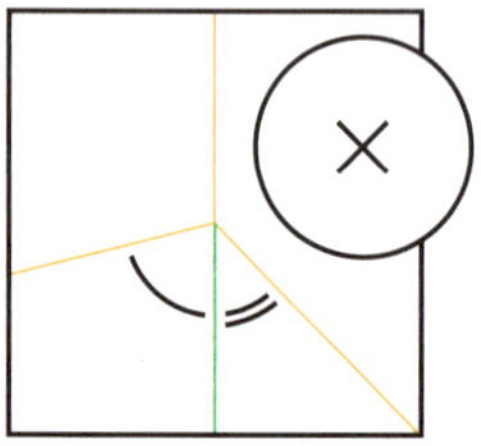

4.3.3_2
この例では対称中心線の両側の、印のついた2つの角度は異なる。もちろんこの折り線図を折ることはできるが、紙は平らには折りたたまれない。

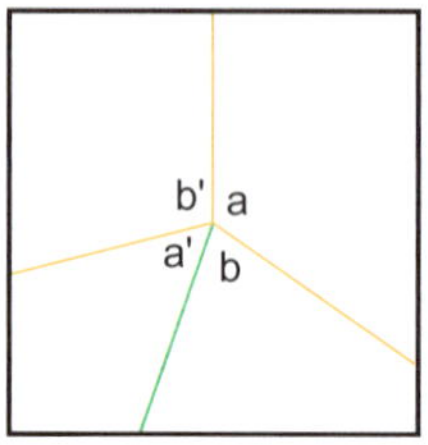

4.3.3_3
非対称の折り線図で、紙を平らに折りたためるようにするには、中心点の周りにある角が偶数（4個、6個、8個など）で、1つおきの角の角度の合計が180°でなければならない。これが川崎定理が言っていることだ。つまり、a+a'=b+b'=180°にならなければならない。この定理が生きるためには、対称中心線は中心点を通って方向を変えていく必要がある。

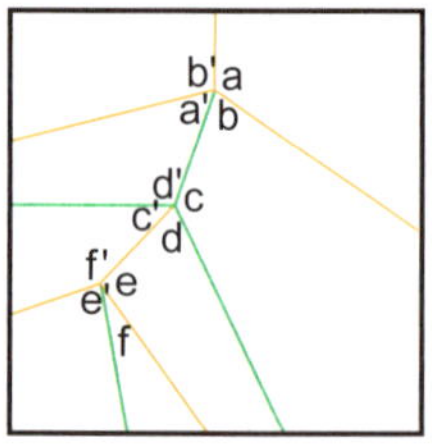

4.3.3_4
この定理は対称中心線に沿ってVプリーツがいくつある場合でも当てはめられる。折り線を作る位置に少し神経をつかって、できたものがわけのわからないものにならないように注意すること（もちろん、それをねらっているのでないかぎり）。a+a'=b+b'=c+c'=d+d'=e+e'=f+f'=180°

4.3.4. 複数のV字を共存させる

同じ紙の上にそれぞれのVプリーツの線を独立させて置くこともできる。ただし重なったり邪魔し合ったりしないように、正しく配置するよう注意しなければならない。それぞれの線を別の線に連ねて、Vプリーツが次々に生まれていくようにするのもいいかもしれない。ちょうど木の幹が二股に分かれ、さらに細かく枝分かれしていくような折り線図になる。

4.3.4_1
ここでは4本の個別のVプリーツの折り線が四隅に向かって後退し、縁と中央部分はプリーツのないまま残されている。同じ折りのパターンを他の多角形でも試してみよう。

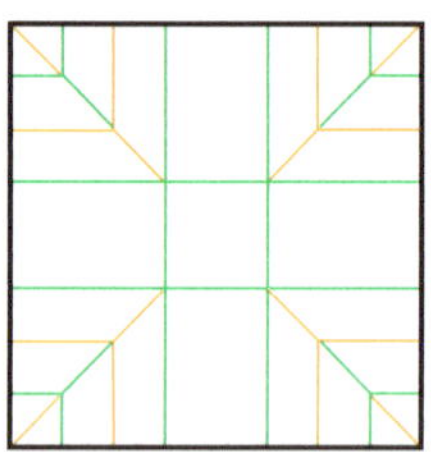

4.3.4_2
同様に、4本のVプリーツの折り線が四方の縁に向かって後退し、対角に位置する部分と中央部分はプリーツのないまま残されている。

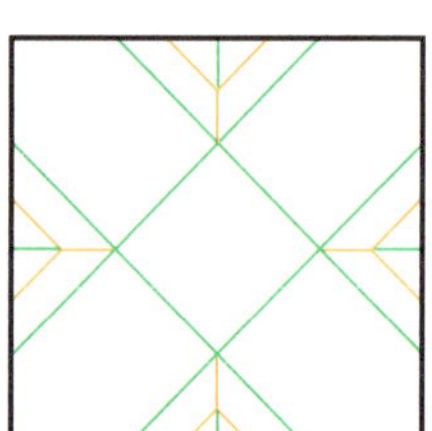

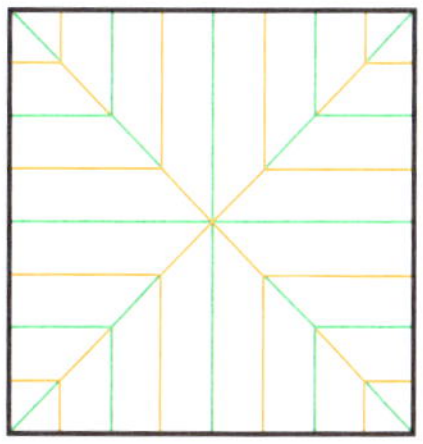

4.3.4_3
4本のVプリーツの折り線が紙の中央に集合している。できあがった形は2通りのまったく違った形をとりうる。一方をぽんと押して裏返しにした（内側と外側を逆転させた）のが、もう一方である。

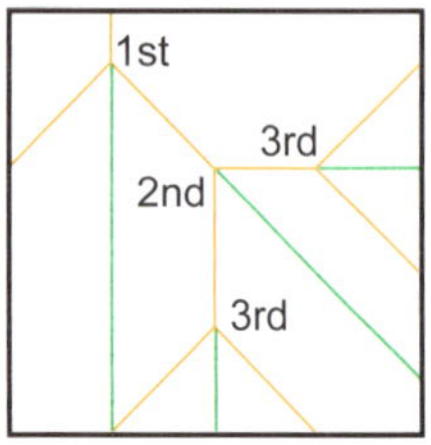

4.3.4_4
まず紙の上部、左隅近くに第一世代のVプリーツを作る。次に中央付近に第二世代のVプリーツを作り、それから第三世代のVプリーツを2つ作る。さらに世代を足してもいいだろう。先に挙げたバリエーションにこの「世代」のアイデアを利用することもできる。紙は平らな棒の形に折りたたまれる。

4.4. V字の集合

第4章の中で、Vプリーツを折るのが本当に楽しいと思えるのがここの部分である。p.103－106で作ったVプリーツを今度は横にくり返していくと、Vの形がWやMになる。それらが直線方向、放射状、あるいはランダムに配置された新しい対称中心線で結ばれる。下の例（4.4.1_1）では、3本の対称中心線がVの2本の線を結んでMの形を作っている。先に示したように、もし川崎定理の条件が認められればこれらのVの集合は平らに折りたたまれる。

4.4.1. V字と対称中心線

4.4.1_1

4.4.2. 手で作る

この章の前半部分で折った単純なVプリーツと同様、これらも手だけで折ることができる。より手間がかかり、より正確さを期する必要はあるが、方法は基本的に同じだ。

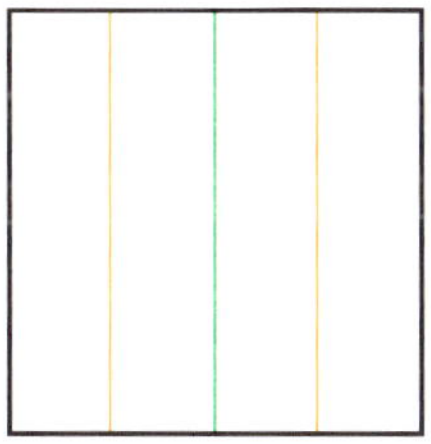

4.4.2_1
紙を4つに折る。これはユニバーサル折り（p.105参照）にするとやりやすくなる。

4.4.2_2
4つに折り重ねたまま、再びユニバーサル折りで斜めの折り筋を作る。

4.4.2_3
紙を広げる。これが完成した折り線図。

折り目をつけた紙の折りたたみ方

4.4.2_4
親指を前面に、ほかの指を裏面に当てて、紙を左右対称に持つ。紙の中央付近のMの折り線を選ぶ。親指と残りの指を使って折り線を押し出し、紙の左から右へかけて山折りのM字を作る。同時に、縦の3本の線（対称中心線）を山折りまたは谷折りに決める。紙が広がらないようにすること。そうしないと、折ったばかりのひだがみな消えてしまう。

4.4.2_5
前の手順をくり返すが、今度は谷折りのMを作る。谷折りのMの下にある縦の3本の対称中心線は、谷折りから山折りへ、山折りから谷折りへと交互にならなければならない。3つの折り線すべてが前のステップで見た折り線と逆になる。

4.4.2_6
続きのMプリーツを、山折り－谷折り－山折り－谷折りと交互になるようにして紙の下端まで折る。

4.4.2_7
同様にして、最初に折ったMプリーツから紙の上端に向かって残りのMプリーツを折る。

4.4.2_8
すべてのひだを折り終えたら紙を細い棒状に折りたたみ、きっちりと折り目がつくように少し力を入れて平らに押しつける。

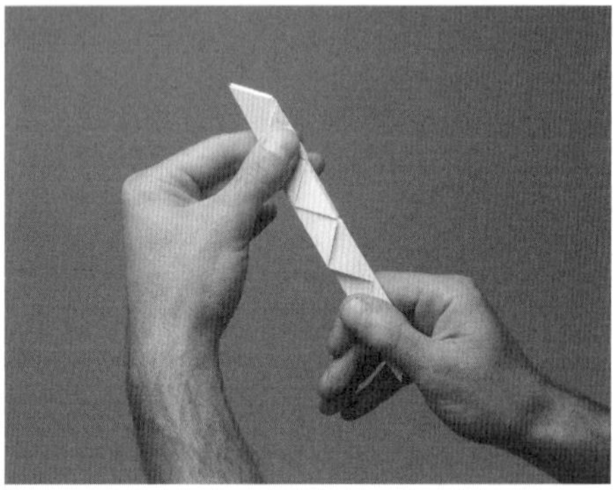

4.4.2_9
折りたたんだ棒を両側に引っ張って開くと、中からMプリーツが現れる。

4.4.3. バリエーション

何本かの対称中心線を折り、その上に斜めのひだを重ねていくと、さまざまな形ができる。ここにあるのは手で作るための例で、3つのもっとも基本的なテーマを追求している。これまでと同様、すべての折り線をユニバーサル折りにするとやりやすくなる。

4.4.3.1. 放射状

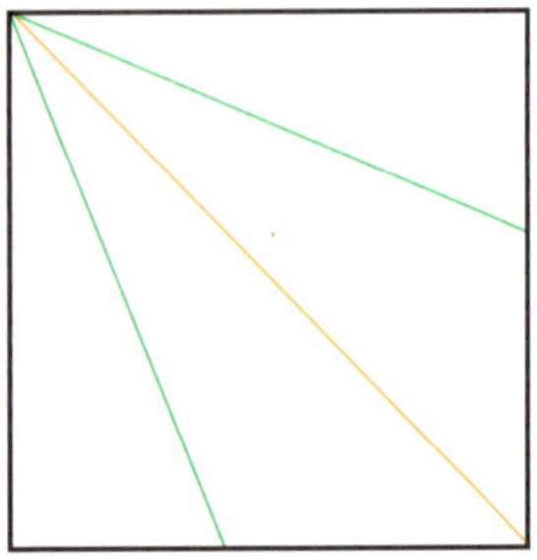

4.4.3.1_1
紙の一隅を22.5°の等しい角に分割する。

4.4.3.1_2
紙を折り重ねたまま、3本（またはそれ以上）の折り目をつける。

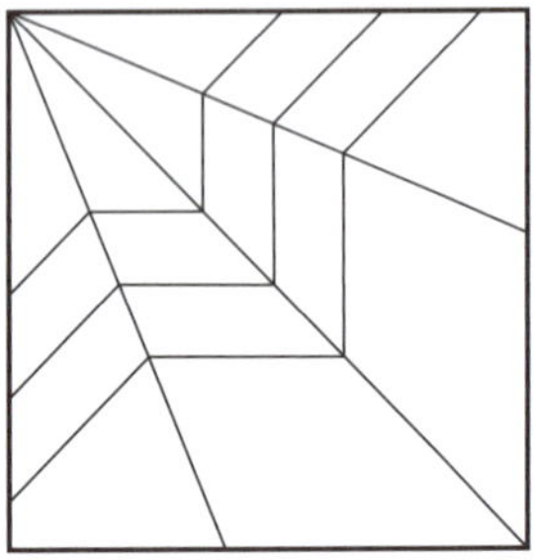

4.4.3.1_3
紙を開き、p.118の説明のようにして、ひだを折りたたむ。次ページの写真参照。

4.4.3.2.　平行かつ不均等

4.4.3.2 _ 3

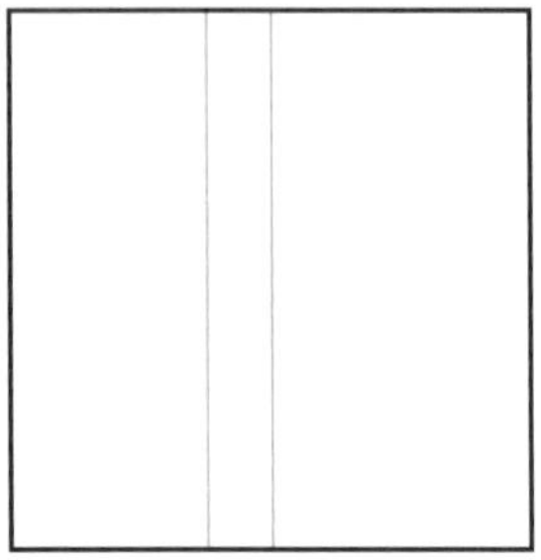

4.4.3.2_1
2本の平行な対称中心線を作る。

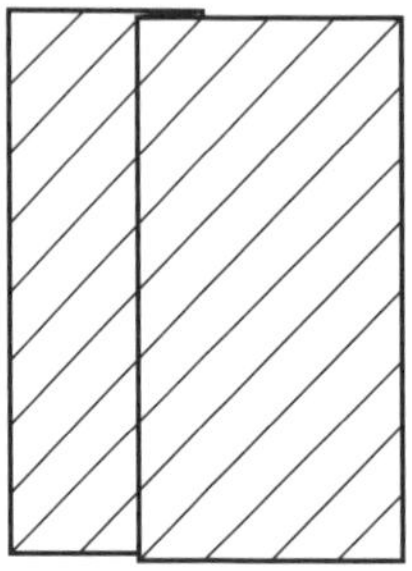

4.4.3.2_2
紙全体に斜めの折り線の連続を作る。

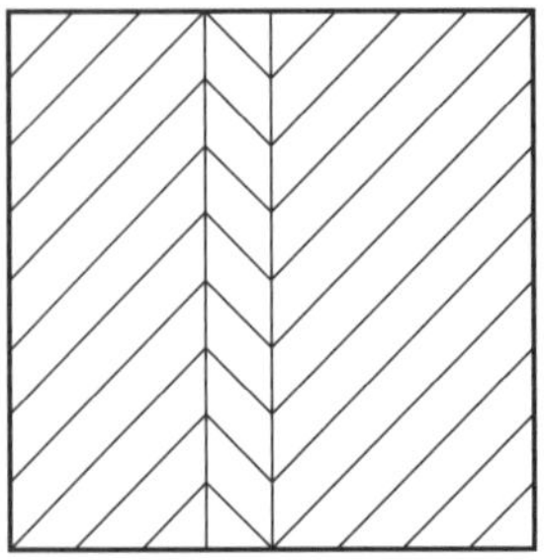

4.4.3.2_3
紙を開き、p.118の説明のようにして、ひだを折りたたむ。

4.4.3.3. ランダムな対称中心線

4.4.3.3 _ 3

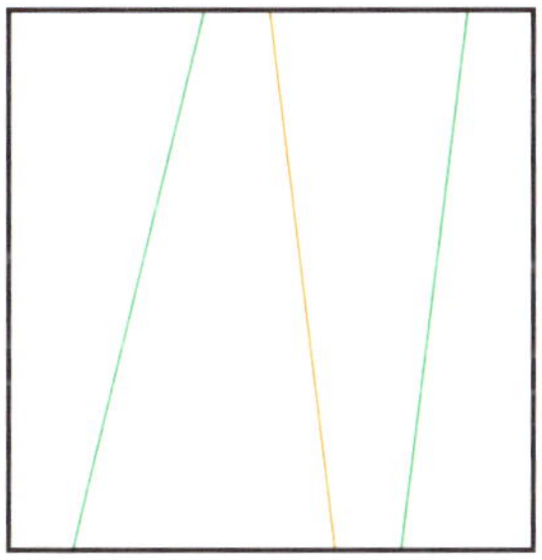

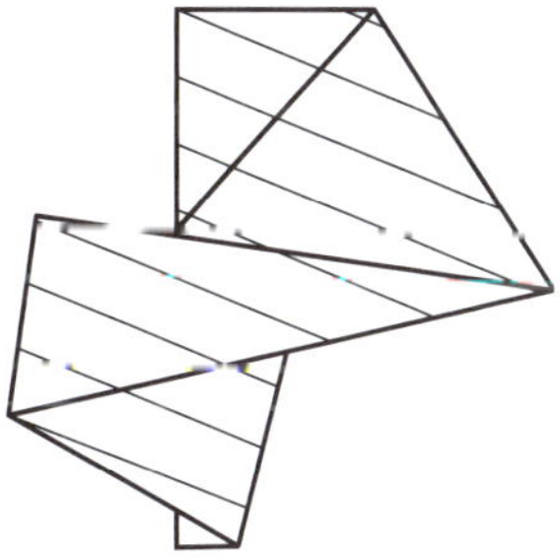

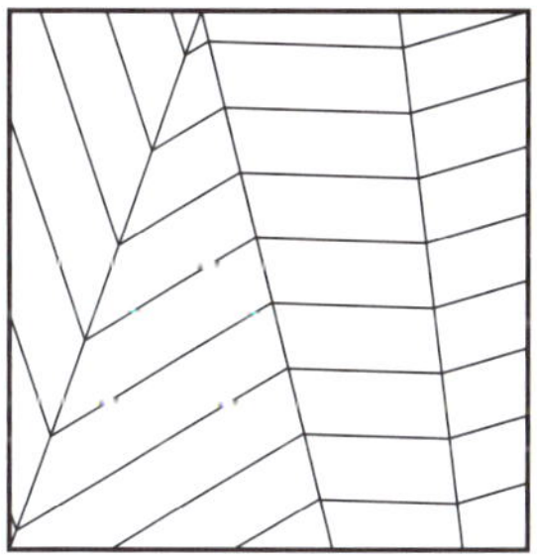

4.4.3.3_1
対称中心線は紙のどこにでもランダムに（あるいは一見そんな感じに）置くことができる。

4.4.3.3_2
斜めの折り線が0°あるいは90°に近い角度で対称中心線と交わらないように注意して配置する。何度かやってみれば正しくできるようになる。

4.4.3.3_3
紙を開き、p.118の説明のようにして、ひだを折りたたむ。

4.5. 格子のV

V字の集合は先に述べた2本や3本以上の数多くの対称中心線を持つことができる。そうすることで、V字が格子状に反復する効果が生まれる。この効果を得るもっとも簡単な方法は、まず手で格子を折り、それから折り線の一部に沿って紙を折りたたんで、Vプリーツの無数のバリエーションを作り出すことだ。格子は正確に折る必要がある。

4.5.1. 手で作る

ここで説明している方法では紙を斜めに32等分、縦に16等分している。もっと簡単にしたければ紙を斜めに16等分、縦に8等分してもいい。

4.5.1_1
p.27で説明した方法を使って、対角線に沿って紙を32等分する。折り線は山折り－谷折りのプリーツのままにしておいてもいいし、すべてをユニバーサル折り（p.105参照）に変えてもいい。

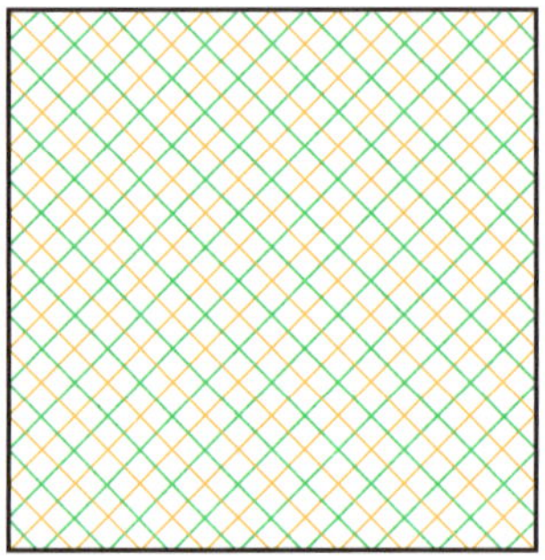

4.5.1_2
同様にして、もう一方の対角線に沿って32等分する。

4.5.1_3
次に左から右へ、紙を縦に16等分する。この折り線はユニバーサル折りに変える。横にも16等分の折り線を加えてもいいが、絶対に必要というわけではない。右が完成した格子。ここからさまざまなV字の集合によるデザインを作ることができる。次ページの写真は、このページで作成した折り線図からできる最大数のV。p.128も参照。

折り目をつけた紙の折りたたみ方

4.5.1_4
縦15本の対称中心線を折って、単純なアコーディオンプリーツを作る。折った紙を、写真のように親指は前面に、ほかの指は裏面に当てて左右対称になるように持つ。

4.5.1_5
親指とほかの指を使って2列のジグザグを押し出す。上の線は山折りのジグザグ、下の線は谷折りのジグザグに。これを折るためにはすでについている山折りと谷折りの折り目を見つけさえすればいい。新しい折り目を作り出す必要はない。作業する部分だけを開くようにして、紙の端から端まで横に折っていく。紙のほかの部分は寄せ集めて閉じておける。

4.5.1_6
2列のジグザグ折りの完了。この折り方のコツを覚えるまでには少し時間がかかるかもしれない。

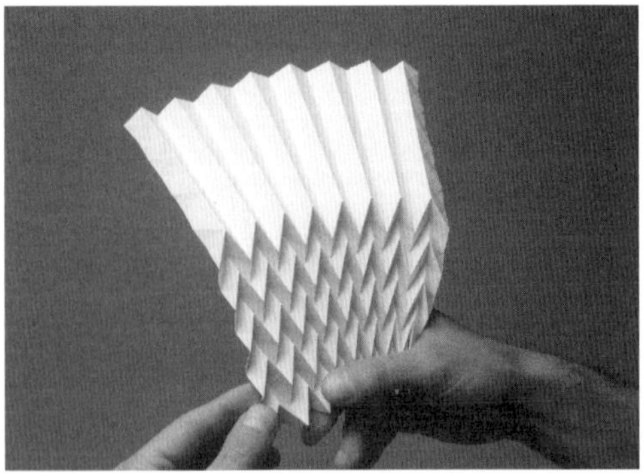

4.5.1_7
この2列のジグザグを紙の下端まで折り続ける。

4.5.1_8
次に紙の中央まで戻り、今度は上に向かって紙の上端まで2列のジグザグを折り続ける。

4.5.1_9
紙を折りたたんで、非常に細い、分厚い棒にする。平らに強く押しつけて、すべての折り目をきっちりとつける。

4.5.1_10
棒を両側に引いて開くと、中からジグザグ模様が現れる。一息入れてお茶でもどうぞ。

4.5.2.　バリエーション

ここにあるのは、対称中心線の一部と、Vプリーツの一部を選択して折ることで作られる、数多くのバリエーションのほんの数例だ。すべての折り線は格子上にすでに存在している。

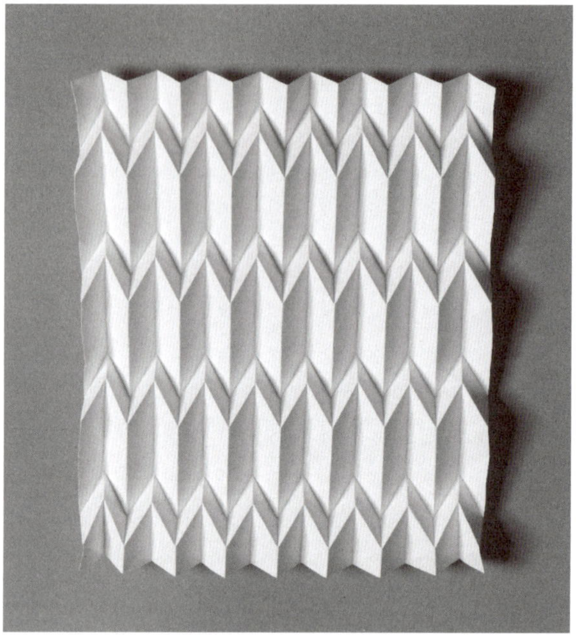

4.5.2_1
これがすべての対称中心線とすべてのVプリーツを使った完全な格子状のV字の集合。非常に柔軟性のあるパラボラ（放物面）状の表面になる。

4.5.2_2
Vプリーツをいくつか省略すると、あまり混み合っていないパターンができる。

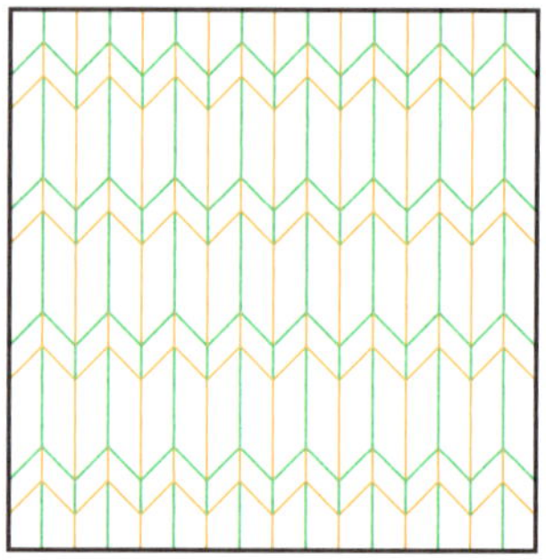

4.5.2_3
逆に対称中心線をいくつか省略してもいい。こうすると、ところどころでVプリーツの線が長く伸びた形になる。

4.6.　円筒形のV

Vプリーツのレリーフ表面はさまざまな方向に自在に曲がる。レリーフ表面を湾曲させる簡単な方法の１つは、表面を曲げて筒の形にし、それから両端を糊づけして円筒形を固定させるものだ。ここでは2つの例を挙げるが、ほかにもいろいろなものをデザインしてみよう。それらのデザインは非常に柔軟で、ほとんどおもちゃのようになることがわかるだろう。

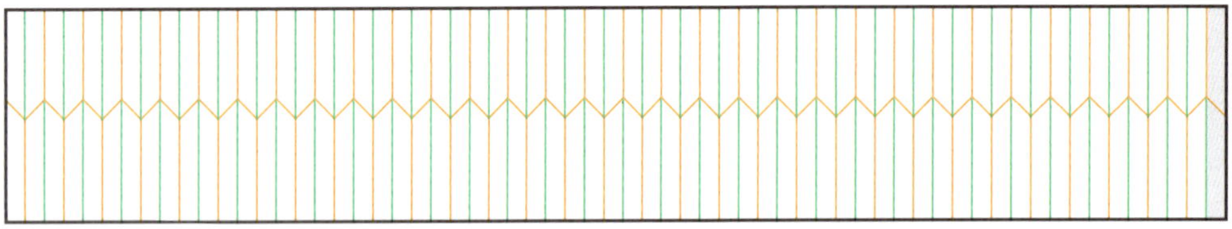

4.6_1
この長方形は縦横の比率がおよそ1：6で、横方向に64等分されている。ひだを１列切り落とすことで、紙を折って円筒形に曲げたときに、ひだを１列だけ重ねて糊づけすればいいようにしてある。この長いVプリーツは対角線を持つ格子状にあらかじめ折り線をつけてから作ってもいいし、作図して手で折ってもいい。

手で曲げ伸ばしする

下の写真はこの円筒形を曲げ伸ばししてできるさまざまな形のごく数例を示している。ちょっと練習すれば、手の中で連続して動かせるようになる。

4.6_2

4.6_3

4.6_4

4.6_5
左ページでできた円筒形のVの静止ポジション。

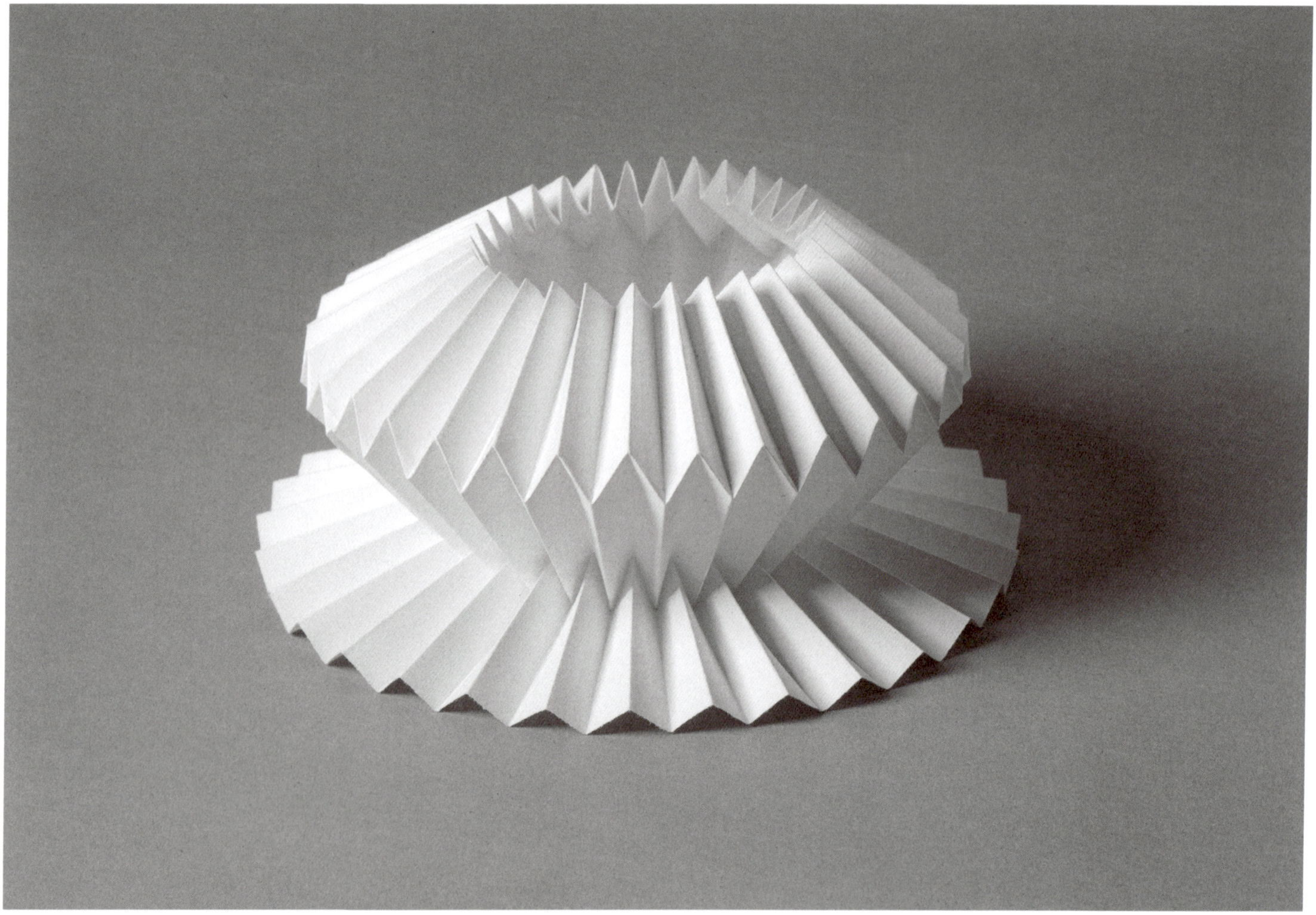

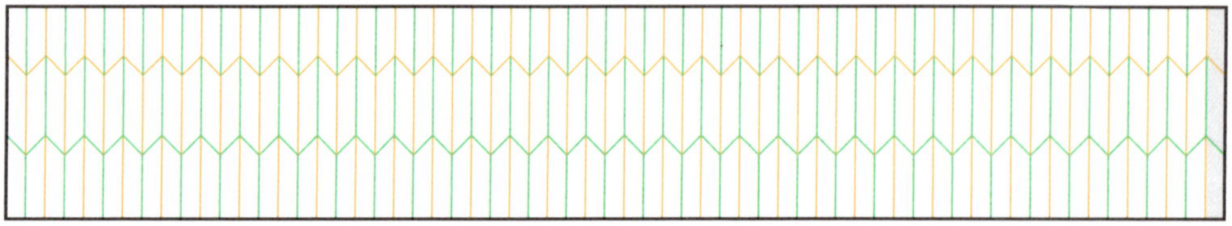

4.6_6
これは多くの点で前の例と似ているが、Vプリーツの線が今度は2本になって、紙をほぼ3等分している。プリーツ部分が増えたことで遊ぶ余地がさらに増え、曲げた形がより複雑になる。Vプリーツを4本にしたさらに複雑なバージョンが、19世紀のお座敷芸「トラブルウィット」で使われている。このバージョンは曲げたり伸ばしたりしてさまざまなものの形を作ることができる。詳しくは伝統的な手品に関する本やインターネットを参照。

4.7. 複雑な表面

格子状の折り線図を使って、先の2つのセクションで作った比較的単純なVプリーツの表面よりももっと複雑な、ユニークな表面を数多く作ることができる。時間と技術と想像力を別にすれば、そこには何の限界もない。

ここで使っている45°の斜線の格子の代わりに60°の斜線の格子を使うと、紙全体に正三角形ができて、そこから面白いものができる。その例はここには挙げない。この格子の可能性は読者のチャレンジのために残しておこう。

45°と60°の格子を使うと、折り紙愛好家が「テセレーション（モザイク模様）」と呼ぶものができる。インターネットの検索エンジンや画像サイトで「折り紙テセレーション（origami tessellations）」で検索すれば、幾何学的な折りの驚くような例がたくさん出てくるはずだ。

4.7_1

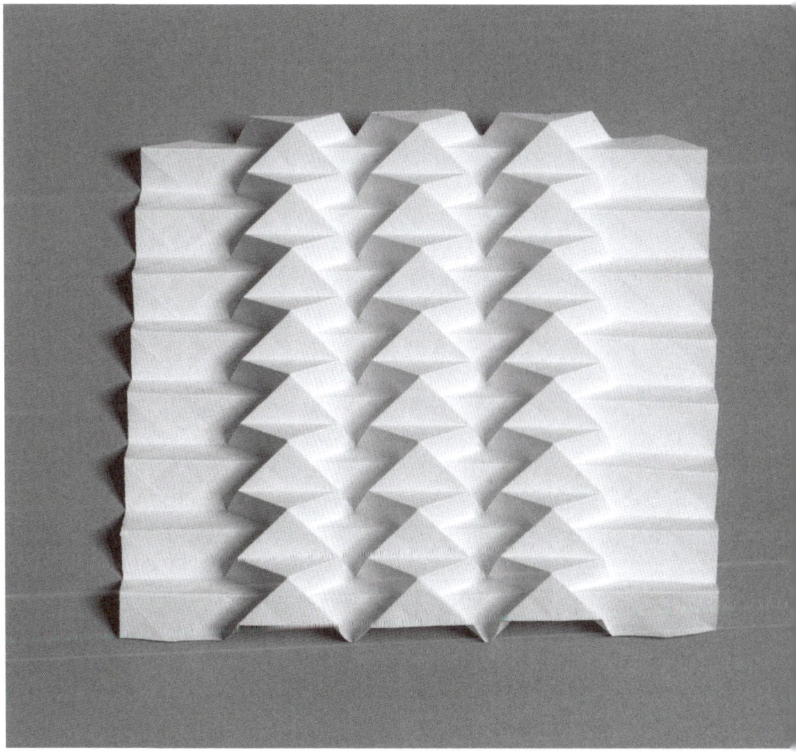

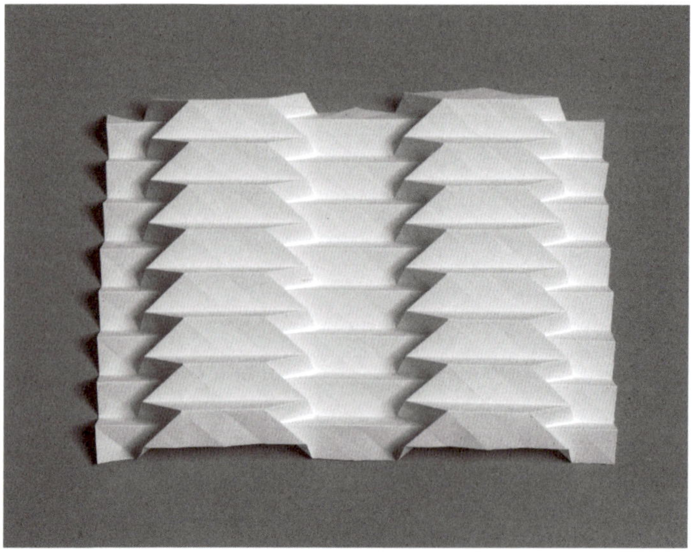

4.7_2

4.7_3

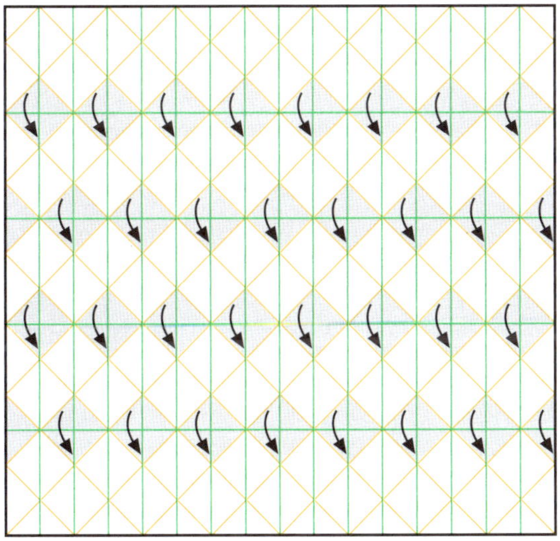

4.7_4
折り線図のグレーの部分の菱形を半分に折り、菱形の上のカドと下のカドが接して閉じるようにしたもの。また、折った表面の上部と下部がよりバランスよく見えるように、紙を切って16×16の格子を16×15の格子にしている。

5.　スパンとパラボラ

プリーツに関する最後の章は、1枚の紙を使ってスパン（アーチ状の形）とパラボラ（放物面）を作る方法を紹介する。これは1つの辺または1つのカドで接地し、そこから折りを通じて上方へ立ち上がり、折りの連続が横へ、下へと続いて、ちょうど天蓋や屋根や橋梁に似た形を作り出す。

スパンの大部分は、円柱のように1つの方向だけに曲線を描く単曲面だが、パラボラは球面のように2方向に曲線を描く複曲面である。もちろん、折られた辺はすべて直線で辺と辺の間の面は平らなので、スパンやパラボラの曲面というのは見かけ上の話である。

このようなスパンやパラボラに折られた紙の自然なカーブは、たいていは紙1枚の厚みしかない形に大きな強度を与える。折り線で囲まれたたくさんの三角形が生じることで、構造の強度がさらに増す（すべての多角形の中で三角形はもっとも強く、もっとも安定している）。面白いことに、このような構造の多くは紙の表面が100パーセント外に見えているにもかかわらず、寄せ集めると平らに折りたたまれて細い棒状になる。

5.1.　X形のスパン

このスパンはXの字に似た折り線の反復パターンでできている。どの例も折り線図の構造は同じだが、縮めたり伸ばしたりするとスパンの外形が変わり、したがってそのカーブの度合いが変わる。どのスパンも円柱の一部分である。

5.1_1
正方形の紙を縦と斜めに8等分（p.16－17、27参照）して作る基本のX形。スパンの形にするには、すべてのXの中点が凸状に、つまり折り手の方向に突き出していなければならない。次ページの写真参照。

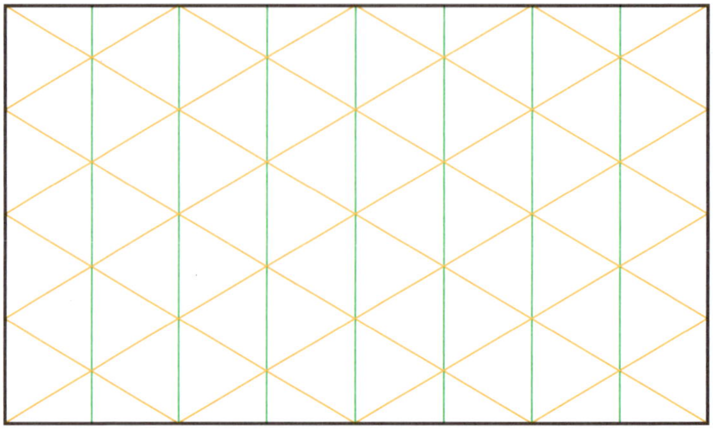

5.1_2
この折り線図は5.1_1のものと同じだが、横に引き伸ばしてXの2本線の間の角を前のように90°ではなく60°にしている。その結果、急激に後ろへカールするスパンになり、もうスパンというような形ではなく、多角形の集合で作られた細い円筒のようになる。

5.1_3
5.1_1の折り線図を縦に伸ばし、Xの2本線の間の角を120°にすると、スパンは前のものよりかなり開くようになる。寄せ集めるとプリーツが平らに折りたたまれるほど開いた形になる。

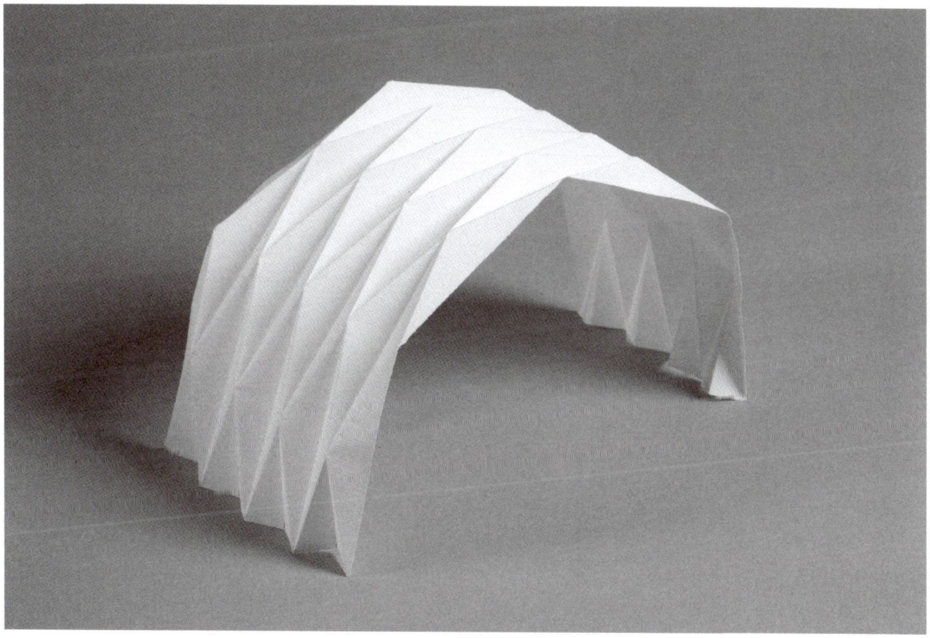

5.1_4
プリーツをさらに縦に伸ばして、Xの2本線の間の角をおよそ130°にすると、スパンはさらに開く。前の例と同じく、プリーツは平らに折りたたまれる。

5.2.　V折りスパン

V折りスパンはVプリーツ（p.102－135）から作る。特に「円筒形のV」の技術（p.130－132参照）を使う。V折りスパンは前ページのX形スパンと同様、応用範囲が広く、どの構造も平らに折りたためる。だが比較すれば、V折りスパンはX形スパンよりも箱の形に近い構造になる。

5.2_1
V折りスパンを作るもっとも簡単な方法は、V字の折り目を1本使うことだが、できたものはやや素朴だ。Vの2本線の間の角度はこの例では90°だが、これより大きくするとスパンはより開いた形に、小さくするとより閉じた形になる。

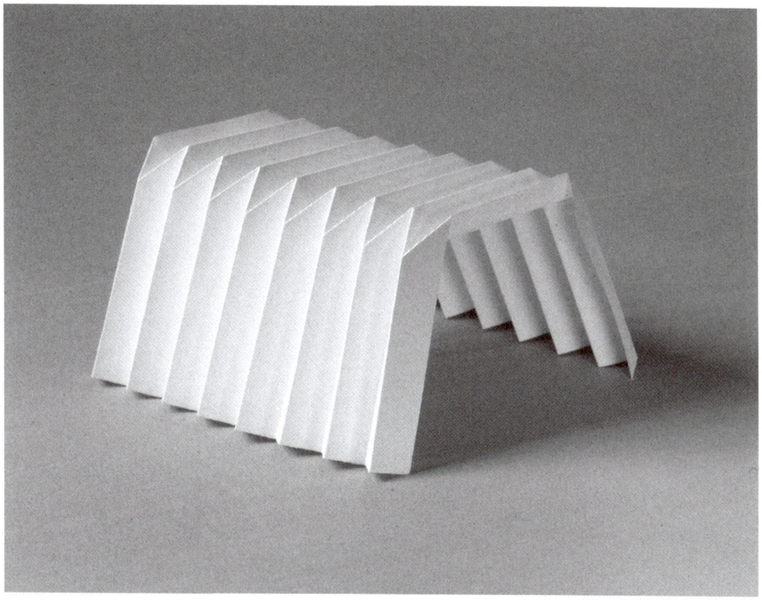

5.2_2
V字の折り目を2本使うと、平らな「屋根」のあるスパンができる。この2本の線はたがいに鏡像であることに注意。

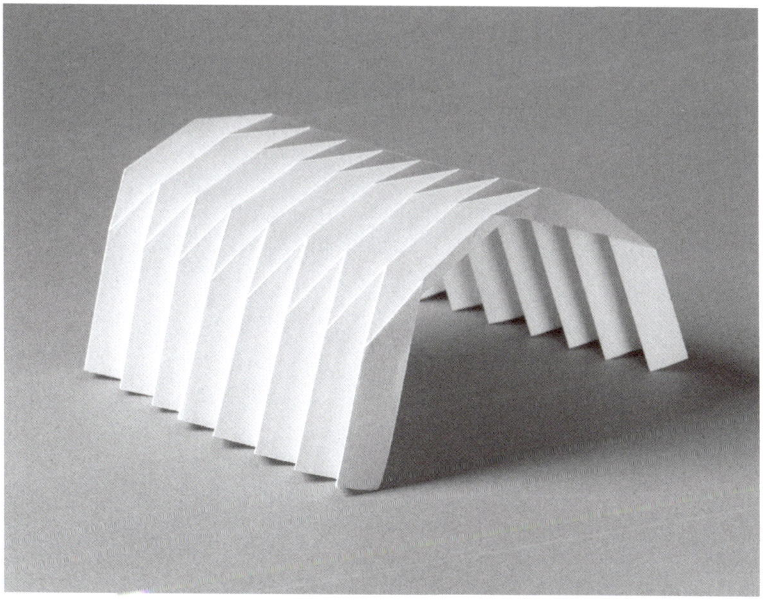

5.2_3
ここではV字の折り線を3本使っている。V字の2本線の間の角度は前の例のように90°ではなく60°で、そのためにスパンが伸びて、より開いた形になる。この構造はしだいにX形スパンに似てくる。

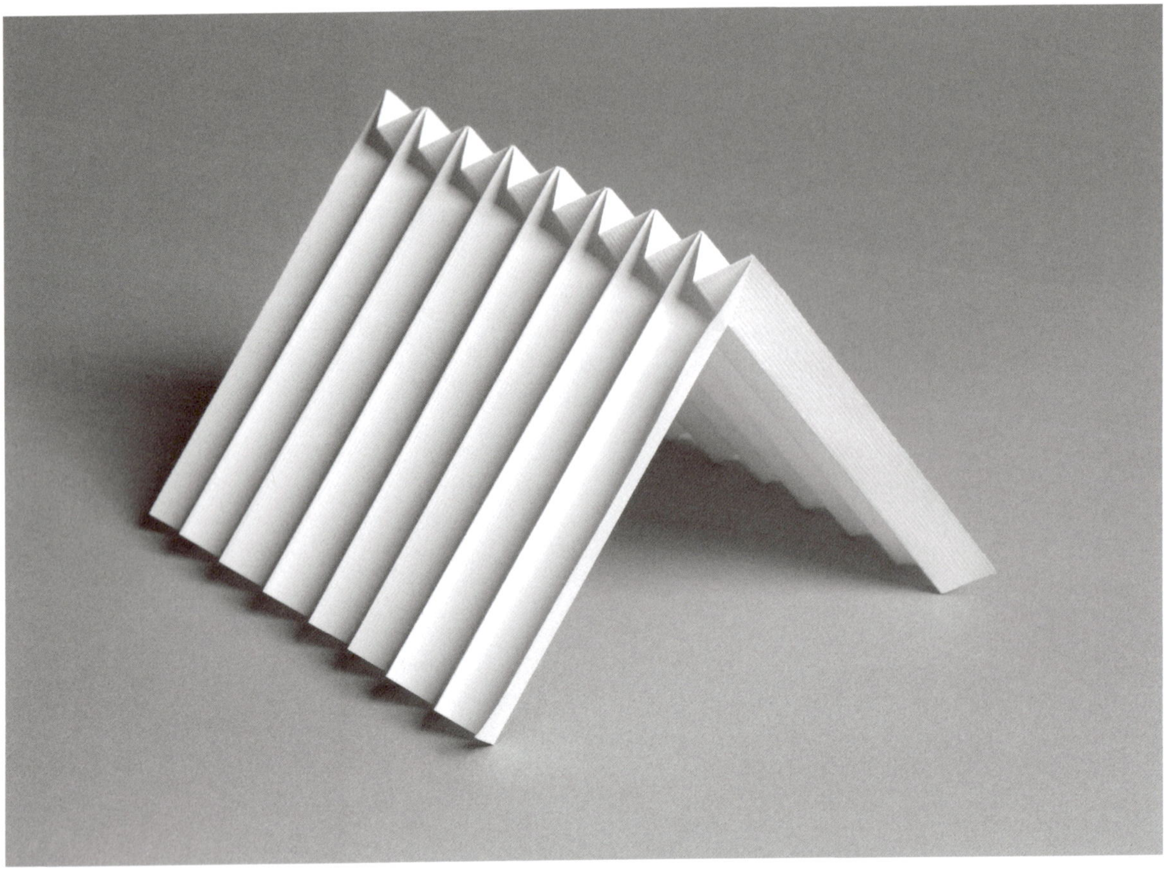

5.2_4
このV折りスパンのバリエーションは、V字の折り線に沿って、前のように面取りした角ではなく四角い角を作る。長い横の線は山折り、V字は谷折り（前のように山折りではない）、V字の線より上の山折りと谷折りは、線の下でも同じであることに注意。

5.3. パラボラ

あらゆる折りの造形の中でパラボラ（「放物面」、より正確には「双曲放物面」）はもっとも美しい形の１つである。この意見に反対する人はほとんどいないだろう。それらは構造的に定義が複雑で、非常に強度に優れ、驚くほど柔軟でもある。目と頭の両方を魅了する折りの構造で誰かを感心させたいと思うなら、パラボラを選ぶといい。

5.3.1. 基本のパラボラ

これが基本の双曲放物面だ。必ずこれをマスターしてからほかの例題に移ること。同じ中心を持つ正方形の集合を非常に正確に作るためには、すべての折り線を慎重に折らなければならない。途中でどこを折ったらいいのかわからなくなったり、紙がよれよれになってしまった場合には、無理して続けるより新しくやり直したほうが早い。

5.3.1_1
完全な正方形を斜めに2つに折る。どちらもユニバーサル折り（p.8）にする。

5.3.1_2
これはp.18の1.1.1_8と同じ折り線図である。そこでは1枚の紙を32等分する方法を学んだ。そのページに戻って折り方を学習（あるいは復習）しよう。紙を32等分する方法を知らないうちは先に進めない。

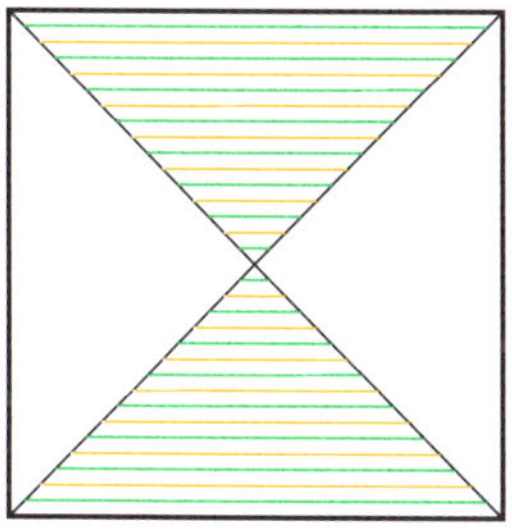

5.3.1_3
前ステップで説明した方法を使って紙を32等分する。次の重要な3つのことに注意しよう。どの折り線も上と下の三角形の内側に完全におさまること。正方形の端に触れる折り線がないこと。中央に折り線がないこと（紙の中心点は2本の対角線の交差によって決まる）。

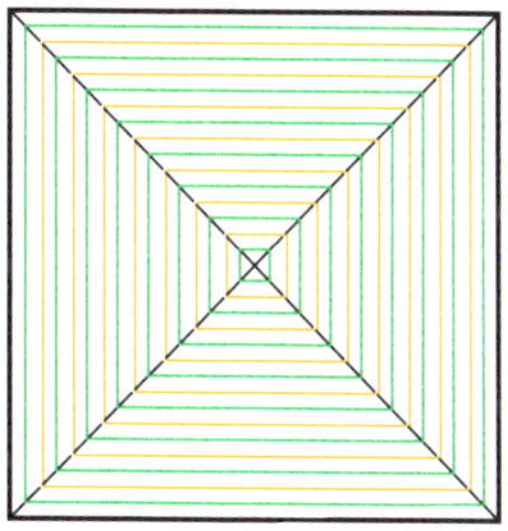

5.3.1_4
残りの2つの三角形を32等分する。同じ中心を持つ正方形の集合は、それぞれ山折りだけ、あるいは谷折りだけで作り（両方が混じらないようにする）、紙の中心点から端まで、谷折りー山折りー谷折りー山折りの正方形が交互に連なるようにする。

折り目をつけた紙の折りたたみ方

5.3.1_5
周辺部から始め、いちばん大きな正方形の4辺の折り線をていねいに折る。そのためには親指を前面に、ほかの指を裏面に当てて紙を宙に持ち、風車のように紙を回しながら少しずつ四角形を折っていく。次に、最初に折った正方形の1つ内側の正方形を折り始める。最初の正方形が谷折りならこの2番目の正方形は山折りになる。最初が山折りならこれは谷折り。

5.3.1_6
紙を常にぐるぐると回しながら次々に同心の正方形を折っていく。四隅のカドは折りたたまれておなじみのVプリーツになることに注目。

5.3.1_7
正方形を8つほど折ったあたりから紙が反り始めて、平らにならなくなる。向かい合った2つのカドがしだいに上がり、他の2つのカドが下がることに注目。いよいよパラボラの始まりだ。同じ中心を持つ正方形の集合を折り進めれば進めるほど、パラボラはますます立体的になっていく。

5.3.1_8
中心部近くの最後の数個の正方形は、しっかり折らなくてもそっと押しただけできちんと形におさまる。紙を平らに保とうとするより、紙をどんどん棒状にしていったほうがうまくいく。

5.3.1_9
やがて同じ中心を持つ正方形がすべて折られ、紙は細い棒状に折りたたまれる。4本のアームを強く押しつけて、きっちりと折り目をつける。

5.3.1_10
向かい合った辺の中央を引っ張り、それからもう一方の対辺の中央を引っ張ってパラボラを開く。開けば開くほど、パラボラは美しく見える。持ち運ぶとき、しまっておくときは再び棒状に折りたたむ。

5.3.2. バリエーション

基本のパラボラをマスターしたら、紙を端から中央に向けて16等分するという同じ原理を使って数多くのバリエーションを作ることができる。多角形の辺の数が増えれば増えるほど、できあがるパラボラは柔軟で魅力的なものになる。

5.3.2_1
基本のパラボラ（実のところ、どんなパラボラでも）の特徴は、紙の周囲の辺はすべてまっすぐのままで、折られていないということだ。ということは、1つのパラボラの辺は別のパラボラの辺に完全につながるということなので、多くのパラボラを連結させて複雑な構造を作ることができる。

これは気の弱い人向きではないが、2×2の格子に4つの基本のパラボラを作るための、1枚の紙の折り線図だ。4つのパラボラは中心点で接する。格子は無限に増やすことができる。2×2の格子から1個のパラボラを切り取り、切り取った部分を埋めるように辺と辺を貼り合わせて、3個のパラボラだけが中心点で接するようにしてもいいだろう。同様に、5つか6つのパラボラを中心点で接するように作ってもいいし、あるいは2つだけでもいい。

時間と興味があれば、基本のパラボラを十数個作り、それを組み合わせてさまざまな構成を試してみるといいだろう。限りない可能性に驚くばかりだ。

5.3.2_1
このような複雑な構造を1枚の紙で折る代わりに、1つ1つを個別に折ってそれから小さな洗濯バサミやペーパークリップ、ホッチキスなどでつないでみるといいだろう。右の例は4つのパラボラを別々に折って、小さな洗濯バサミで連結させたもの。

5.3.2_2
写真説明は、次ページの折り線図の説明を参照。

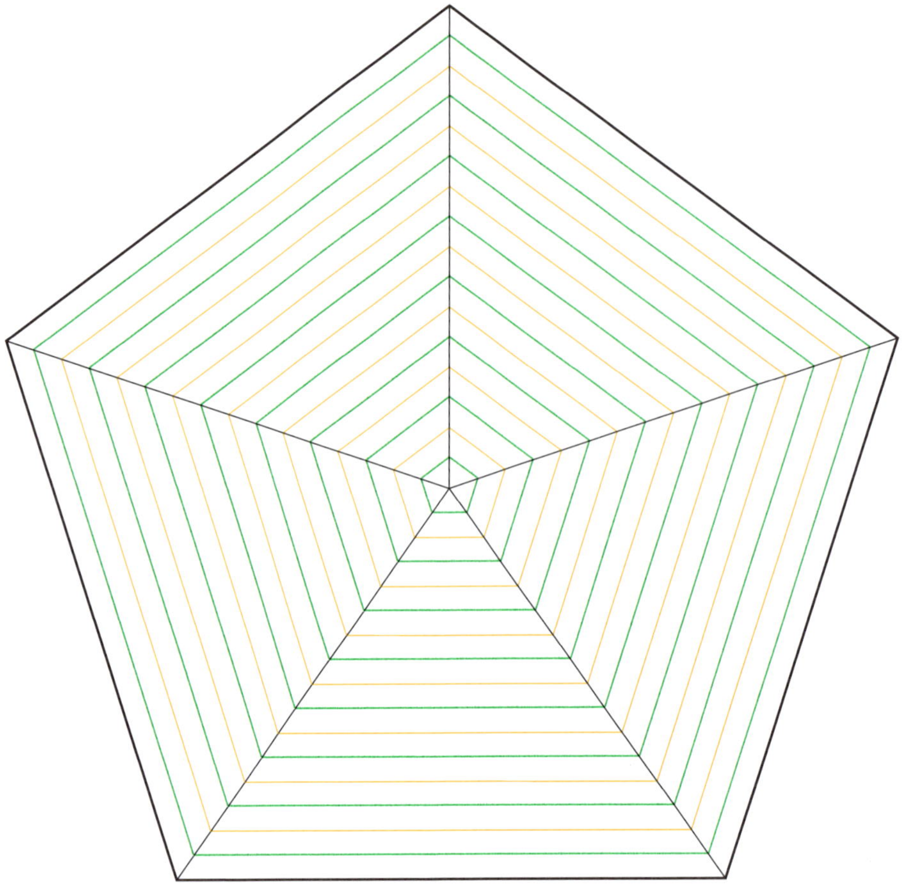

5.3.2_2
正方形のほかに五角形など、ほかの多角形を使うこともできる。手だけで折るなら、すべての折り目が平行で等距離になるように、鉛筆で薄く折り線を書き加える必要があるかもしれない。できたもので遊ぶことを忘れずに。これは非常に柔軟性に富んでいて、奇妙に変化する構造である。前ページの写真参照。

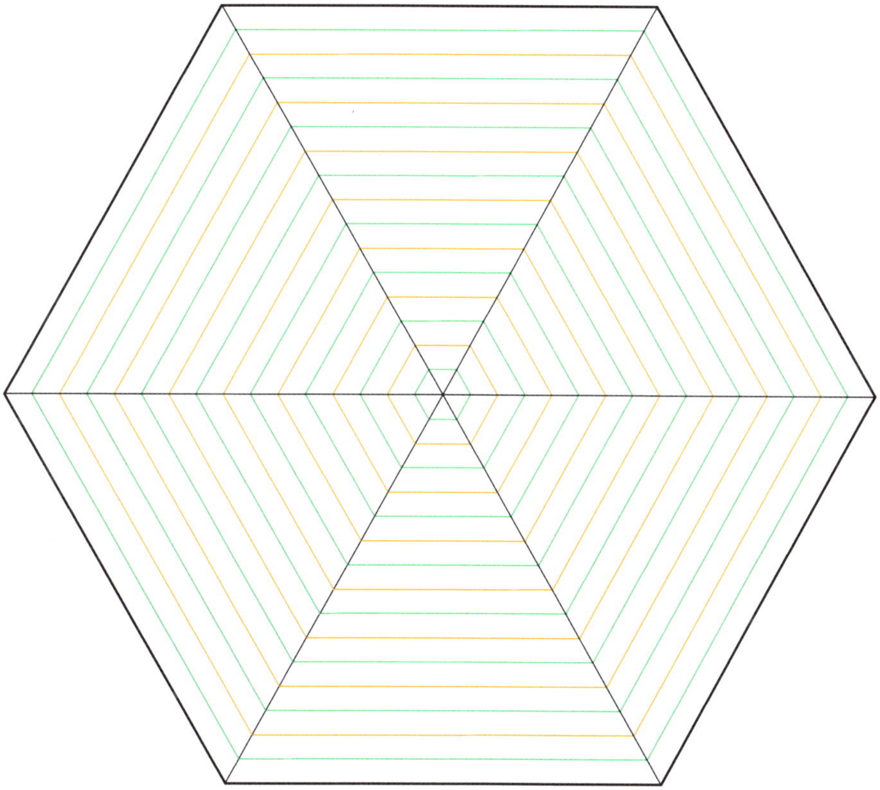

5.3.2_3
六角形のパラボラ（上図）はとりわけ魅力的だ。手で作るのは簡単で、1つおきの3つのカドが着地した形（次ページの写真）と、4つのカドまたは向かい合った2つのカドが着地した形の間を行ったり来たりする奇妙な特性を持っている。1つの形から別の形へとあやつるのはけっこう難しい！

多角形の辺が多ければ多いほど、異なる組み合わせで上下するカドの数が増え、とりうる形の数が増える。六角形のパラボラは左記の2つだけだが、たとえば八角形のパラボラなどは立方体、四面体、八面体と呼ばれる形を含めて4通りか5通りの形になる。折りの定石どおり、そのようなバリエーションを見つける鍵は、できるかぎり紙で遊ぶことだ。

5.3.2_3
六角形の紙で作った6辺のパラボラ。

6.　箱と碗

折り紙には箱と碗の形がたくさんある。箱(蓋のあるものとないもの)、盆、碗、バッグ、皿、鉢、壺、容器など、さまざまに呼ばれるデザインが何百種とある。その中には単純な四角形で実用的なものもあれば、非常に装飾的なものもある。これらは正方形や長方形、その他の多角形から作ることができる。折り紙の帽子も箱の形と考えていいかもしれないし、その逆も言えるだろう。

基本的な箱作りの技法は常に同じだ。平面上のある1点の周囲が360°の平らな素材を、折ることによって立体のカドにし、さらに多くのカドを作り、それらを折りでつないですべての要素をしっかりと固定させる。360°の平面をどのようにそれより小さいカドにするかが、箱作りのエッセンスだ。箱作りはカドを作るアートである。

この章では四角い、垂直な面の箱を作る方法をほんの少しだけ紹介する。少し研究すれば、まだまだ多くの方法が見つかるだろう。

碗の形は、考え方の点で箱よりも折り紙の決まったモデルから離れている。したがって独自のデザインを創作するのが箱より容易だ。

6.1.　箱

6.1.1.　枡《ます》

枡（右ページの写真）は伝統的な日本のデザインだ。古典的な折り紙の箱であり、丈夫で応用範囲が広く、機能的で、構造とできた形も美しい。

ここでは古典的な枡の折り方を説明し、次のセクションの「枡のバリエーション」では、同じ折りの手順で異なるデザインの箱を作る方法を紹介する。

6.1.1_15

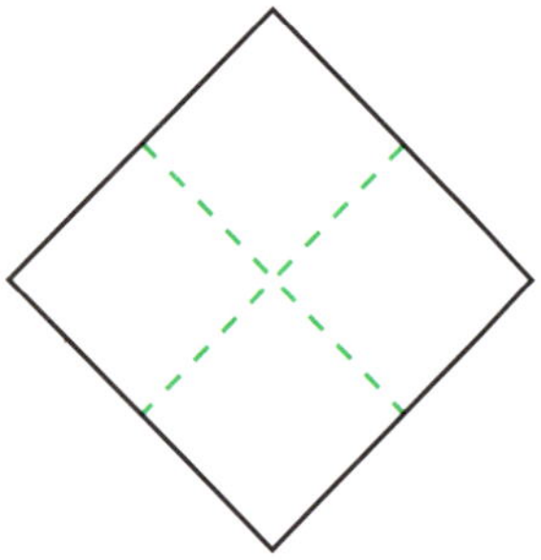

6.1.1_1
2つの折り線で、それぞれ紙を折って開き、4個の小さな正方形に紙を分割する。

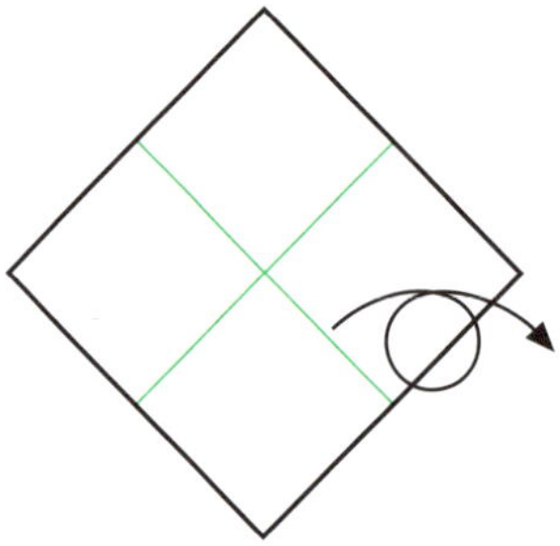

6.1.1_2
2本の長い谷折り線ができている。紙を裏返す。

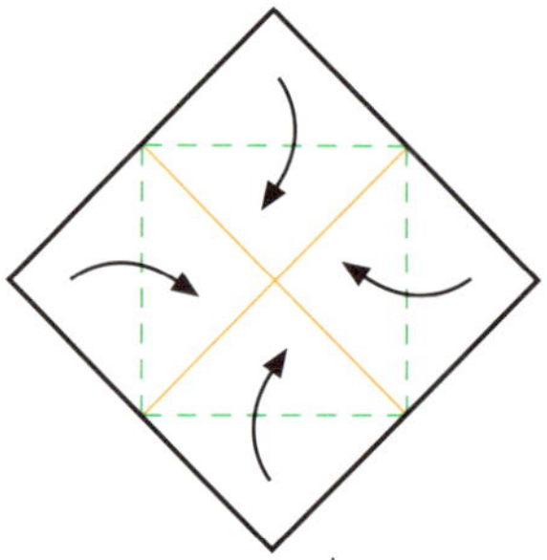

6.1.1_3
今折った線が山折り線になっている。四隅のカドを中心に向けて折る。

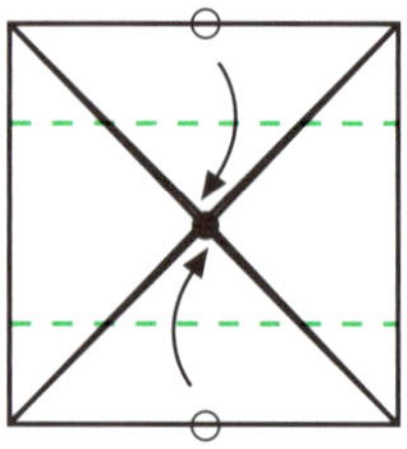

6.1.1_4
○印の上辺と下辺を中心点に合わせて折る。

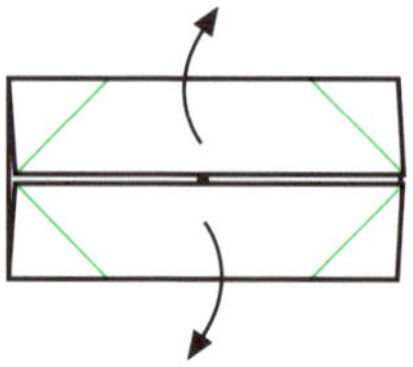

6.1.1_5
ステップ4の折り目を開く。

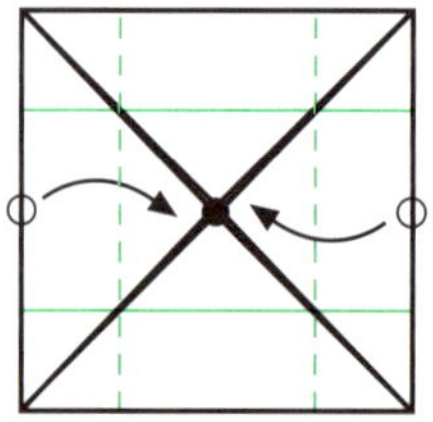

6.1.1_6
同様に、○印の左辺と右辺を中心点に合わせて折る。

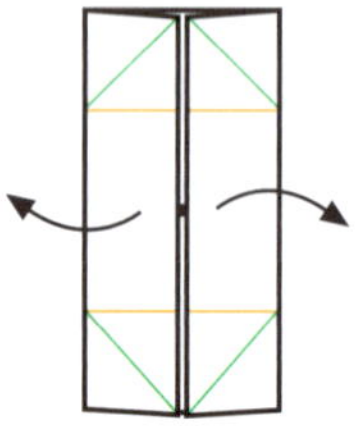

6.1.1_7
ステップ6の折り目を開く。

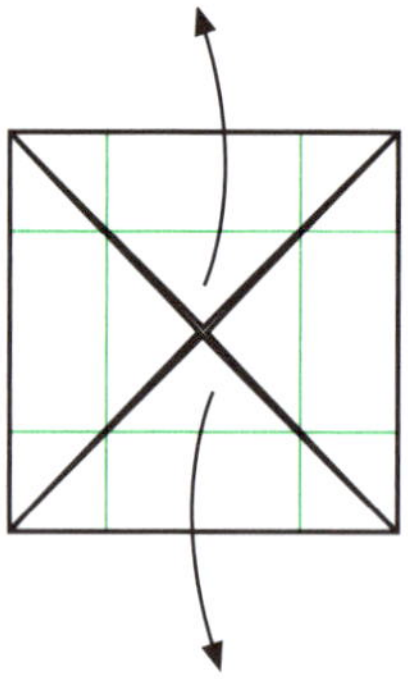

6.1.1_8
上と下の三角形の部分だけを開く。

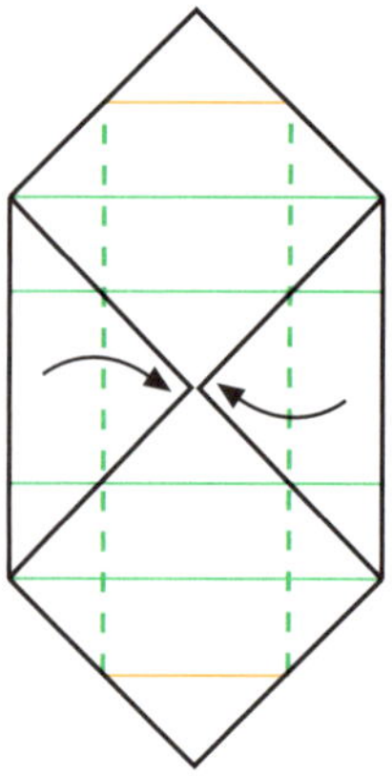

6.1.1_9
左辺と右辺を中心に合わせて折る。

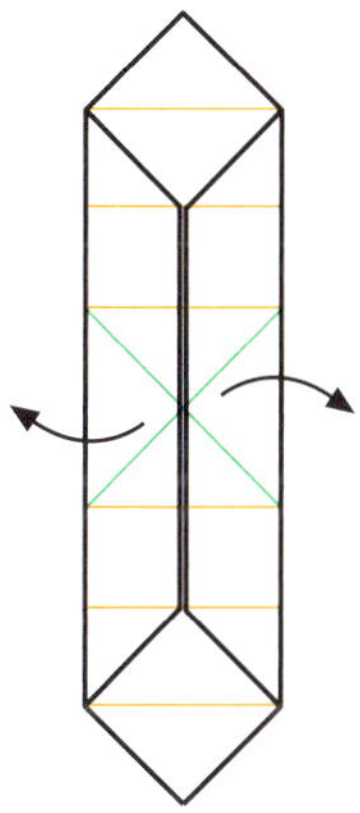

6.1.1_10
ステップ9で折った部分を半分開いて、両辺が垂直に立つようにする。

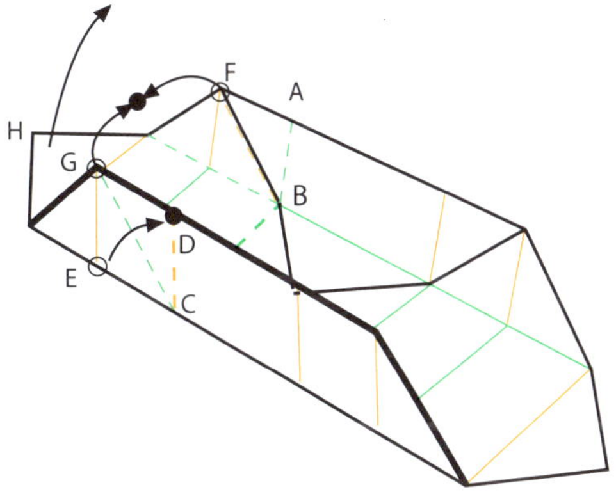

6.1.1_11
ここは重要なステップだ。いくつかのことが同時に起こる。カドHを垂直に立てる。カドFとGが近づいてきて接する。折り線A、B、C、Dは長い1本の折り線で、これが箱の側面と底の輪郭を決める。EとDが接する。

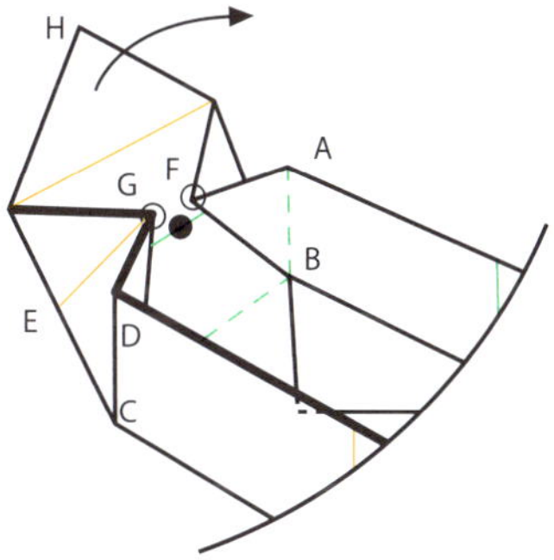

6.1.1_12
これが途中の図。Hが垂直に立ち上がり、FとGが近づき、折り線A、B、C、Dの位置が決まり、Eが起き上がりDに接しようとしている。

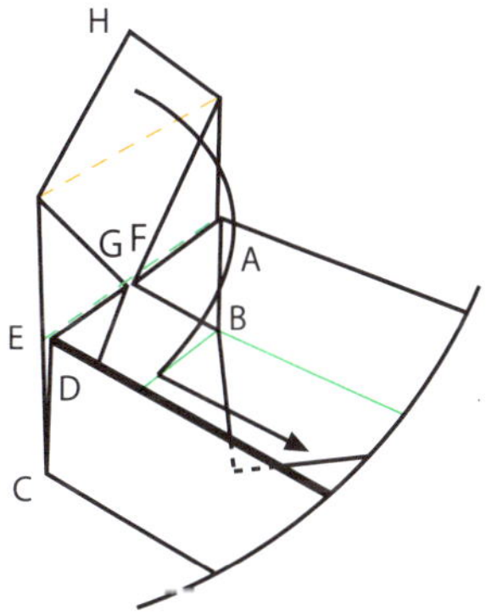

6.1.1_13
折りたたみは完了。Hは垂直になり、FとGは接し、折り線A、B、C、Dは箱の輪郭を決め、EはDと接している。カドHを箱の上からかぶせるようにしてしっかりと折り込む。

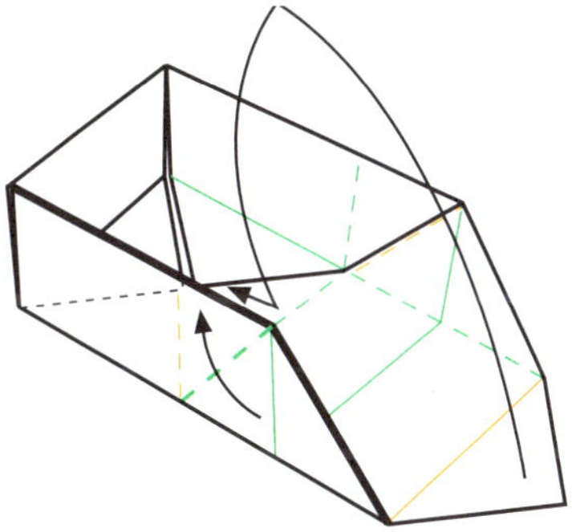

6.1.1_14
箱のもう一方の側でステップ11から13をくり返す。

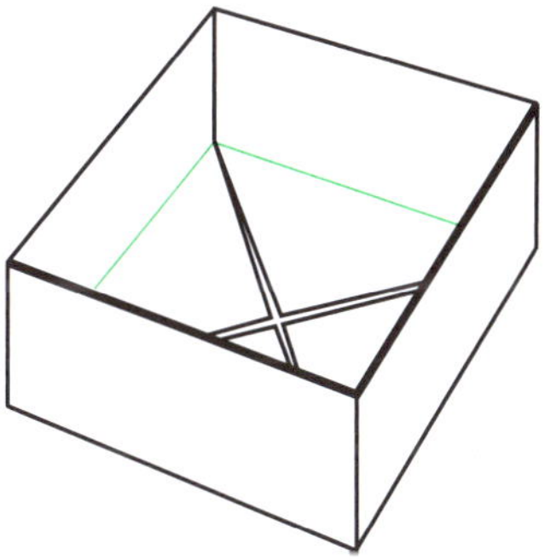

6.1.1_15
枡のできあがり。元の正方形の紙のカドがすべて箱の中央に集合していることに注目（p.157の写真参照）。

6.1.2.　枡のバリエーション

前のセクションで枡を作る基本的な方法を紹介した。だがステップ4と6（辺を中心点に合わせて折る）で折る位置を変えると、できあがる箱の形が変わってくる。以下はその2つの例だ。

6.1.2_1
各辺を中心点に合わせて折る代わりに、中央より端寄りの、あらかじめ決めた位置まで折る。こうすると浅い箱ができる。カドFとGが触れるまで深く折らないという点を除けば、折り方は基本の枡とまったく同じだ。

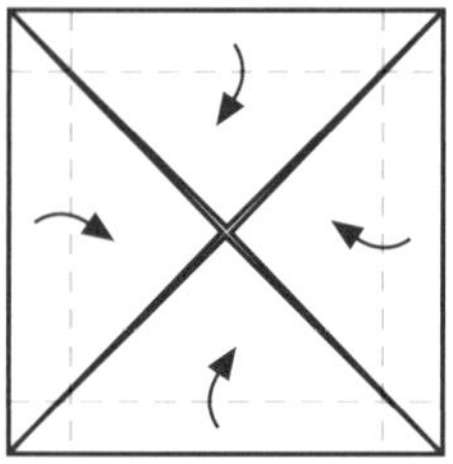

6.1.2_2
代わりに、各辺を中心点より先まで折ってみよう。折り目をDの境界線に合わせて作れば、箱は蓋のない立方体になる。カドFとGは接するのではなく重なり合うという点を除けば、この箱の作り方は基本の枡とまったく同じだ。

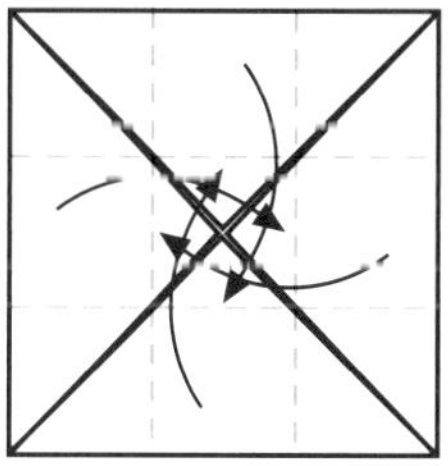

6.1.3. ロールボックス

ここで箱の底を作るために使用される優雅なローリング（巻き）の技術は、3.1.2.（p.84）のボックススパイラルのバリエーションだ。3.1.2.の例とこの例を組み合わせれば、ほかにもさまざまな箱の底を作ることができる。箱はどんな長さにしてもいいし、一方の底面だけ巻いて閉じ、もう一方の面は別の箱作りの技法を使って閉じてもいい。あるいは開いたままにしておくこともできる。

6.1.3_11

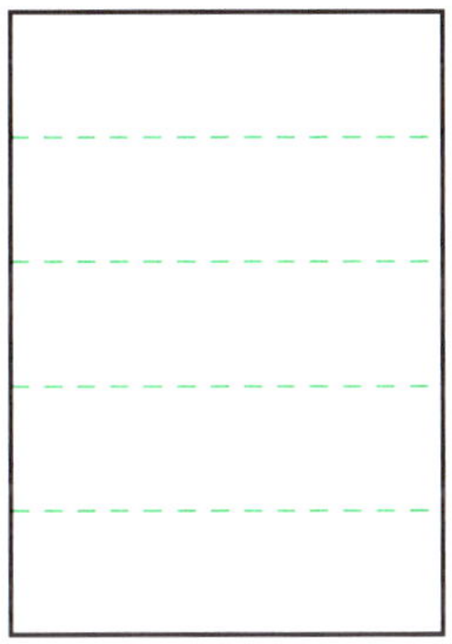

6.1.3_1
長方形を5等分する。初めて折るならA4判の紙が作りやすいだろう。

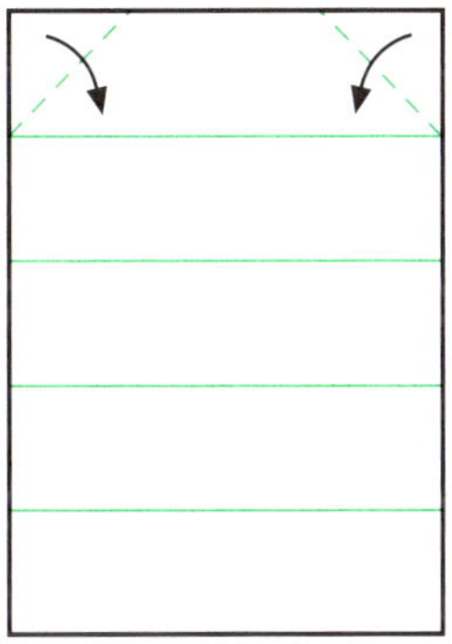

6.1.3_2
上の左右の角を1番目の折り線まで折る。

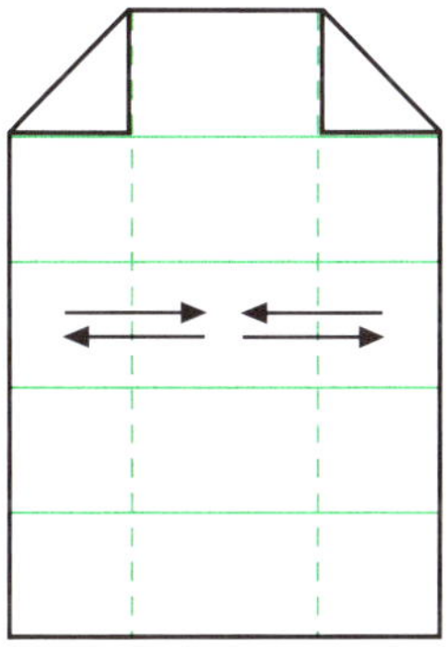

6.1.3_3
折った三角形の縦の線をガイドにして、長い縦の2本の線を折って開く。

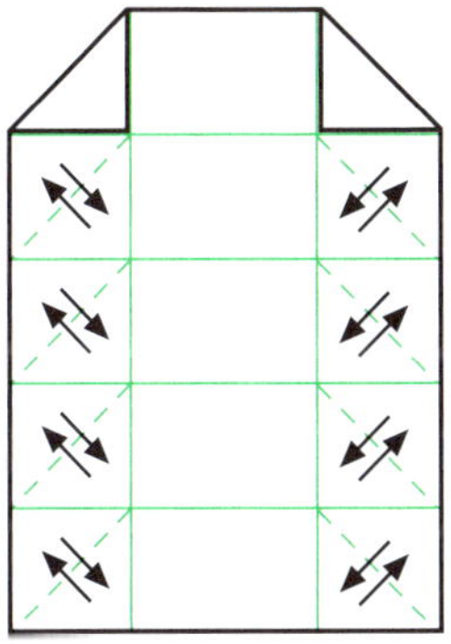

6.1.3_4
左右の三角形の下にそれぞれ4個の正方形ができている。それぞれの正方形内に、上の三角形の折り線に平行に、1つずつ対角線を折っていく。

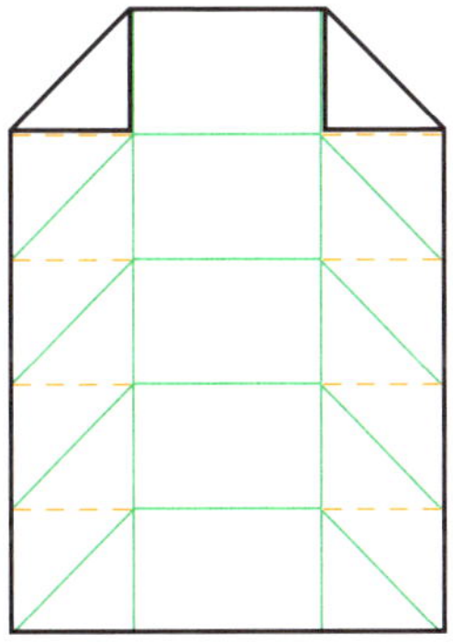

6.1.3_5
今はすべての折り線が谷折りになっている。横の4本の谷折り線の左右の部分を、山折りに折り直す。

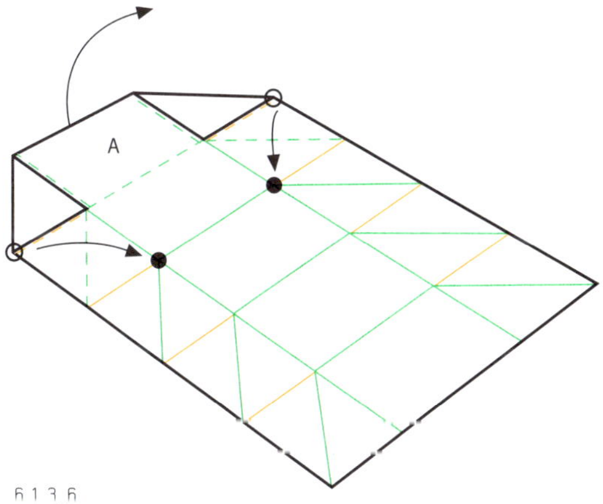

6.1.3_6
これで箱をころがして閉じる用意ができた。上の左右の対角線を図のように折り、長方形Aを回転させて垂直に立てる。平面が立体になる。

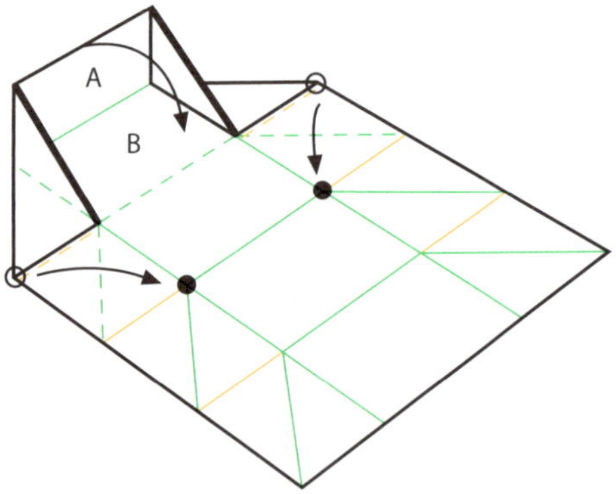

6.1.3_7
同様に、次の列の左右の対角線を折る。回転してBは垂直に、Aは水平になる。箱の両端の面が徐々に三角形の連続になり、前にできた三角形の上に次の三角形が重なっていくことに注目。

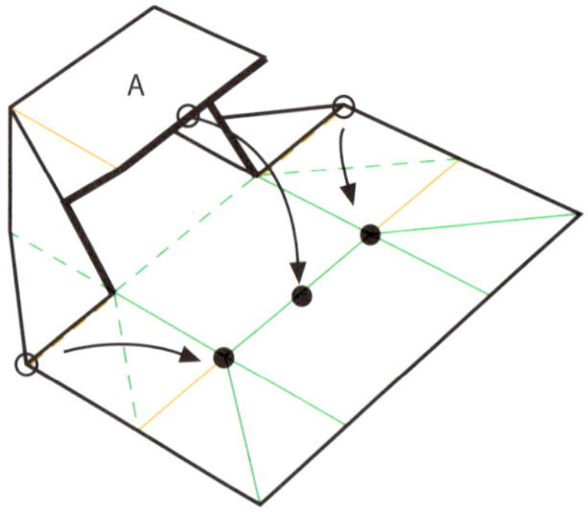

6.1.3_8
同じステップをくり返して、AとBをさらに回転させる。

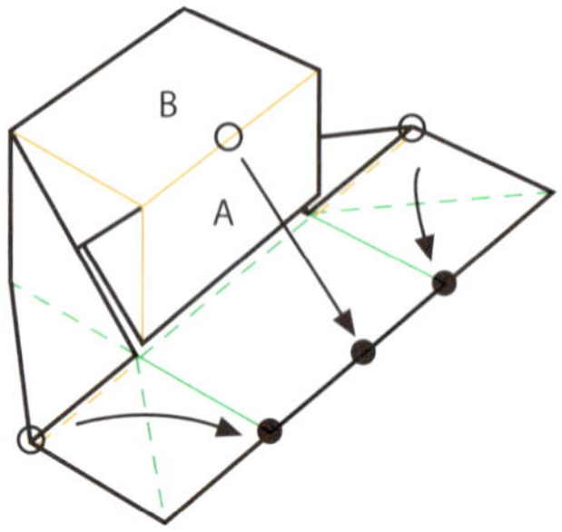

6.1.3_9
最後にもう一度AとBを回転させ、左右の三角形が箱の両端から飛び出た状態にする。

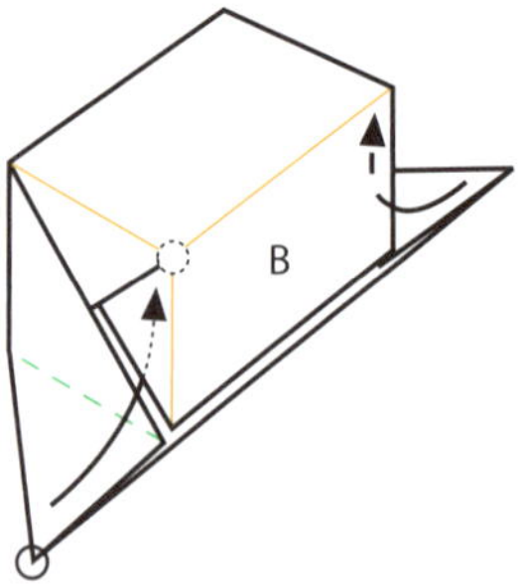

6.1.3_10
飛び出た三角形を長方形Bから続く三角形の下に差し込んで、箱を固定させる。箱の両端の面が、閉じたXの形になる。

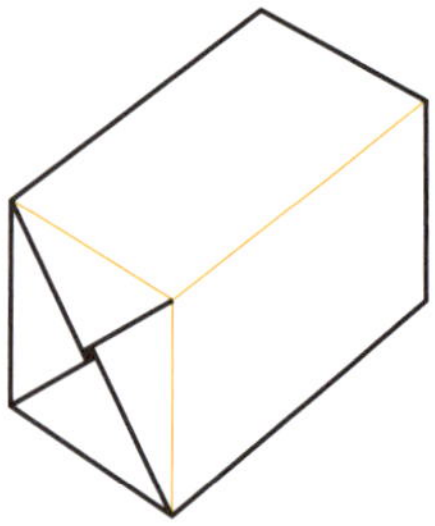

6.1.3_11
これができあがりの箱（p.162の写真参照）。

6.1.4. コーナーギャザー(カドのとめ)

ここで紹介するカドにひだを寄せてとめる技術は、正方形だけでなくほかの多角形にも応用できる。ステップ1と2で折り線をどこに配置するかによって、箱の側面は底に対して浅くも深くもなる。ステップ14でひだの角度を変えて、側面を垂直に立ち上がらせずに、碗のように外に広げることもできる。

6.1.4_16

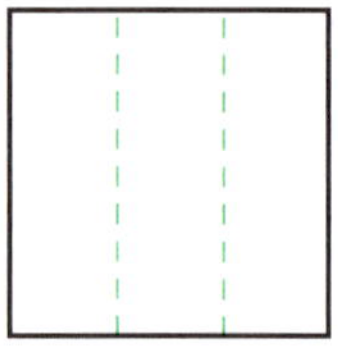

6.1.4_1
正方形を縦に3等分する。

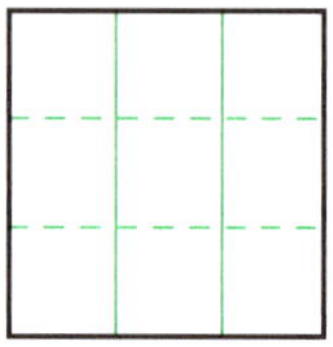

6.1.4_2
同様にして、正方形を横に3等分する。

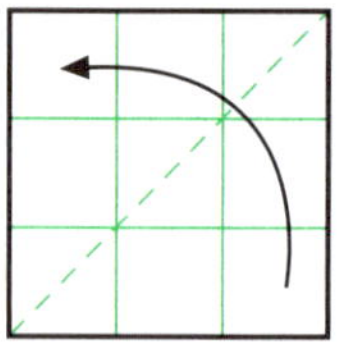

6.1.4_3
カドとカドを合わせるように、対角線に沿って斜めに折る。

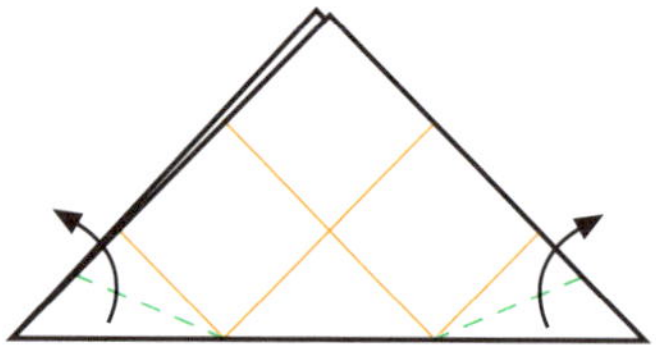

6.1.4_4
45°にカドを折り上げ、折った辺を最初の3等分の線に合わせる。

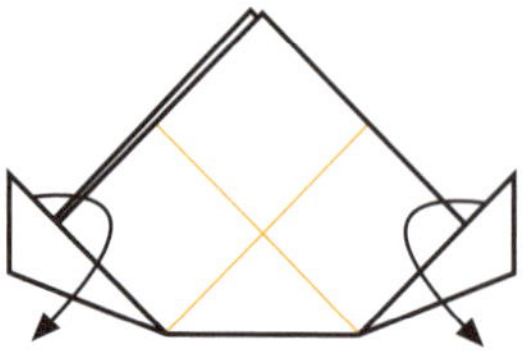

6.1.4_5
こんな感じ。折った小さな三角形を開く。

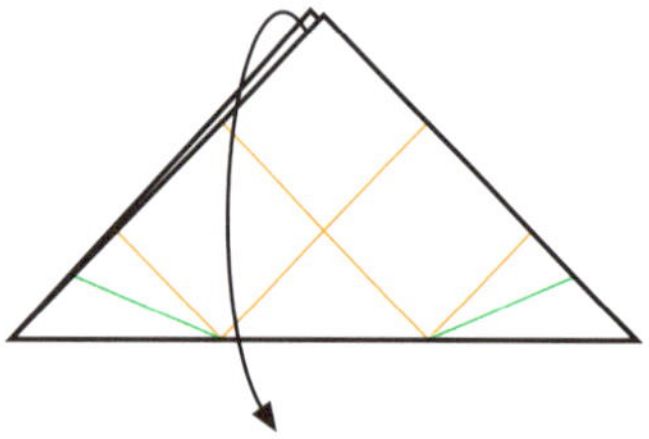

6.1.4_6
対角線を開く。

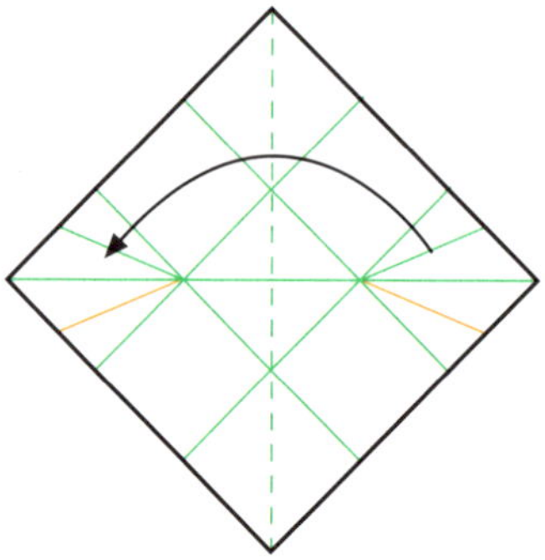

6.1.4_7
もう一方の対角線に沿って、カドとカドを合わせるように折る。

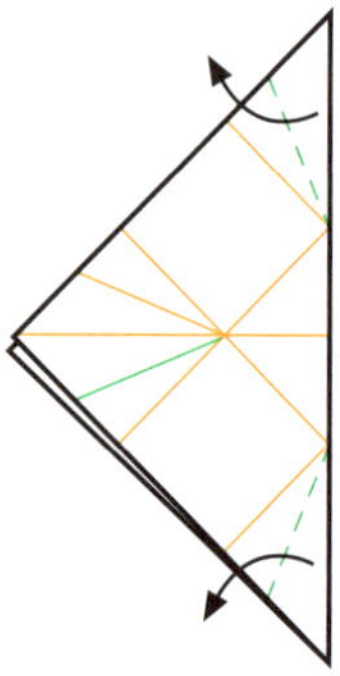

6.1.4_8
ステップ4と同様に、45°にカドを折り上げる。

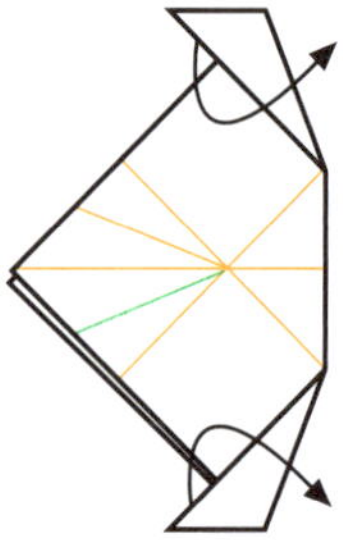

6.1.4_9
今折ったところを開く。

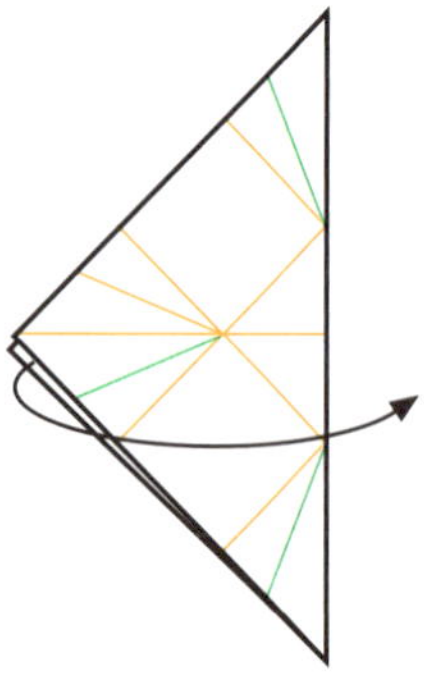

6.1.4_10
対角線を開く。

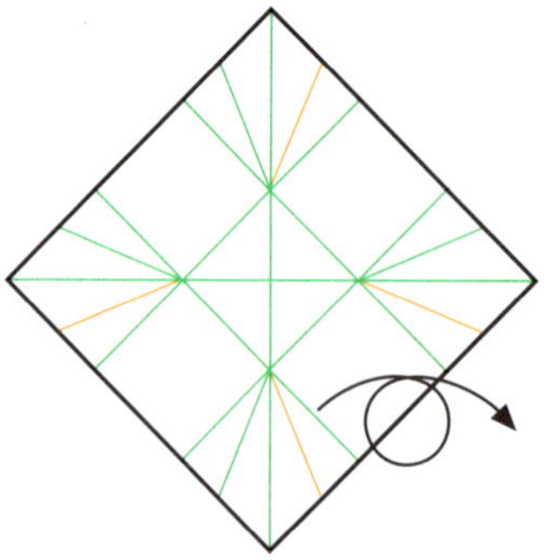

6.1.4_11
ここまでにできた谷折りの折り線図。紙を裏返す。

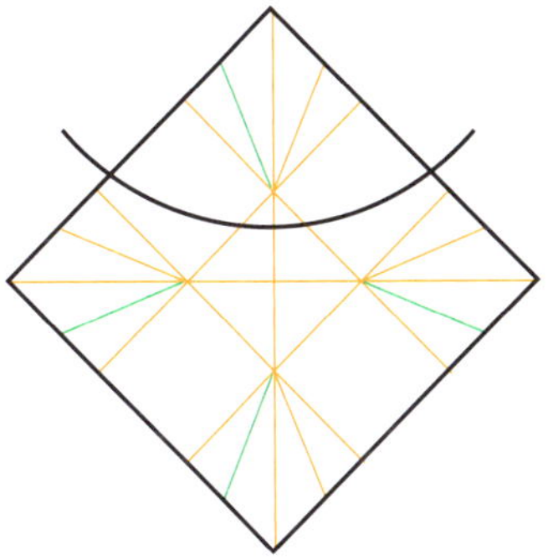

6.1.4_12
谷折り線がすべて山折り線になっている。今見ている面が、できあがった箱の外側の面になる。次のステップの図は上部のカドを拡大したもの。

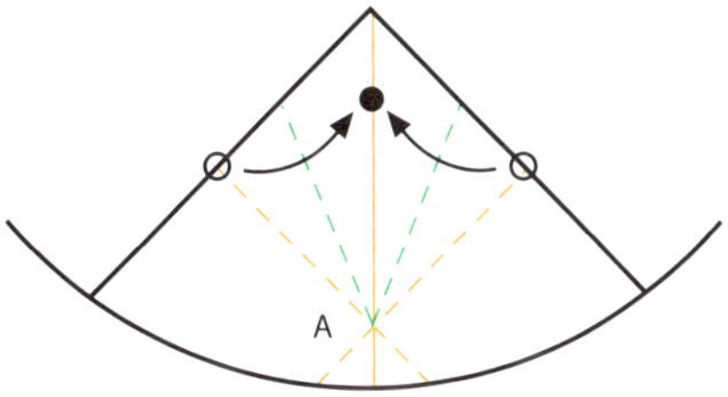

6.1.4_13
ここは重要なステップ。ステップ4と8で作った小さな三角形の2本の辺をそれぞれ谷折りにする（1本はすでに谷折りになっているが、さらにきっちりと谷折りにする）。次に、○を●に合わせて折り、2本の山折り線と2本の新しくできた谷折り線を同時に折りたたむ。紙は立体になり、Aが凸状のカドになる。

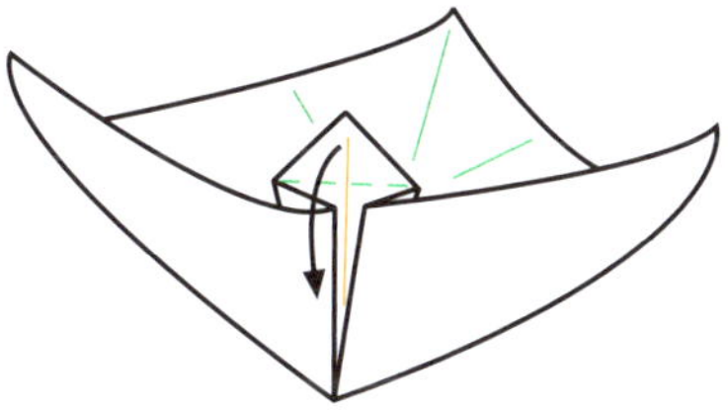

6.1.4_14
これが今の形。上部の三角形を手前に折って、立体のひだを固定する。

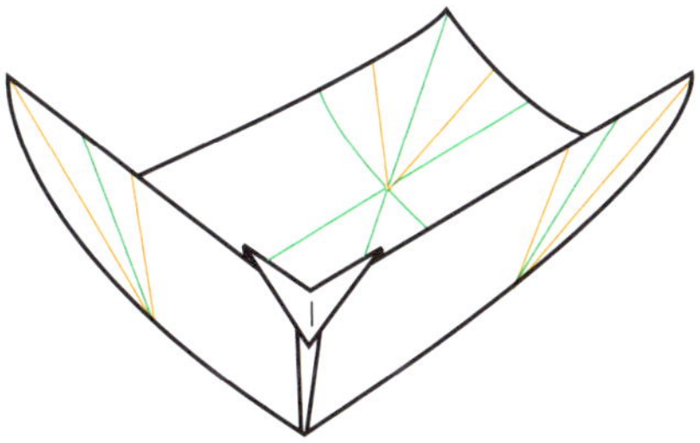

6.1.4_15
こんな感じ。これで箱のカドが完成。箱の側面や底面に沿った折り目をきっちりとつけよう。残りのカドでもステップ13と14をくり返す。

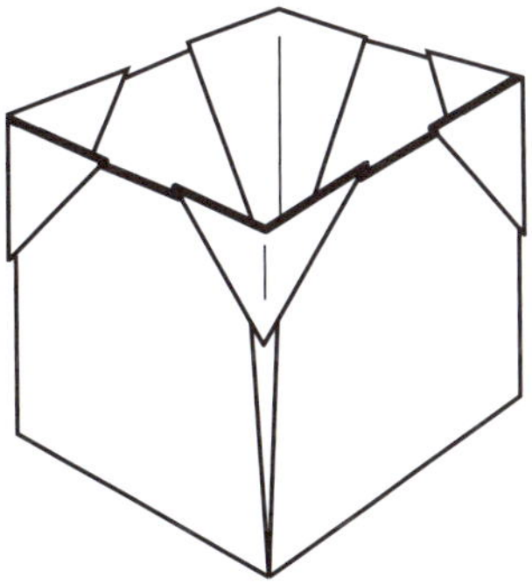

6.1.4_16
これが完成した箱。さらに折り目をきっちりつけ、全体を調整して、平らな面とまっすぐな辺の箱になるようにしよう（p.165の写真参照）。

6.2. 碗の形

碗形の新しい形をデザインするのは、新しい箱をデザインするより簡単だ。なぜならデザインのパラメータがより広いからだ。たとえば底の面積と側面の高さの比率を変える、正方形を他の多角形に変える、側面にたくさんひだを寄せて閉じた形にする、あるいはひだを少しにして平たい皿にする、多くの折り目を谷折りから山折りに変える、あるいは山折りから谷折りに変える、というようなことができる。このようなバリエーションをさまざまに組み合わせれば、非常に単純なアイデアからでさえ多種多様な形を作り出せる。

以下の例は、ごくシンプルなものから非常に凝ったものまで、さまざまなスタイルの碗の形を作る方法を示している。この本の他の章も参考にすれば、浅いジグザグ形のカドを作る方法がほかにもたくさん見つかるだろう。それを多角形の辺全体に反復していけば碗の形ができる。

本書の全セクションの中でも特にここには、多種多様な平面素材に非常に簡単に応用できるアイデアが詰まっている。

0.2_1

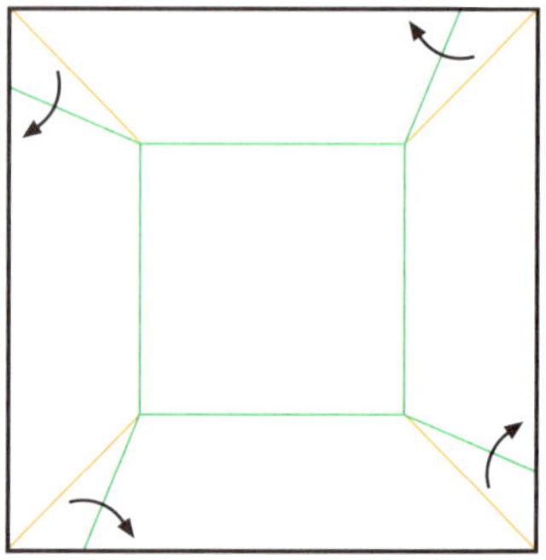

6.2_1

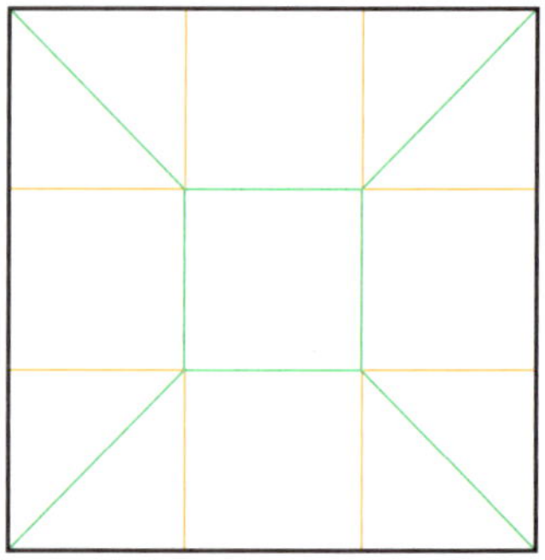

6.2_2

6.2_4

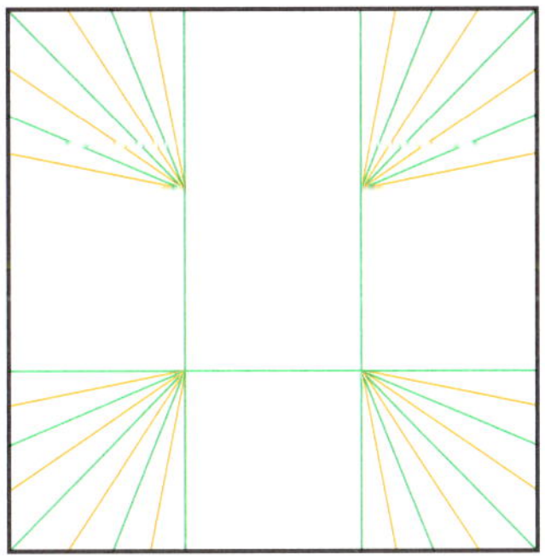

6.2_3

6.2_4

6.2_5

6.2_6

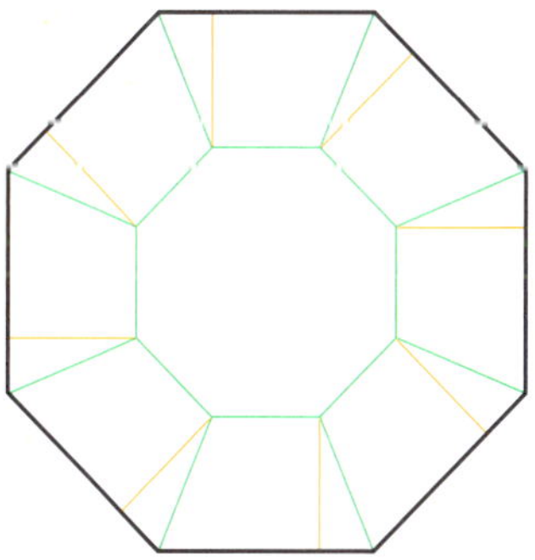

07

7.　折り目なしと一つ折り

紙に折り目をまったくつけないで、あるいはたった1個の折り目だけで創造的な折りの作品ができるはずはないと思いがちだ。そんなことはばかげた考えとさえ思えるかもしれない。

折り目の数が増えれば増えるほど多様な形や表面ができる可能性が増えるのは事実だが、折り目をまったく使わず、あるいはたった1個だけでも驚くほど豊かな可能性がある。そのような形を作り出す鍵は、平面にカーブを生じさせる「ブレーク（Break）」と呼ばれる非折り紙的な技術だ。皮肉なことに2つ以上の折り目とブレークを使うと、共存する湾曲の連続がすぐに平面素材を複雑すぎる駄作に変えてしまう。折りの技術を正確さと抑制をもって使う必要があるとすれば、まさしくブレークがその１つだ。

また別のレベルで考えると、この技法の極端な単純さと明快さは、どうかすると何十個、何百個という折り目が必要となる他の章の例題に対して、折りの精神の浄化の働きをする。この意味で、「折り目なし」と「一つ折り」は重要な技術であるだけでなく、複雑な折りの苦行からの休息でもある。単純さが複雑さに優る場合もある。

7.1.　折り目なし

「折り目」は二次元の線だ。「折り目なし」は、紙に「ブレーク」と呼ばれるくぼみを作る一次元の点である。これは紙に複雑な湾曲を作り出す。もしその曲面の位置がブレークを中心に回転するように作られていれば、曲面は凹面から凸面に変わったり、また戻ったりする。こうして、あらゆる操作技術の中でももっとも初歩的なものに違いない単純なブレークが、１つだけでなく数多くの形を生み出す。

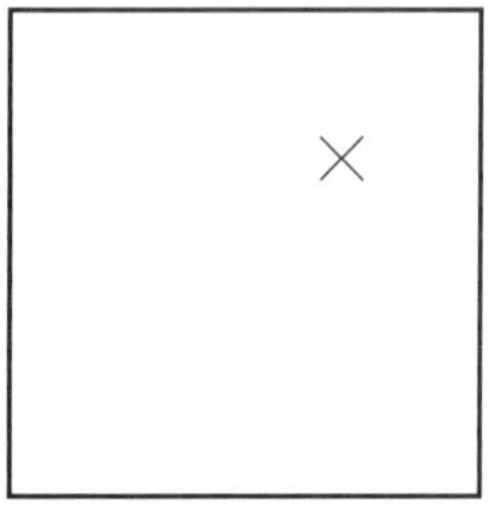

7.1_1
×記号で表したブレークの展開図。

7.1_2
ブレークを作るには、紙の好きな場所を裏側から押し、同時に両手を寄せて凸状の曲面を作る。この本のページくらいの厚みの紙で作ると、ブレークは紙を両手で持っているときだけ、その形を作る。手を放すと、元の平らな状態に戻る。

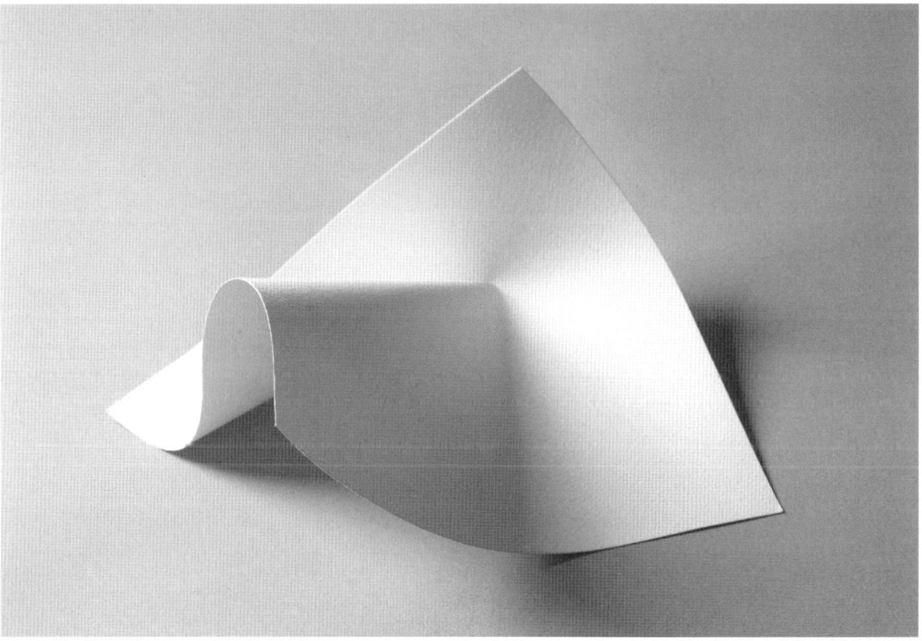

7.1_3
厚地の水彩画用紙を使い、濡らして曲げやすくしてから乾燥させると（p.186の「ウェットフォールディング」参照）、曲面はその位置を保つ。

7.1.1. 折り目なしのバリエーション

ブレークをほとんどランダムに紙の上に置くと、4辺のうちのどれを前に引き寄せて主要な凸状の曲面を作るかによって、紙は非常に多様な湾曲した形をとる。

7.1.1_2_1

7.1.1_1
紙の上のブレークの位置は、以下の6例すべてで同じである。

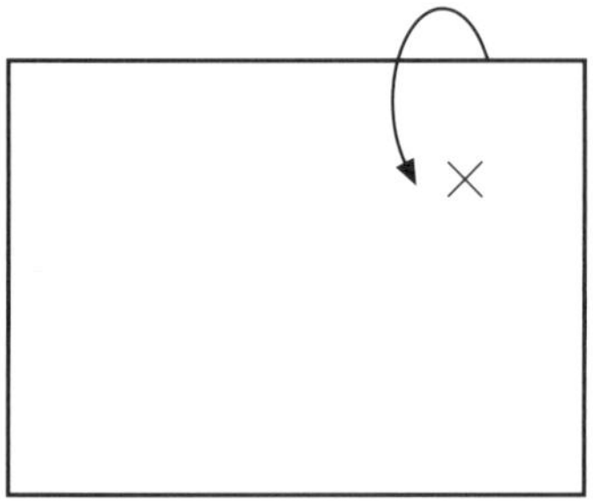

7.1.1_2_1
ここにある図と写真は、辺の異なる場所を手前に引いたときに同じブレークからどのように異なる形ができるかを示している。各図の矢印は、辺のどの部分を手前に引き寄せるかを示し、それに対応する写真はその結果できる形を示している。紙の上に置くブレークの位置を変えれば、また違う形ができるだろう。紙は濡らして折っている。

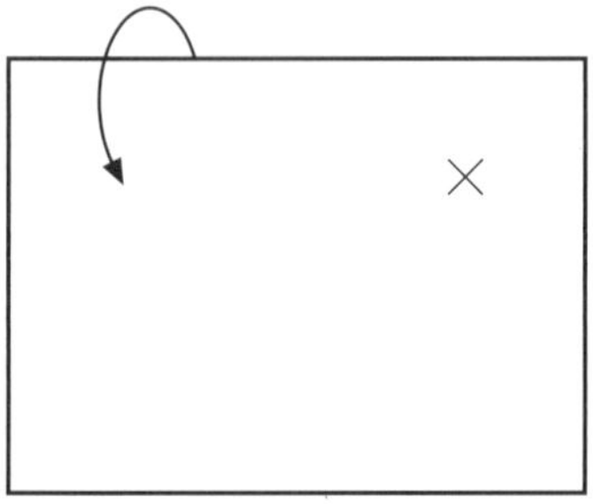

7.1.1_2_2
写真と図上のブレークの位置は必ずしも一致しないので、折って確認してみること（写真は、形の特徴がわかりやすい角度から撮っている）。

折り目なしと一つ折り
1. **折り目なし**
1.1. 折り目なしのバリエーション

7.1.1_2_2

: 0179

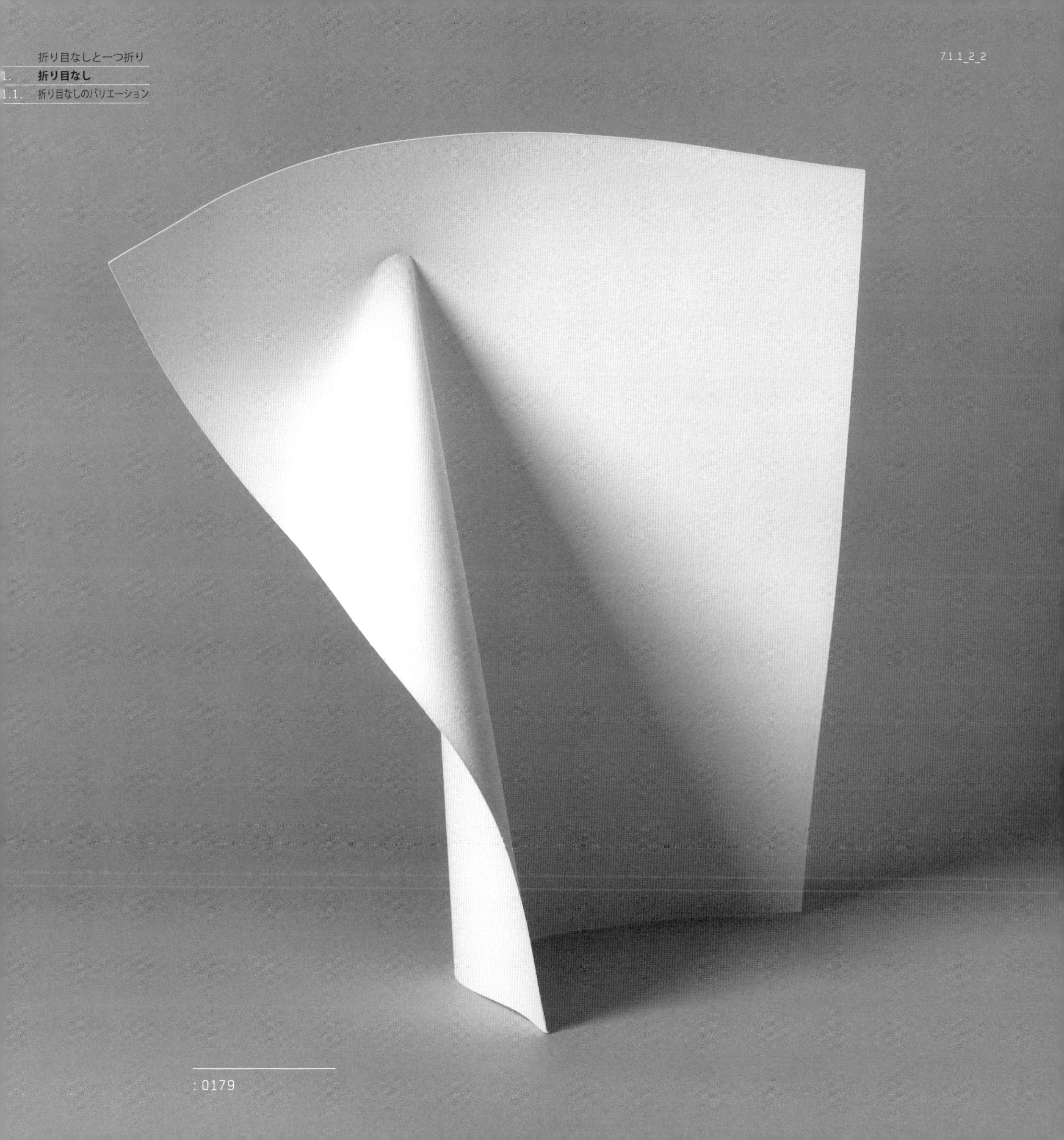

7.1.1. 折り目なしのバリエーション

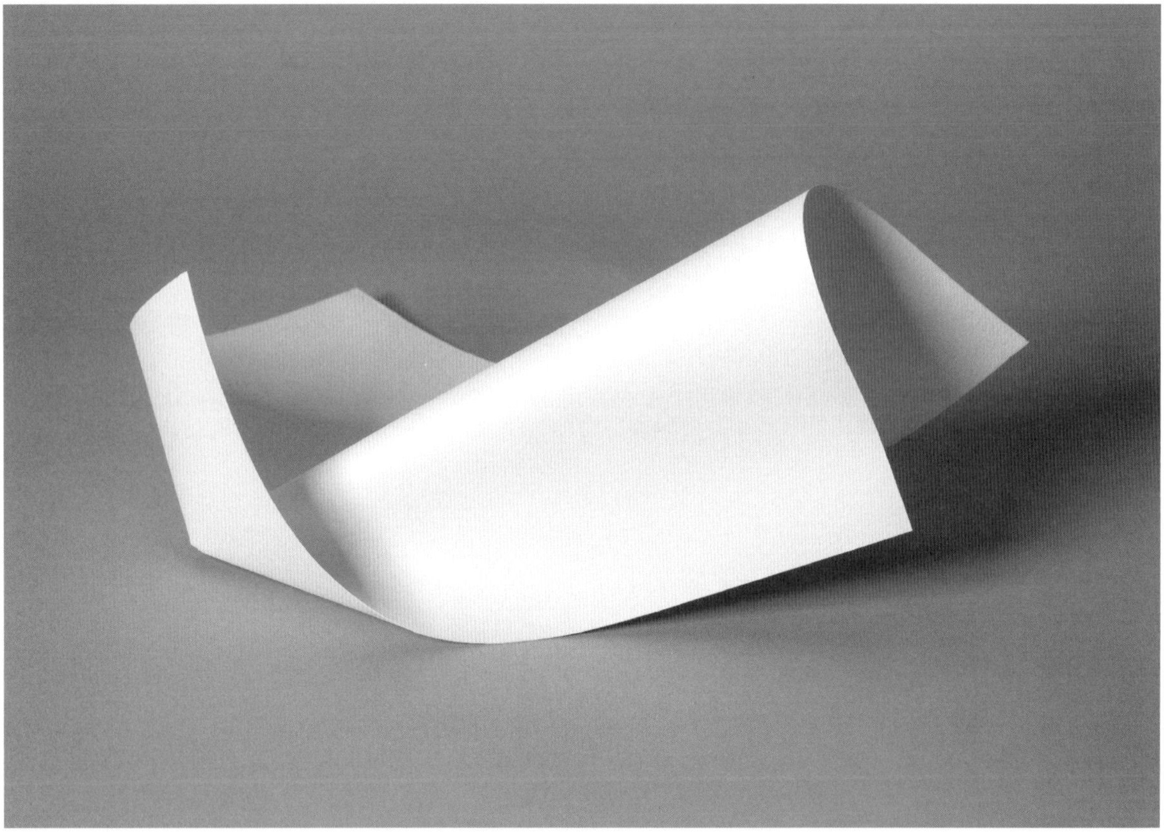

7.1.1_2_3

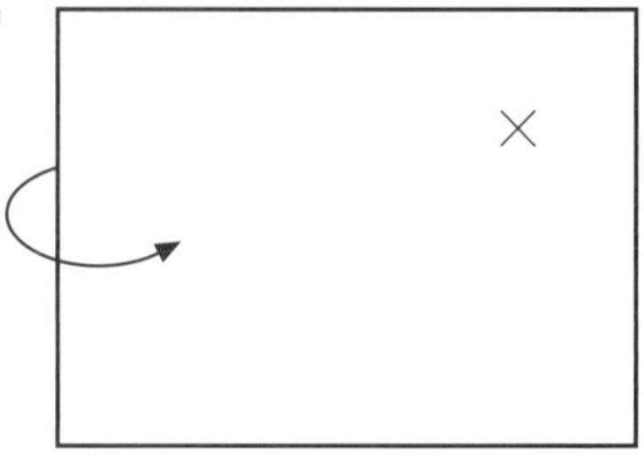

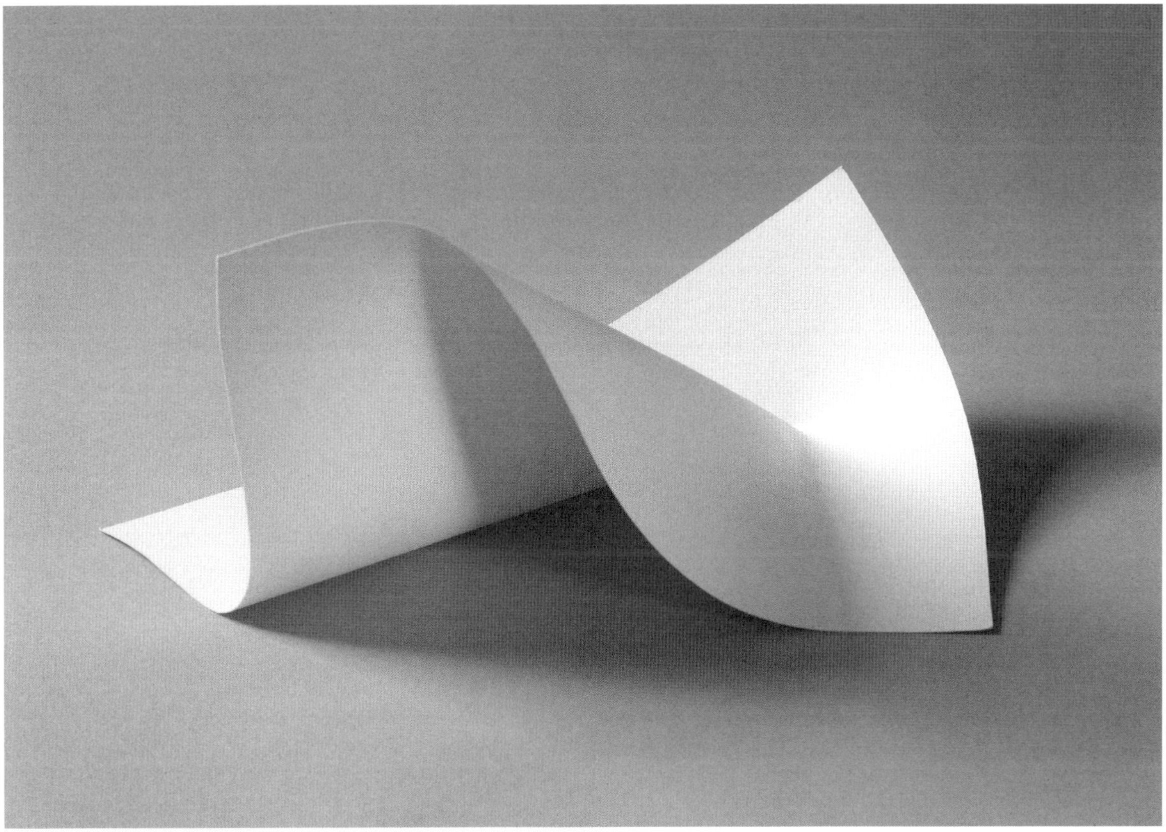

7.1.1_2_4

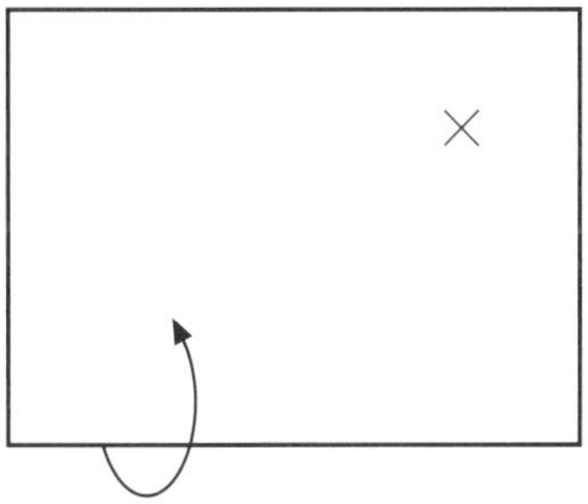

7.	折り目なしと一つ折り
7.1.	**折り目なし**
7.1.1.	折り目なしのバリエーション

7.1.1_2_5

:0182

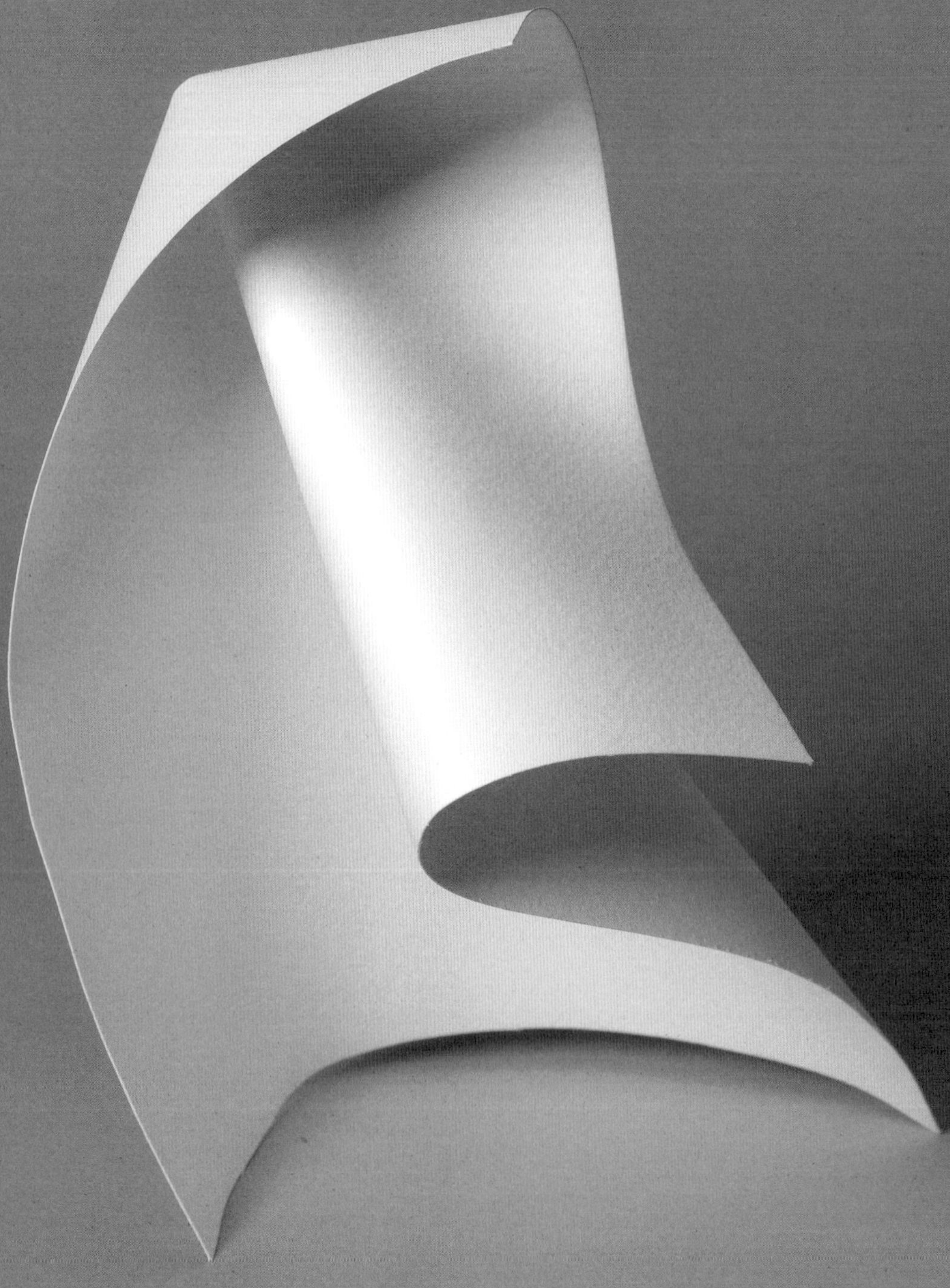

7.1.1 _ 2 _ 6

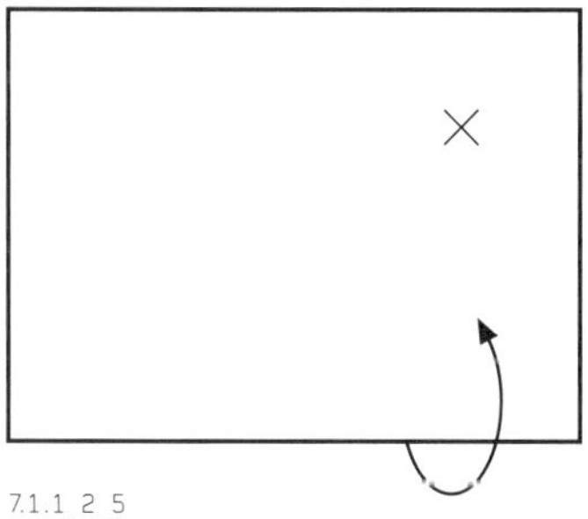

7.1.1_2_5

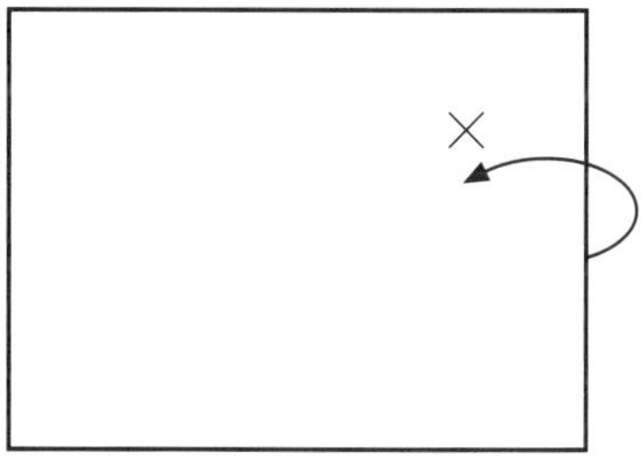

7.1.1_2_6

7.2. 一つ折り

一つ折りの技法では、ブレークを既存の山折り線上の1点に作る。ブレークと折り目の組み合わせで、折り目なしのブレークよりはるかに多くの形を作ることができる。展開図では、ブレークは山折り線上の×記号で表している。

7.2.1. ブレークの作り方

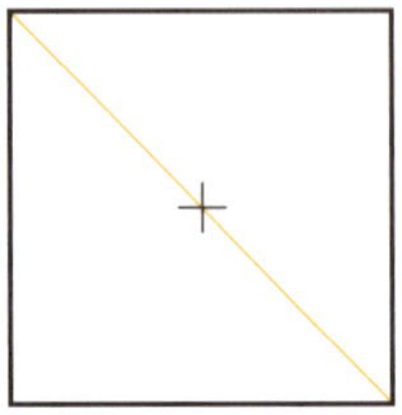

7.2_1
これがブレークの記号。

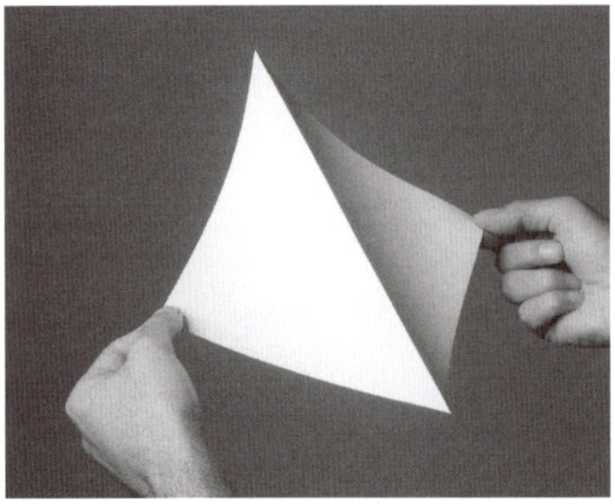

7.2.1_1
正方形の紙を対角線に沿って斜めに折る。開いて紙を裏返し、折り目が山折りになるようにする。折り目が平らにならないように注意して、写真のように持つ。

7.2.1_2
両手を左右に引っ張ると、折り目の中間の点が「ブレーク」する。または、山折りにした紙を平らな面に置いて、指で折り目を突く。

7.2.1_3
親指と人さし指ではさんで対角線の両端を持つ。両端を左右から寄せて中央で合わせる。

7.2.1_4
両方のカドを片手の親指と人さし指の間にはさんで持つ。こうすると2つの円錐体が開き、可能なかぎり円に近い形になる。ブレークが山折り線の正確な中点（あるいは、求める正確な位置）にない場合は、山折り線の上を上下にすべらせてブレークを移動できる。理想的にはブレークは尖った点であるべきだ。だがもし広がって折り線の一部になってしまったときは、ステップ3でやったように紙を持って、紙の両半分を引っ張れば尖った点になる。

7.2.2. ブレークのバリエーション

ブレークの技術を使うと、紙はいろいろなポーズをとってみせる。以下は、左ページと同じ対角線の折り目とその中点のブレークを使ったバリエーションの例だ。約20枚の正方形を用意して折り目とブレークをまったく同じ位置につけ、それからさまざまな形を作ってみると、創造性を培ういい練習になる。小さく切った接着テープで、できた形を垂直な面に貼りつけてみよう。可能性の幅は非常に大きい。

7.2.2_1

7.2.2_2

7.2.2_3

7.2.3. ブレークを固定する

ウェットフォールディング

ウェットフォールディングの技術（紙を濡らして折る技法）は、20世紀半ばに日本の折り紙の巨匠・吉澤章が開発した。彼は柔らかい折り目と丸みのある立体を使って生き物を表現し、折り目がほどけるのを防ぐためにこの技法を考え出した。以来、多くの折り紙アーティストのお気に入りの手法になっている。

ウェットフォールディングは水彩画用紙、アングル紙、エッチング用紙のような生紙か、陶砂が最小限にしか塗られていない紙を使うともっともうまくいく。100g/㎡以上の重さの、これに適した紙を濡らして折るといいだろう。どんな重さでも濡らして折った紙は、乾くと濡らさないままの紙よりかたくなる。軽量紙の場合、硬化はごくわずかだが、重い紙は乾くと非常にかたくて丈夫になる。ウェットフォールディングは、従来の紙で作るとすぐに開いてしまう折り目の形を固定させるので、「折り目なし」と「一つ折り」の技法に非常に適している。この章の作品はすべて300 g/㎡のキャンソン水彩紙で折られている。

ウェットフォールディングはこの章に示した「折り目なし」と「一つ折り」の技法に特に適しているが、たぶん最後の章の「揉み」の技法を除けば、本書の作品例のどれにも利用できるだろう。これを使えば柔軟性があって安定しなかった折りの構造も、驚くほど安定し、強くて丈夫なものになる。非常に複雑なVプリーツでさえ、紙を濡らして折り、それから不自然なポジションに湾曲させて乾燥させれば、新しい変わった形になる。ここでの基本的なルールは明らかだ。紙が厚ければ厚いほど、できあがる形は強固なものになる。特に強度を持たせたいときは、厚めの紙をウェットフォールディングで折り、それからポリウレタン・ニスでコーティングするといい。

利点がある一方で、ウェットフォールディングには欠点もある。紙が厚く、できあがった形がかたいということは、作品が生気を欠き、不格好にさえ見えてしまうことがあるということだ。それに対して薄い乾いた紙で折ったときの軽さと弾むような感じは、折りの作品にみずみずしさと生気を与える。同じ形を乾いた紙と濡れた紙の両方で折ってみれば、両技法の長所と短所がすぐにわかるはずだ。

だが、もしまだ一度もウェットフォールディングをしたことがないなら、ぜひ試してみるべきだ。特に、ある程度の強度を持った折りの形を作ろうとしているなら、この技法はぜひ試してみるといい。このようにウェットフォールディングは粘土や板金のようなより強度のある素材をうまく模倣する技術と考えることもできるので、最終的に柔軟性のない素材で実現しようと思っているコンセプトの模型を作るのに役に立つ。

7.2.3_1
小さなボールにきれいな水を入れる。それからレーヨン製のキッチンクロス（ふきん）を水に浸し、それを使って紙の裏表を湿らせる。紙が厚ければ厚いほど、使う水の量を増やす。びしょびしょに濡らしすぎてはいけないが、充分に紙を湿らせることが重要だ。耐水性のあるきれいな台の上で作業すること。

7.2.3_2
できるだけ手際よく、折り目なし（上の写真）あるいは一つ折りの作品を作る。あまり頻繁に気持ちを変えてあちらこちらに紙を曲げると、最終的なカーブからなめらかさが失われるので注意しよう。美しい作品を作るにはスピードと確信が肝要だ。

7.2.3_3
濡れた紙は、完全に乾くまで動かさないこと。ボトルや缶詰、壁、厚い本など、家にあるもので両側からきっちりとはさむといい。紙をこちらで少し平らにゆるめ、あちらで少し引っ張るというようにすると、かなりの精度で形を固定することができる。乾燥中に何度か紙を取り出して、ゆがみがあればなめらかにし、最終的な形を調整するといいだろう。

ドライテンションフォールディング

濡らして折っても形が固定されない場合、乾いた紙で折って形を維持できることがある。「折り目なし」と「一つ折り」の造形のように、乾いた紙で折った曲線的な形はかなり不安定で、手を放すとぱっと開いてしまう場合が多い。だが小さな折り目を加えると、張力がかかって紙が所定の位置に固定される。これらは簡単に作れるが、美しいカーブの上に「カラスの足跡」（望ましくない目障りなしわ）ができないようにするには、少しコツが必要だ。

7.2.3_4
7.2.1_4（p.184）のような形に紙を折る。ブレークが上に来るように上下を逆さにする。ブレークは尖った点にすること。

7.2.3_5
親指と人さし指でブレークの両側をはさみ、ぎゅっと押して紙を平らにする。こうすると平たい三角形ができる。折り目は数ミリ以内の長さにとどめよう。

7.2.3_6
その三角形を左か右に（方向は重要ではない）折り、円錐のどちらかに平らに押しつける。

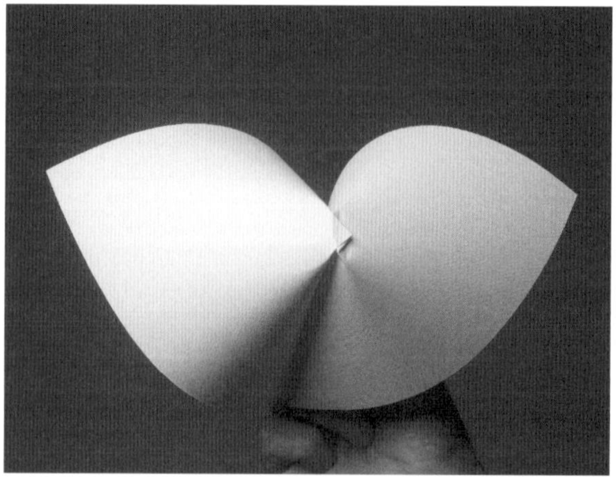

7.2.3_7
それでも少しはゆるむが、この平らな三角形が紙が広がるのを防ぐようになる。

7.2.4.　一つ折りのバリエーション

ブレークはどんな山折りのどんな場所にでも作ることができる。ここに示すのは、そのほんの一部の例だ。7.2.2.（p.185）で見たように、ブレークと折り目の1つの組み合わせについて数多くの異なるポーズが可能だということを忘れてはいけない。

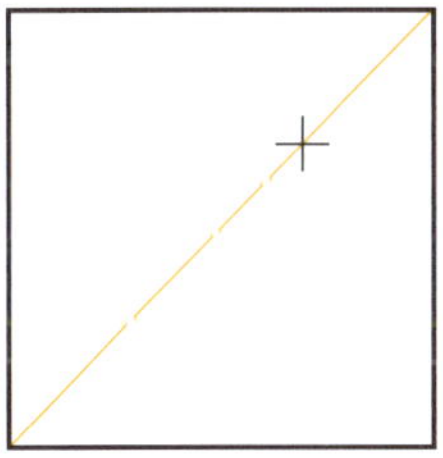

7.2.4_1

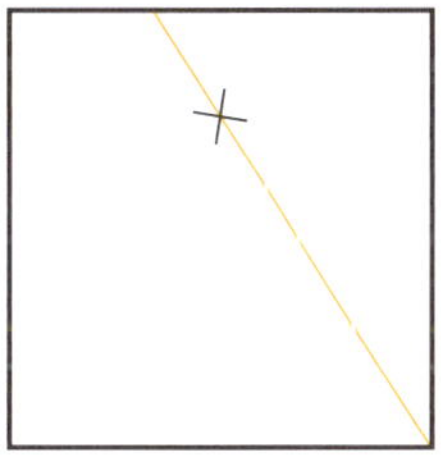

7.2.4_2

7. 折り目なしと一つ折り
7.2. **一つ折り**
7.2.4. 一つ折りのバリエーション

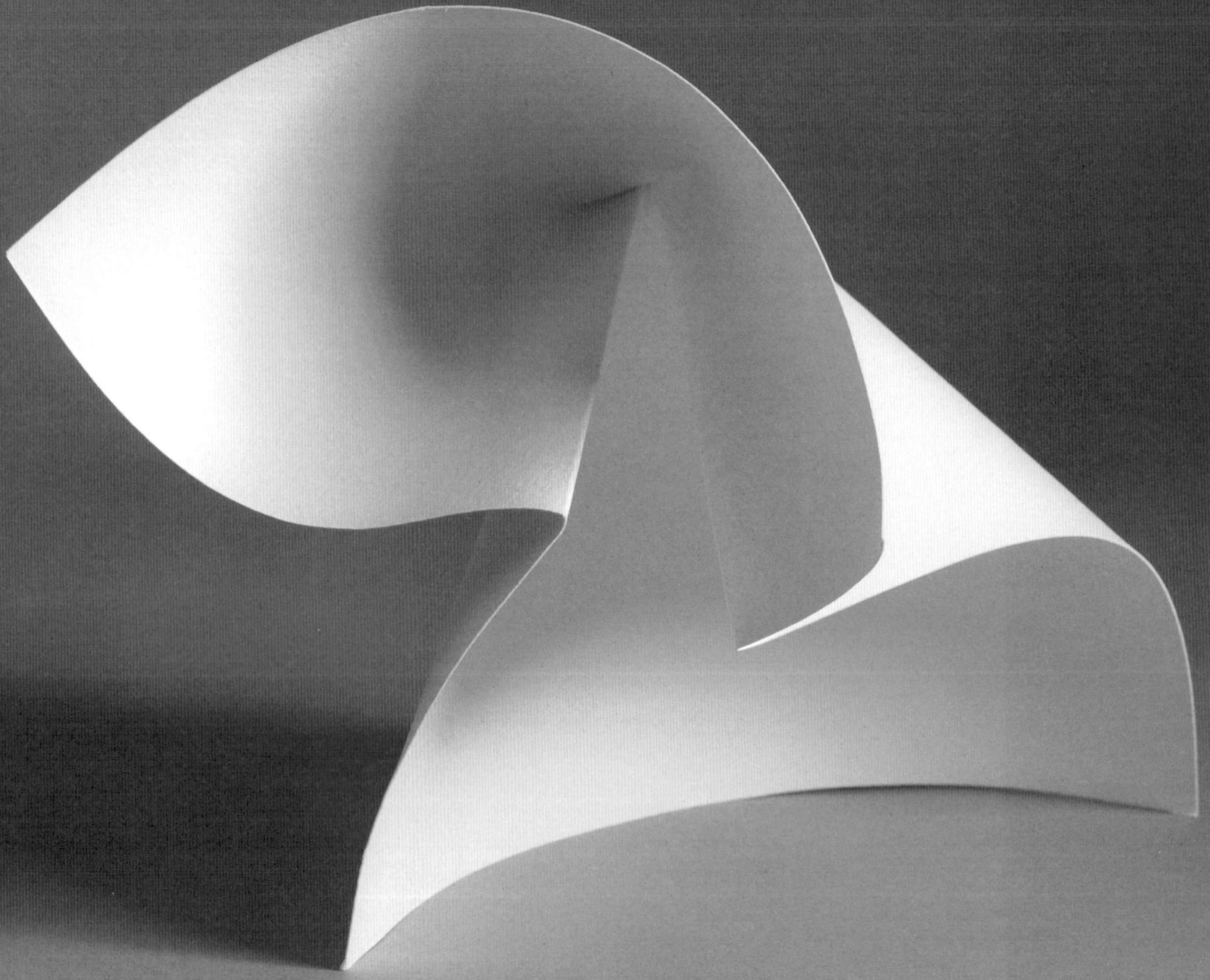

7.2.4 _ 4

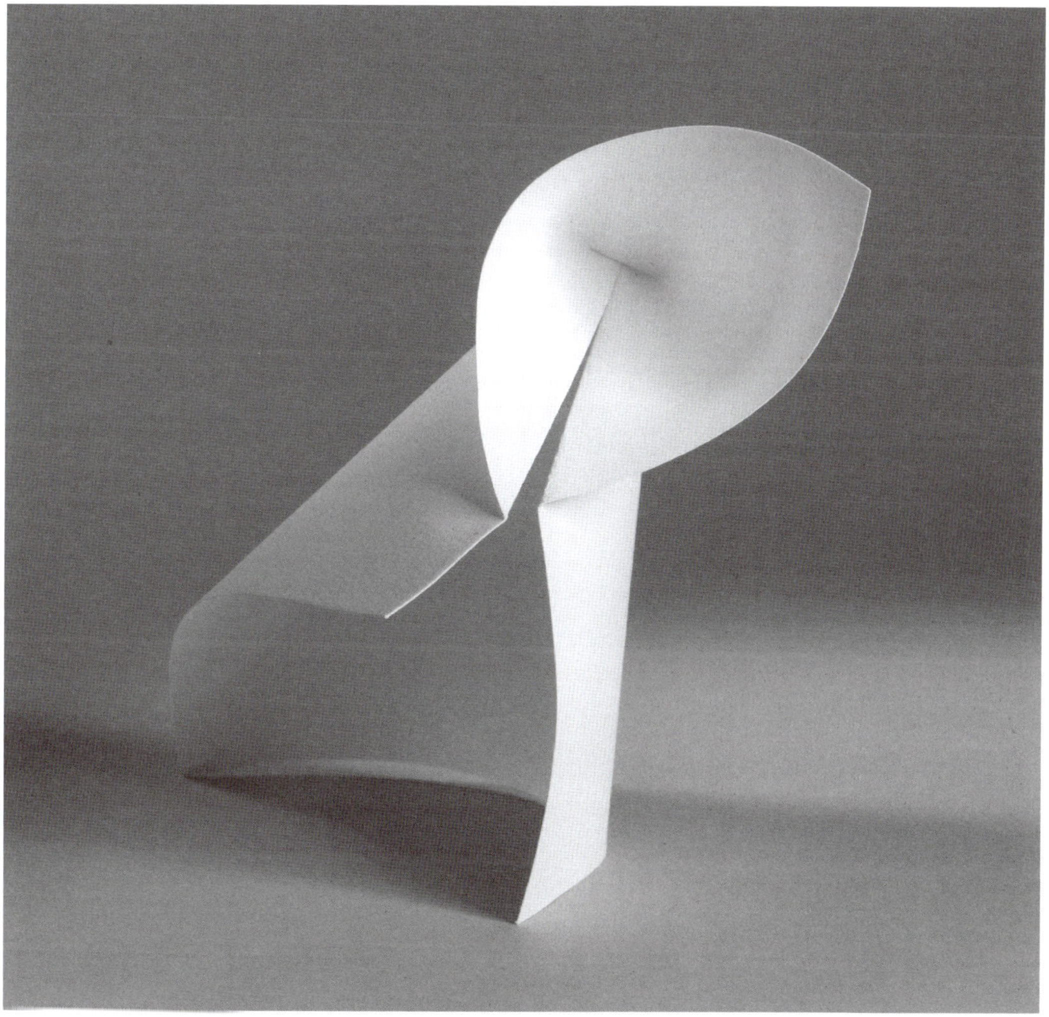

7.2.4_3

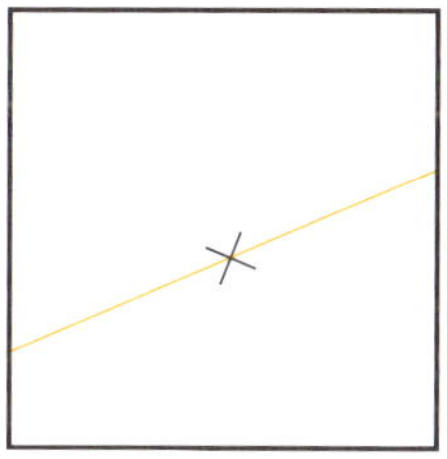

7.2.4_4

7.2.5. 一つ折り未満

これまでこの章では、1本の折り目は1つの辺かカドから、もう一方の辺かカドまで伸びていた。だがこの折り目の長さを短縮して平面のどこかで止まるようにすることも、また実のところ、平面内にとどまってどの辺やカドにも届かないようにすることも可能だ。ここにいくつか例を示すが、いつも言うようにバリエーションはまだまだある。

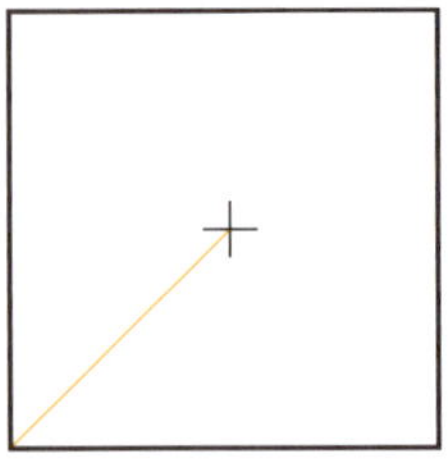

7.2.5_1

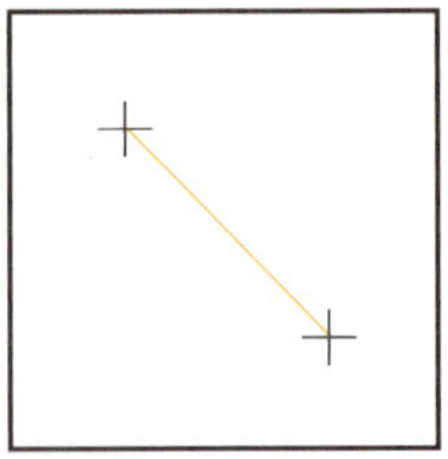

7.2.5_2

7.2.5_3

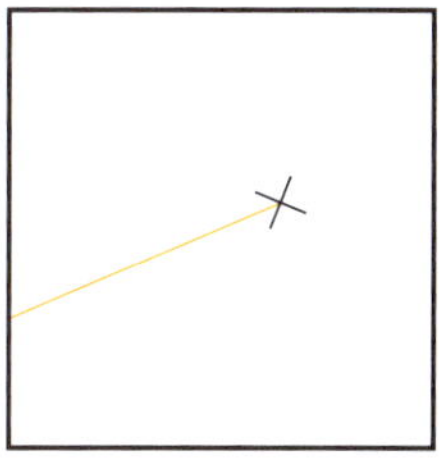

7.2.6. 一つ折りの先

一つ折り技法の自然な流れとして、ついもう1本、さらにもう1本と紙に折り目を加えたくなる傾向がある。やや逆説めくが、これはあまり成功にはつながらないのだ！　1つの折り目から生じた曲線がしばしば2つめの折り目から生じる曲線と干渉し合い、紙に張力がかかって不安定になることがある。だからもし複数の折り目を加えてみようと思うなら、それぞれを置く位置を慎重に考慮する必要がある。

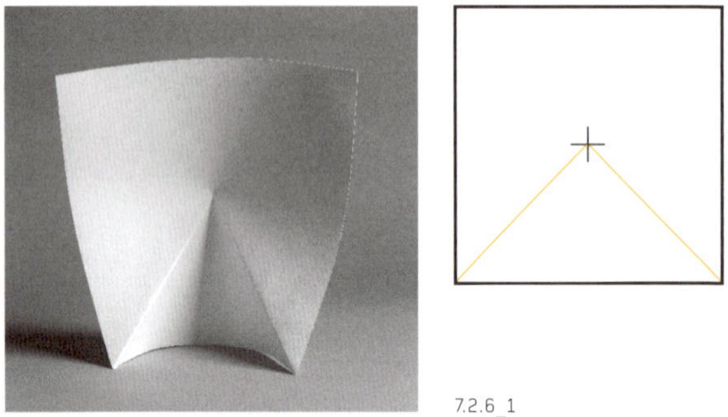

7.2.6_1

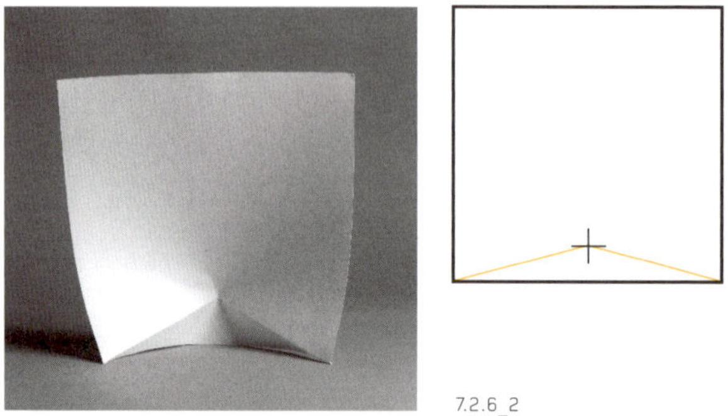

7.2.6_2

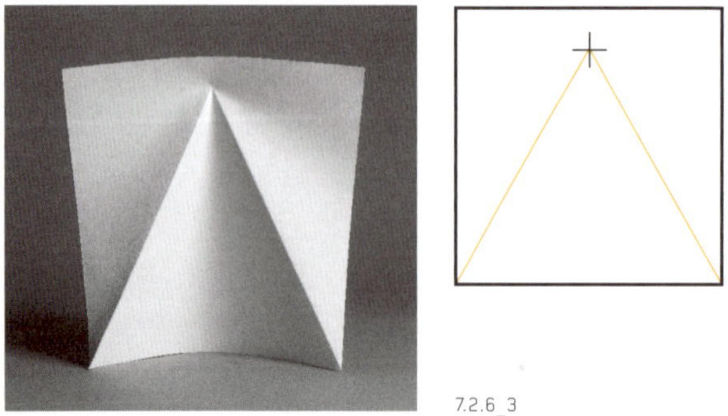

7.2.6_3

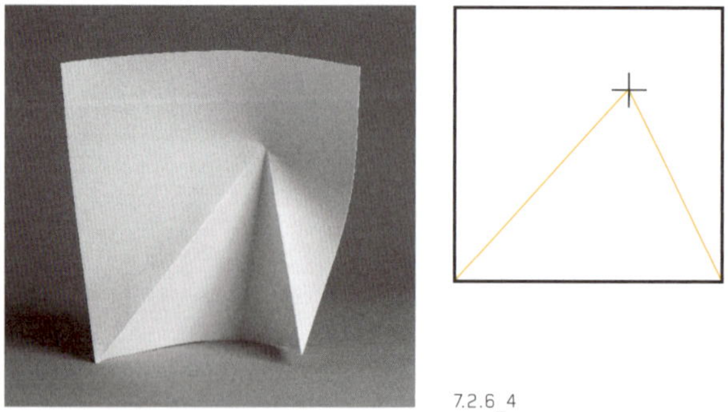

7.2.6_4

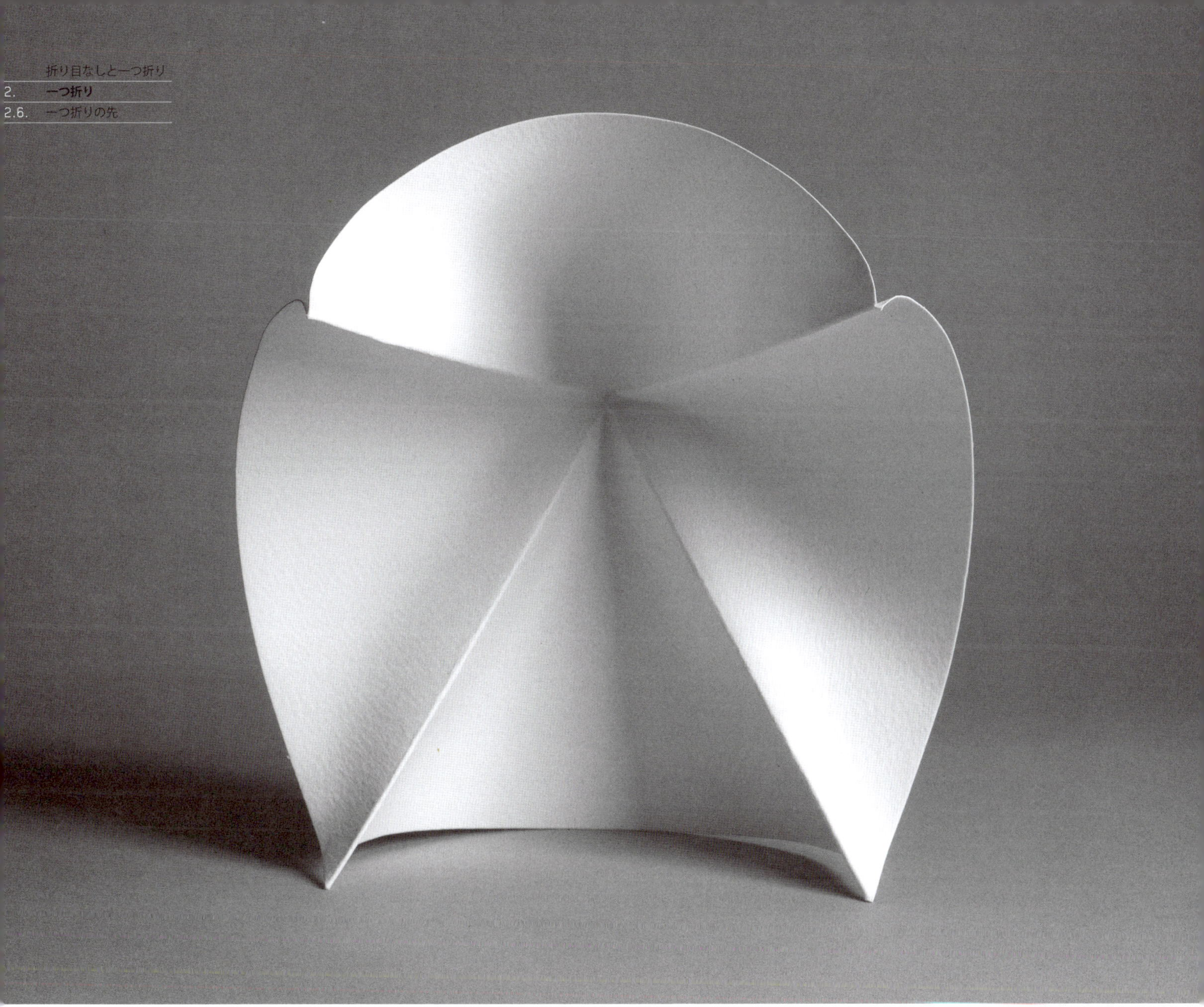

7.2.6_5

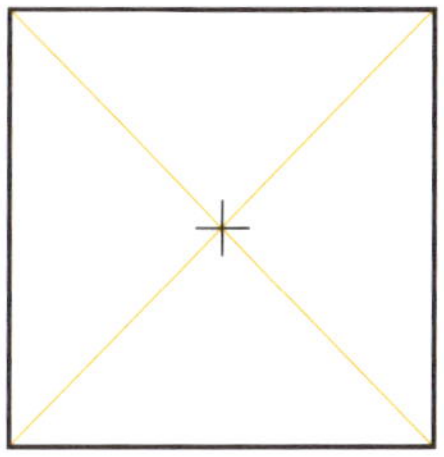

7.2.6_6

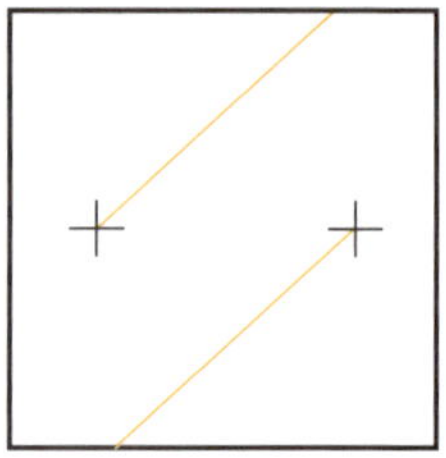

7.2.6 7

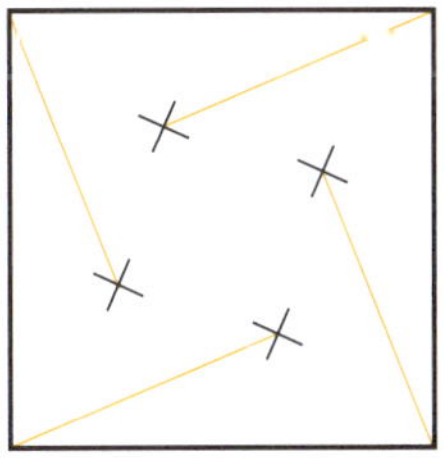

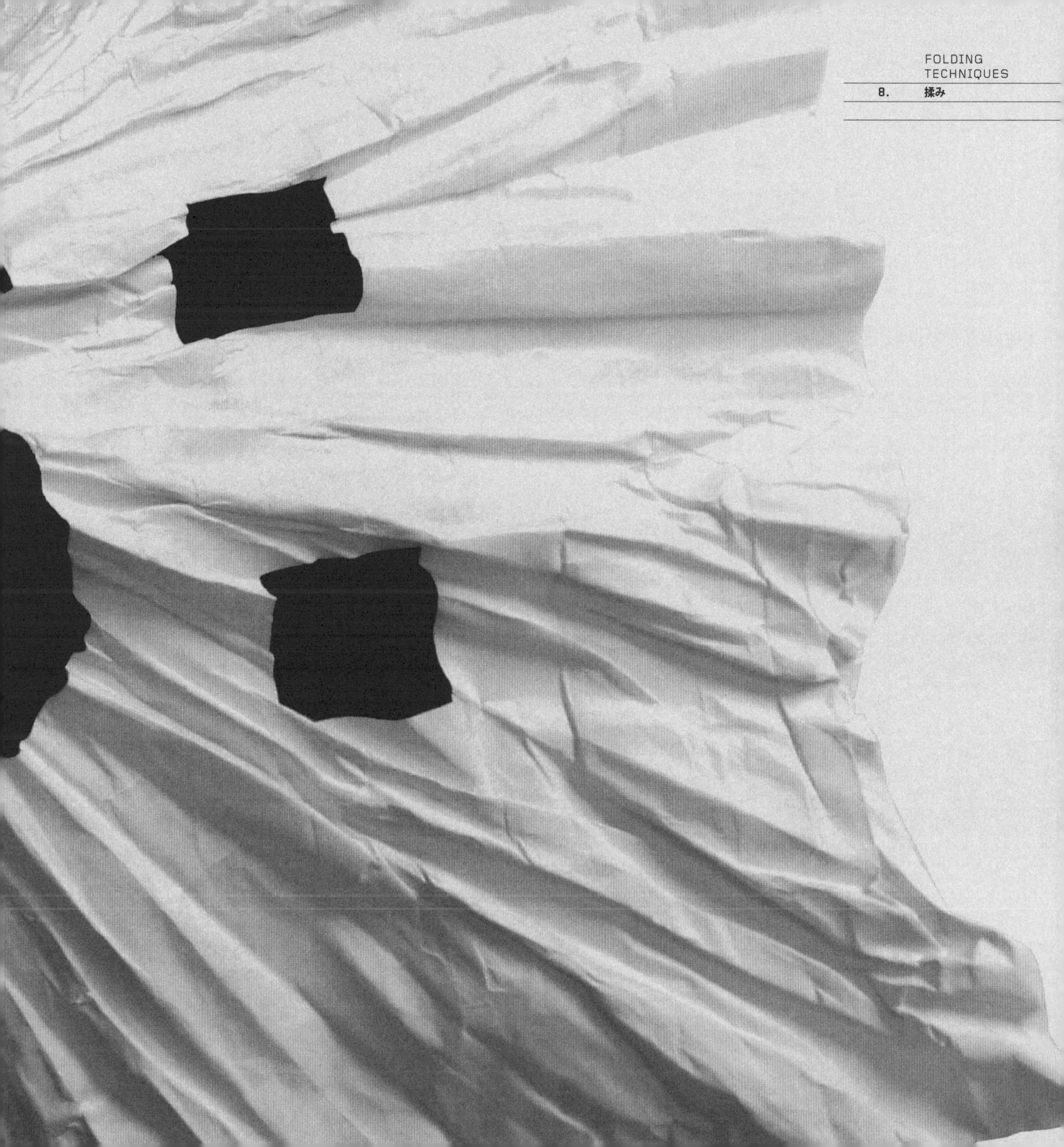

8.　揉《も》み

揉みは、いわば抑制されたアナーキー的行為、これまでの章の幾何学に対する解毒剤だ。きっちり寸法を測る幾何学的な折りが好きでない人々にアピールする、独特な有機的美学がある。また自然が多用する技術でもある。しわを伸ばしつつ開く花びら、しわの寄った人間の脳、ねじれた岩層などを考えてみればいい。最初は冗談のように思えた折りの技法が、ひょっとしたらもっとも深いものかもしれないのだ。それはまた、もっとも探求されることが少なく、もっとも理解されていない技術でもある。

この技術の基本は、紙をていねいに揉み、くしゃくしゃにして見かけのサイズより小さくし、それからしわになった表面を選択的に開くことによって、一定の線あるいは部分に沿って紙を広げるというものだ。これはあらゆる技術の中でももっとも単純な技術と言えるだろう。紙をくしゃくしゃにすることより簡単なことがあるだろうか？だが上手にやるのはもっとも難しい技術でもある。あらゆる折りの技術の中でもっとも触覚的かつ、もっとも非機械的な技術なので、特別に敏感な手の感覚と、適切な素材が必要だ。

長時間揉み作業をするつもりなら、手が痛くならないように薄い木綿の医療用手袋をするといいだろう。

紙を選ぶ

この本の例題の大部分は折り目のつく紙ならほとんどどんな紙ででも作れるが、揉みは特殊な紙を使わないとうまくできない。それ以外の紙を使うと、非常にお粗末な結果になる。

紙を選ぶときの重要な要因は、重さと折りやすさだ。60g/㎡以下の紙がもっともいい。紙は薄ければ薄いほど、揉みには適している。薄い紙は折り目がつきやすく、揉んだときに紙の縮み感がより大きいからだ。だが薄い紙がすべて揉みに適しているわけではない。折り目を保持する紙だけを使うことが重要なので、たとえばティッシュペーパーなどはどこにでもあって便利だが、たいていはほとんど役に立たない。紙が折り目を保持するかどうか確かめるには、かなりの力をこめて揉みくしゃにして、できるかぎり小さいボールに丸めてみることだ。きっちり丸まっていて、強く引っ張らないかぎり開かなければ、その紙は揉みに適している。適した紙を見つけるもう１つの方法は、紙のカドを持って縦に垂らすことだ。その紙を強く振ってみる。がさがさという大きい音を立てれば、たぶんその紙は折り目をよく保持するはずだ。音を立てなければ、おそらく保持しない。

揉みに適した紙の例と入手先：

紙
・オニオンスキン紙
・インディア紙
・バンクペーパー
・ギフト用のラッピングペーパー
・薄いクラフト紙（茶色いラッピングペーパー）

入手先
・紙店（上記の紙）
・洋服店（買った洋服を包んでくれる白い薄紙）
・酒店（ワインの瓶を包んでくれる紙）
・生花店（花束を包んでくれる紙）

もし適当な紙を見つけられない場合、あるいは今すぐ揉んでみたい場合は、80g/㎡のふつうのコピー用紙で充分だろう。この紙は少し厚いので思ったような結果にはならないかもしれないが。A4よりA3用紙のほうがいいだろう。以下の例題は45 g/㎡のオニオンスキン紙で作っている。

8.1.　基本技術

8.1.1.　基本的な方法

紙をくしゃくしゃに丸めて、引っ張って広げられる状態にする基本的な方法は、次のとおりだ。

8.1.1_1
紙をくしゃくしゃにして、できるかぎりきつく丸める。可能なかぎりの力をこめること！　写真はサイズ比較のために、丸めたボールと、丸める前の紙を示している。

8.1.1_2
ていねいに引っ張って、丸めたボールを半分くらいまで開く。全体を均等に開くようにしよう。半分開いた紙と、丸める前の紙の大きさに注意。元の紙の半分ほどの面積になっている。

8.1.1_3
できるかぎりの力をこめて紙をもう一度かたいボールに丸める。再び紙を半分開く。紙は先ほどのサイズの約半分の面積になっている。

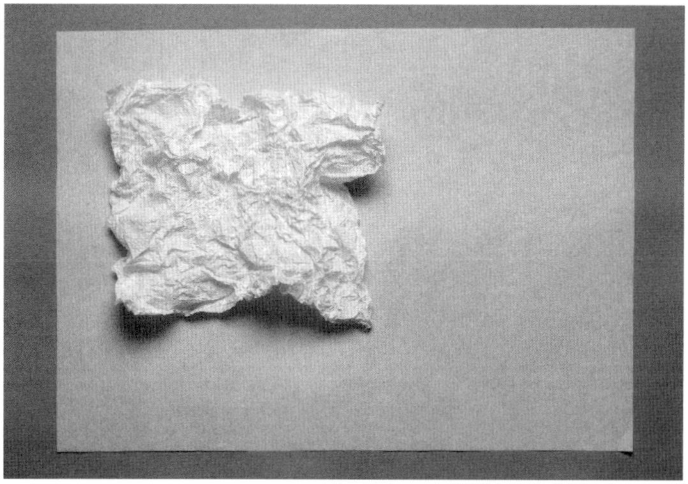

8.1.1_4
同じプロセスをもう一度くり返し、紙をくしゃくしゃに丸めて半分開く。紙は先ほどのサイズの半分ほどの面積になっている。

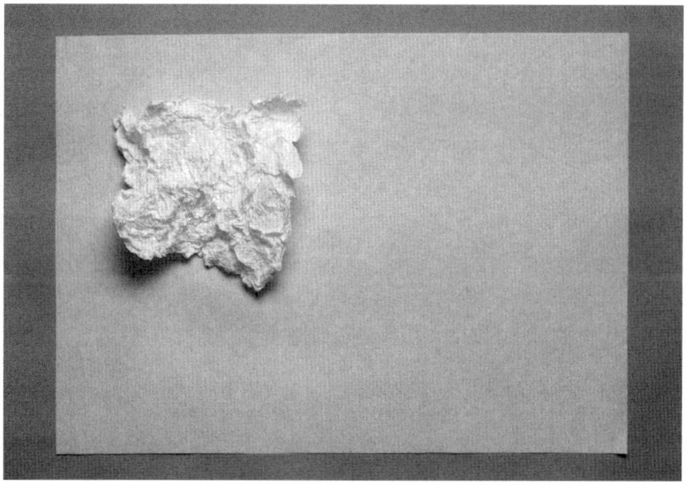

8.1.1_5
同じプロセスをもう一度くり返す。紙の重さ、サイズ、紙をどれだけきつく丸めたかなど、いくつかの要因によっては、さらに何度かくり返す。

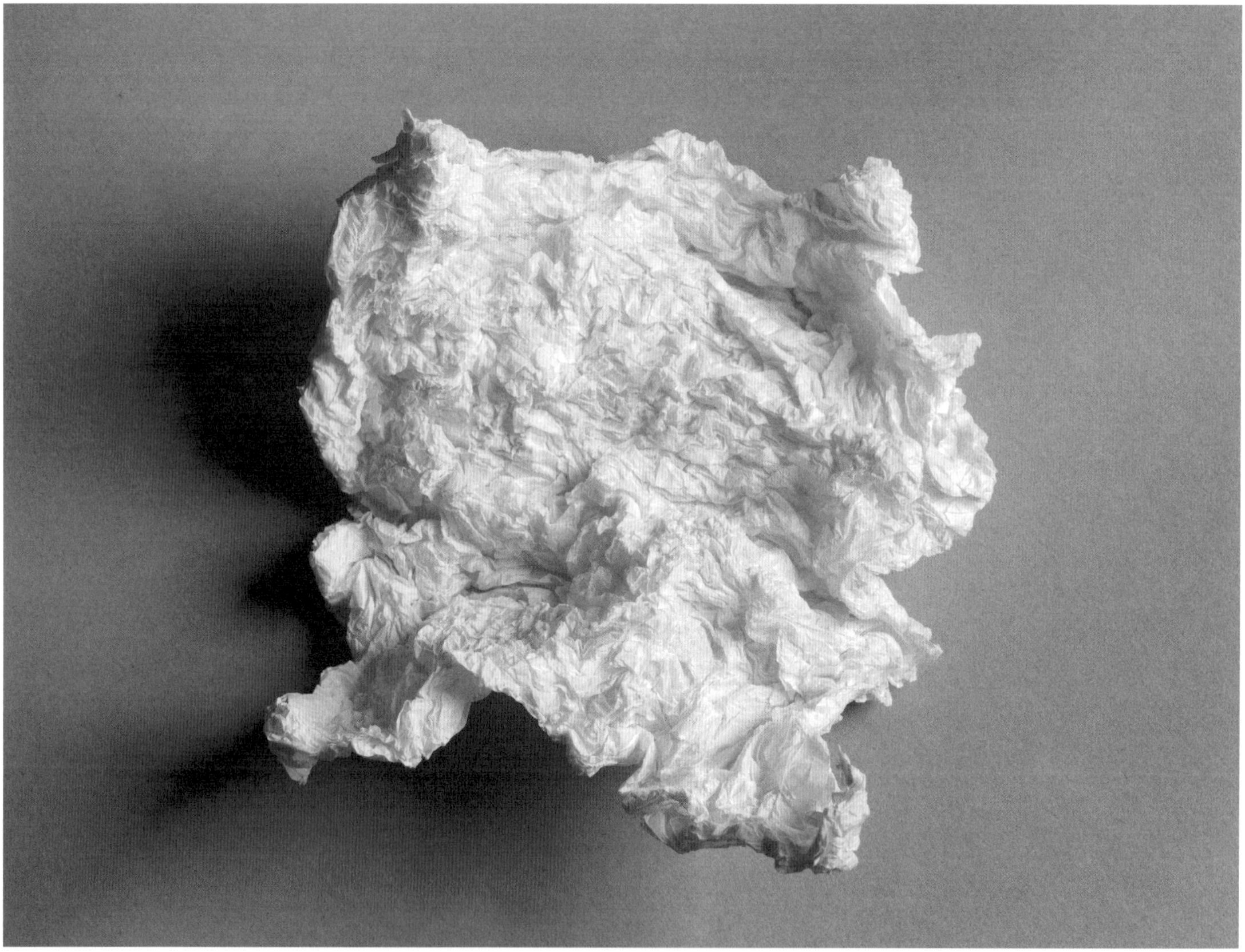

8.1.1_6
これが最終的な揉み紙。小さくなればなるほど、引き伸ばすことがドラマティックになるので、できるかぎり小さくすることが重要だ。だが目的は、もうそれ以上小さくならないというところまで丸めることだけだ。揉んで半分開く作業をあまり何度もやると、紙がやわらかくなり、折り目が弾力性と張りを失ってしまう。

8.1.2. リブ（梁《はり》）を作る

くしゃくしゃにした表面を、今度は2つのユニークな方法で開くことができる。1つめは「リブ（梁）を作る」方法で、以下で説明する。

8.1.2_1
これが基本のリブ。しわしわにした表面を1cmずつ開き、紙に折り目をつけながら進んでいって、鋭いナイフの刃のような稜線を作る。このナイフのような稜線の下で開く（つまり、しわを伸ばす）紙の面積を小さくすればするほど、また稜線を強く折ってシャープな線にするほど、効果は劇的になる。この稜線は従来の折り紙の折りのようにまっすぐで平らなものにはならず、アーチ形になる。紙のサイズが大きくなればなるほど、縮み方がきつければきついほど、アーチはより大きく湾曲する。

8.1.2_2
この方法をマスターしたら、リブを平行に何本も作ってみよう。

8.1.2_3
何本かのリブが紙の中央で出会うようにしてもいい。ちょうど傘のような感じに。

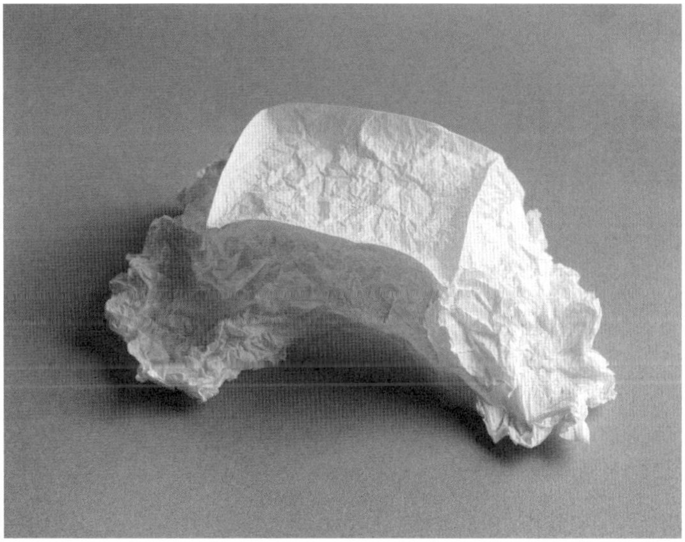

8.1.2_4
ここでは、しわを伸ばして正方形が浮き出るようにリブを構成している。何本かのリブを組み合わせて二次元の表面や三次元の形を作る方法は数限りなくある。小さなものから途方もなく大きいものまで、ちょっと試してみれば驚くほど多様な表面と形を生み出せる。

8.1.3. モールド（型）を作る

くしゃくしゃにした紙を引き伸ばすもう１つの方法はモールド（型）を作ることで、紙の下に何か物を置いて、その輪郭をかたどる。適切な紙を使って、充分にしわを寄せると、驚くほど精緻な型がとれる。

8.1.3_1
ここでは揉み紙の下に立方体の木片を置いて、そのまわりのしわを伸ばしている。下に置くものの形によって、さまざまな抽象的なレリーフ表面を作ることができる。

8.1.3_2
何をかたどったかわかるようなもののモールドを作ってもいい。部屋を見回して使えそうなものを探してみよう。顔や人体のモールドだって作れないことはない。

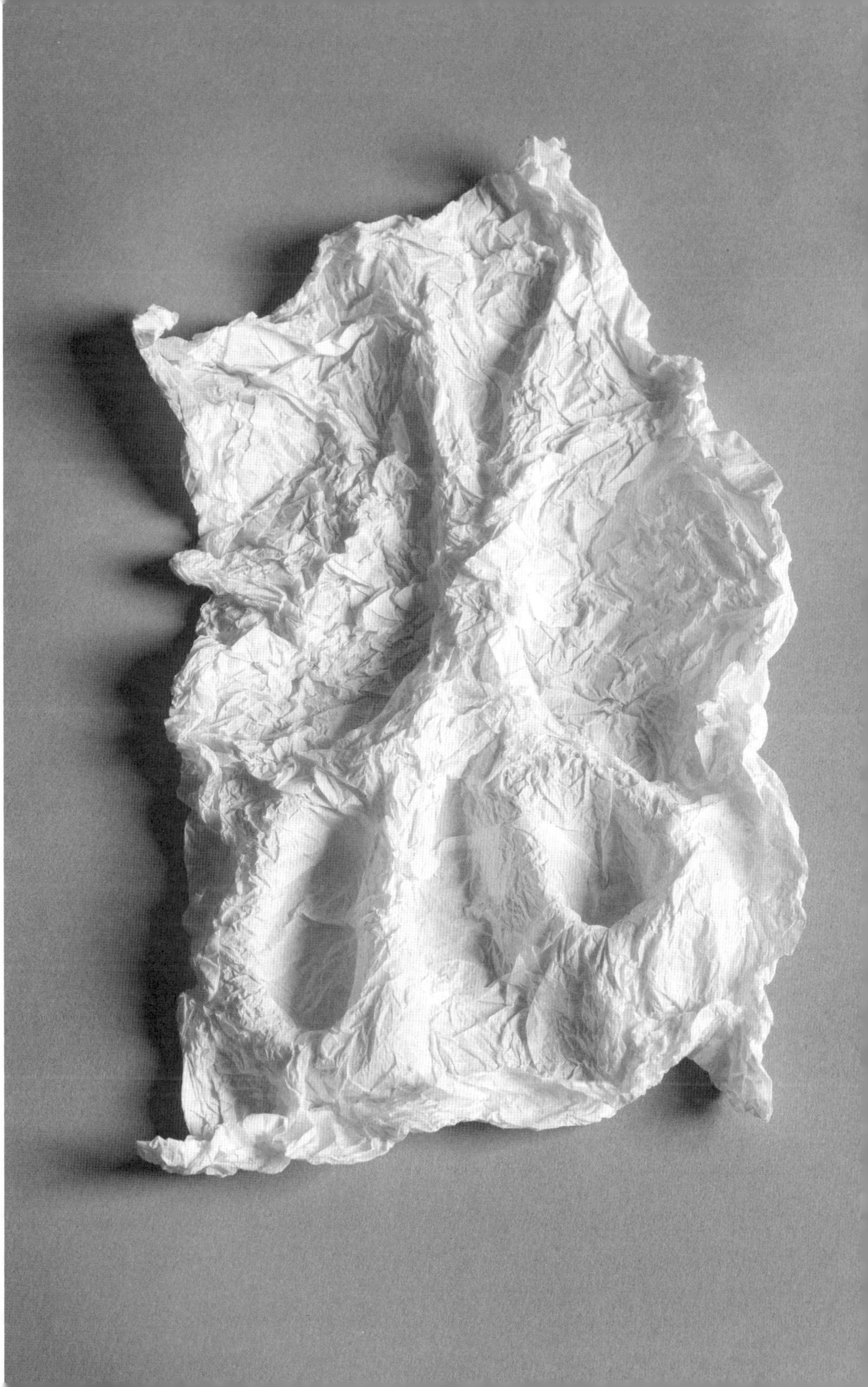

8.2. 直線状の揉み

前のページで説明した基本的な揉みの技法は、紙をあらゆる方向に等しく縮め、それからあらゆる方向に等しく伸び広げられるようにするものだった。それに対してここで説明する直線的技法は、紙を一方向にしわを寄せて、主に一方向だけに伸ばし広げる。すなわち先のモールド技法は使えないということだが、リブ技法は非常に効果的に使える。

8.2.1. 基本の直線状の揉み

8.2.1_1
紙を直径約3cmから4cmの筒形に丸める。左手で筒の中央の少し左をしっかりと持ち、右手をきつく握りしめて筒の右半分を強く引き絞る。手を替えて同じことをくり返す。たくさんの平行なしわが寄った細い棒ができあがる。写真はサイズが比較できるように、しわを寄せる前の紙と細い棒状にしたものを示している。

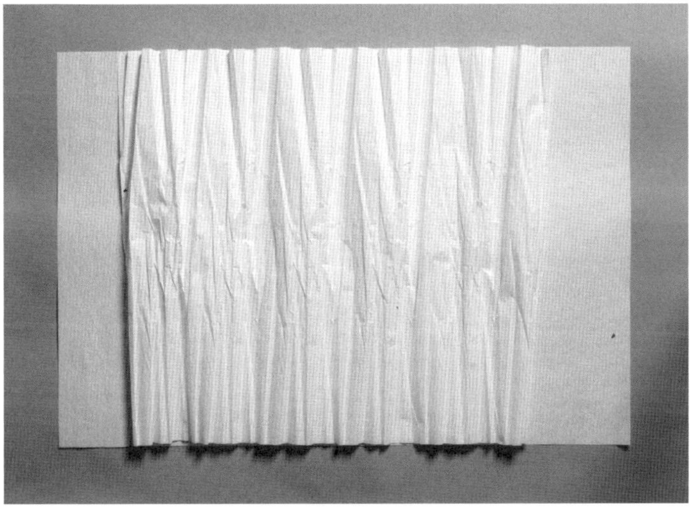

8.2.1_2
しわを寄せた紙をていねいに開く。元の紙の4分の3ほどの幅になっているはずだ。

8.2.1_3
まず片手で棒を引き絞り、次にもう一方の手で引き絞って折り目をきっちりとつけ、半分だけ開くように注意してステップ1と2をくり返す。棒を開くと、元の紙の幅の半分くらいになっているはずだ。紙が平行の折りじわでいっぱいになり、もうそれ以上つかないというところまで何度かこのプロセスをくり返す。

8.2.1_4
これができあがり。あまり何度も絞ったり開いたりしすぎないように注意すること。紙が平行の折りじわでいっぱいになり、もうそれ以上つかないとわかったところでやめよう。そうすればすべての折りじわのみずみずしさと弾力が保たれる。

8.2.2.　直線状の揉みの造形

8.1.2.で説明した基本的なリブ技法のもう１つの方法として、一面に平行なしわを寄せた紙にもリブを加えることができる。リブはしわの方向に回転していくにつれてだんだん見えなくなっていくので、しわの方向と垂直に加えるのがベストだ。

8.2.2_1
平行なしわの方向に垂直にリブを配置すると劇的な形が生まれる。山折りと谷折りのリブを組み合わせて置いてもいい。

8.2.2_2
二次元の表面に短いリブ、あるいは異なる長さのリブを配置することもできる。この場合も山折りと谷折りを組み合わせて使うといいだろう。

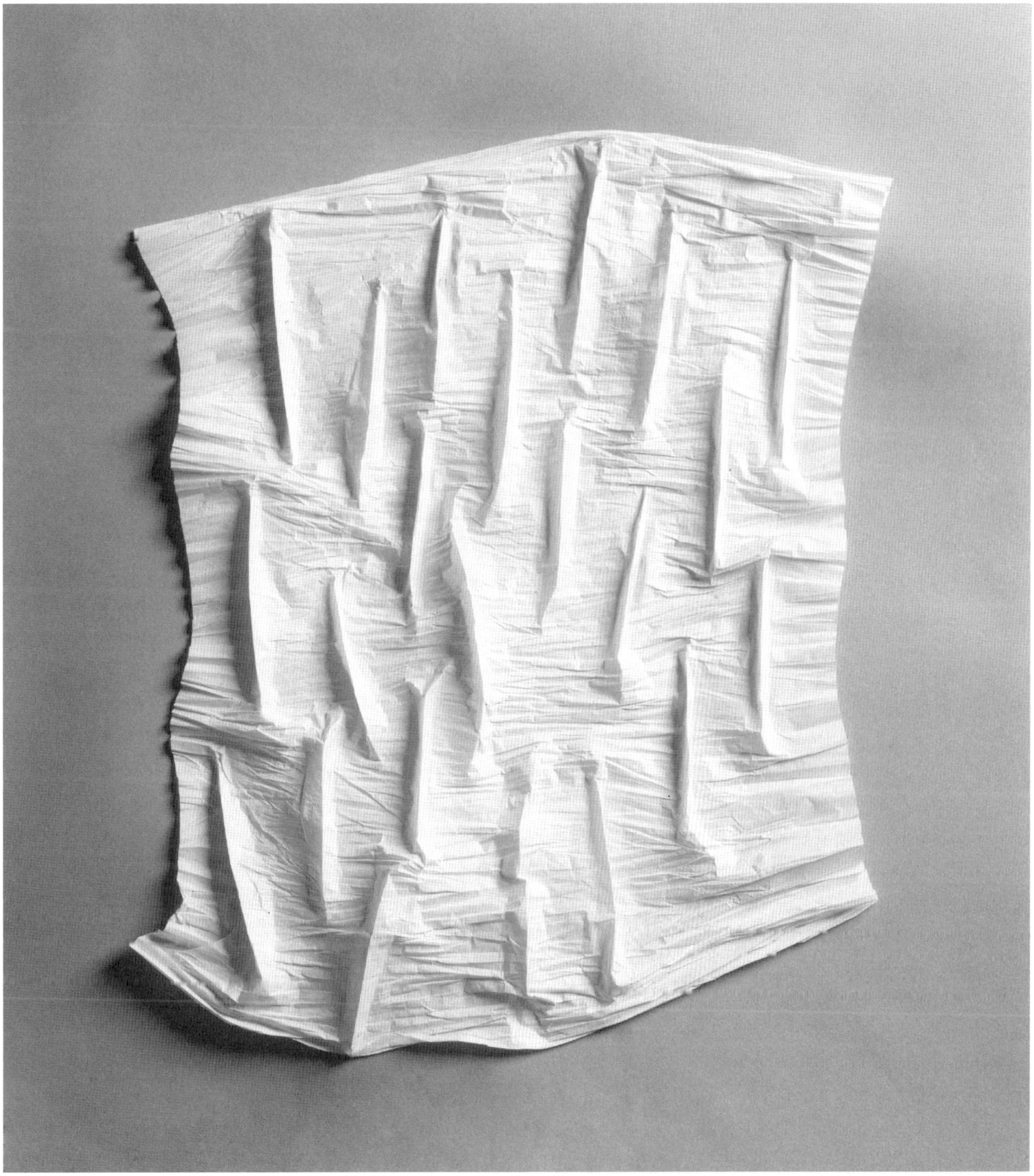

8.3.　回転状の揉み

前ページで基本と直線状の揉みの技法を説明したので、この回転状の揉みで、基本となる3つの揉み技術は完了する。

8.3.1.　基本の回転状の揉み

8.3.1_1
紙の中央をつまんで下に垂らす。紙が小さい場合は、比較的限られた面積内で回転の効果が均等に行き渡るように、正確な中心を測ったほうがいいかもしれない。

8.3.1_2
頂点をしっかりと持つ。もう一方の手で垂れ下がった紙をきつく握って、ぎゅっと引き下ろす。引き下ろすときに紙が引っかかったときは紙をまっすぐに伸ばして、しわが頂点から放射状にきれいにつくようにする。

8.3.1_3
紙を半分開いて、しわに「一息」つかせる。

8.3.1_4
それ以上余地がないほど紙が折りじわでいっぱいになるまで、ステップ2と3を3回か4回くり返す。

8.3.1_5
これができあがり。揉みのプロセスをくり返すごとに、紙の頂点をぽんと押して内側と外側を逆転させることで、さらにしわを加えられることがある。

8.3.2.　回転状の揉みの造形

回転状の揉みが基本の揉みや直線状の揉みと違う点は、二次元の表面ではなく、三次元の形を作ることだ。したがって、できる形と表面の表情は、他の2つの技法とかなり違う。

8.3.2_1
頂点を持ち、下に平らな面ができるまで紙を外側に広げていくと、釘の形ができる。

8.3.2_2
回転状にしわがついているということは、直線的なリブを作るのは難しいということだ。代わりに円形や螺旋形のリブを作ったほうがいい。

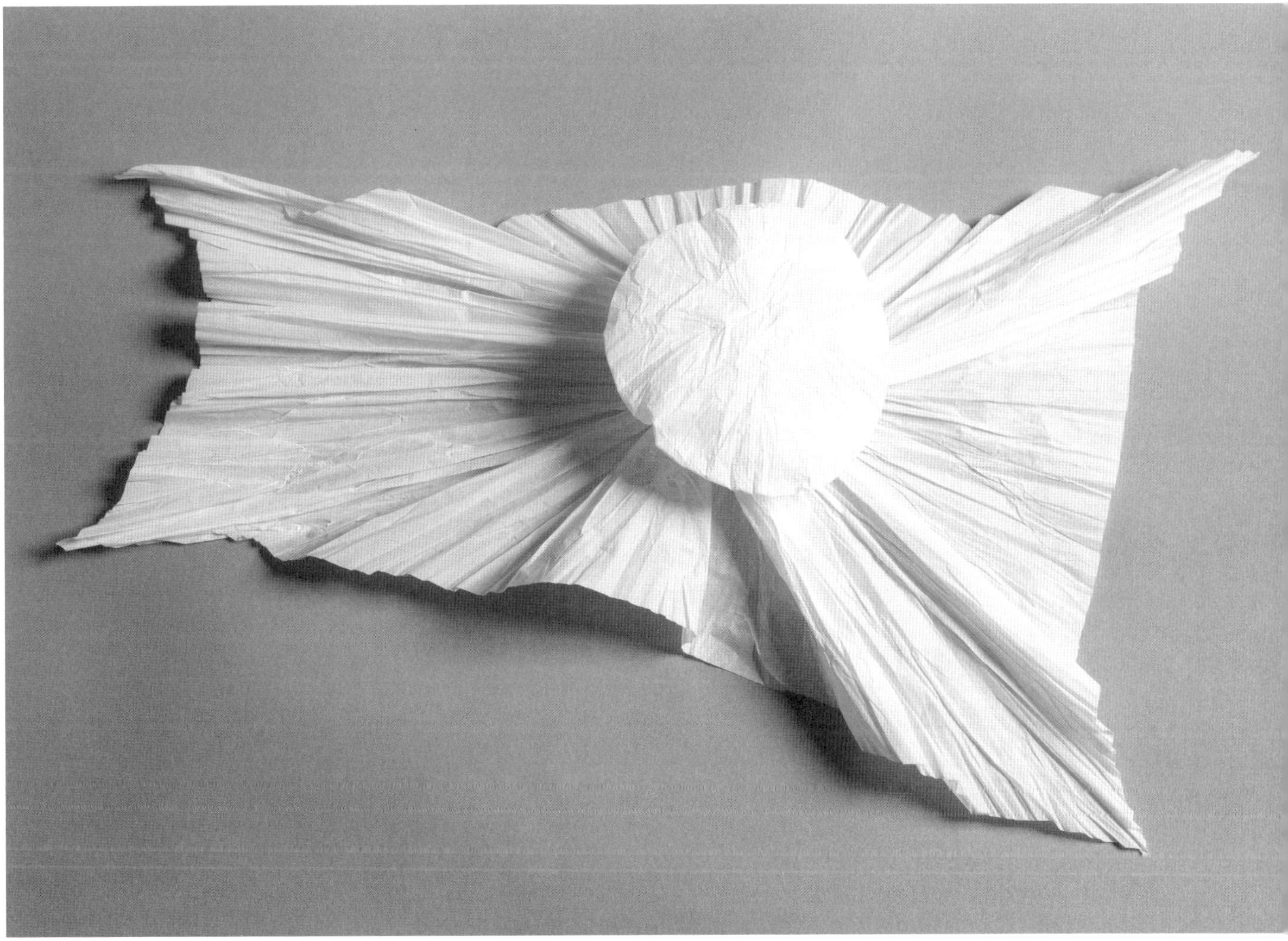

8.3.2_3
釘の頂点を上からへこませて、それから開くと、写真のように釘の形はボタンのようになる。ボタンの下の紙を寄せ集めて棒にすると、キノコにそっくりな形になる。

8.4. 上級のコンセプト

8.4.1. 三次元の造形

これまでのページでは、どの揉みの技法でも平面の紙が使われていた。だが揉みは、立体的な形にした紙にも利用できる。

いちばん簡単なのは、円柱や円錐、立方体のような単純な幾何学的な構造体を用意することだ。これに対して揉みを施す前に、強力な紙用液体糊で継ぎ目をしっかりと貼り合わせ、完全に乾かすこと。丈夫な継ぎ目にするには、2cmほどの糊しろをとって重ねれば充分だろう。同じ形の単純な立体をいくつか用意し、異なる技法でしわを寄せて、仕上がりを比べてみよう。

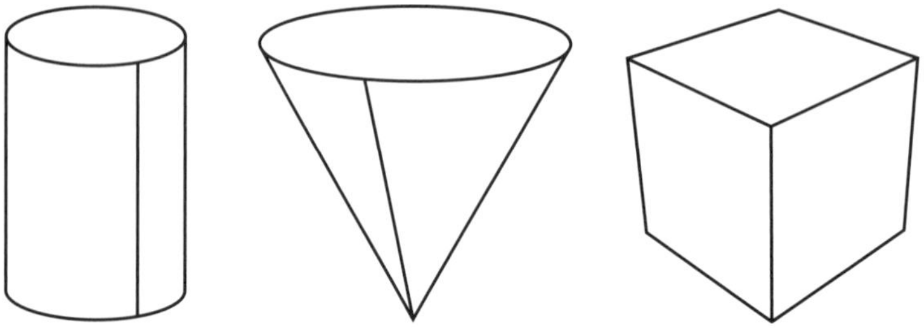

8.4_1

8.4.2. 特大サイズ

揉みは1枚の紙の大きさに限定する必要はない。たくさんの紙を貼り合わせて特大サイズの表面や立体造形を作ることは充分に可能である。紙は揉みを加える前に貼り合わせることが重要だ。後ではいけない。不思議なことに紙にしわを寄せると継ぎ目がほとんど見えなくなるので、特大サイズにしても美しさが損なわれることはない。

大きな紙に揉みを加えるのは体力的に大変だし、時間もかかるので、何人かのチームを組んでやるといい。結果、驚くほどすばらしいものができることがある。

8.4_2

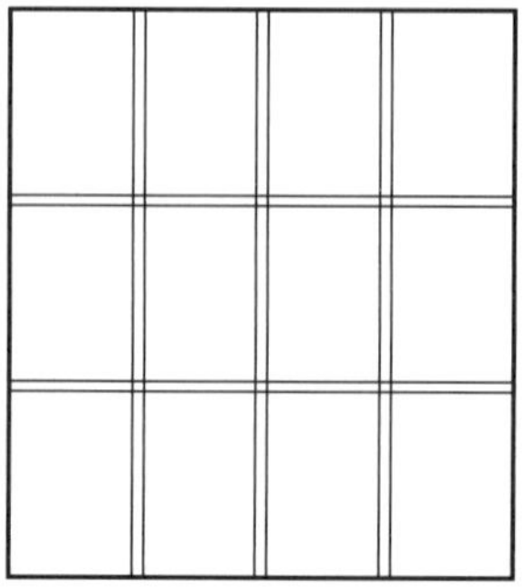

8.4.3. 揉みと変形

もし何か決まったサイズとプロポーションのものを作ろうとしているなら（たとえば揉みじわをつけたMサイズのＴシャツとか)、ただMサイズの布にしわを寄せただけではTシャツは作れない。それではしわの寄った、かなり縮んだシャツができてしまう。それでは小さな子どもしか着られない！

しわを寄せたときに必要なサイズになるように、布はできあがりのTシャツよりずっと大きいものでなければならない。その大きさと縦横の比率は、どの揉みの技法を使うか（基本か、直線状か、回転状か）と、しわを寄せたときに大きさが何パーセント縮むかによる。その計算はある程度は試行錯誤で解決するしかないが、おおよその数値を推定して最初の目安にするといいだろう。

もし基本の揉みの技法を使うなら、基本的なＴシャツの形を全方向に等しく拡大しなければならない。だが直線状の揉みの技法を使うなら、平行なしわ目の方向によって横あるいは縦にTシャツの形を拡大・変形させる必要がある。

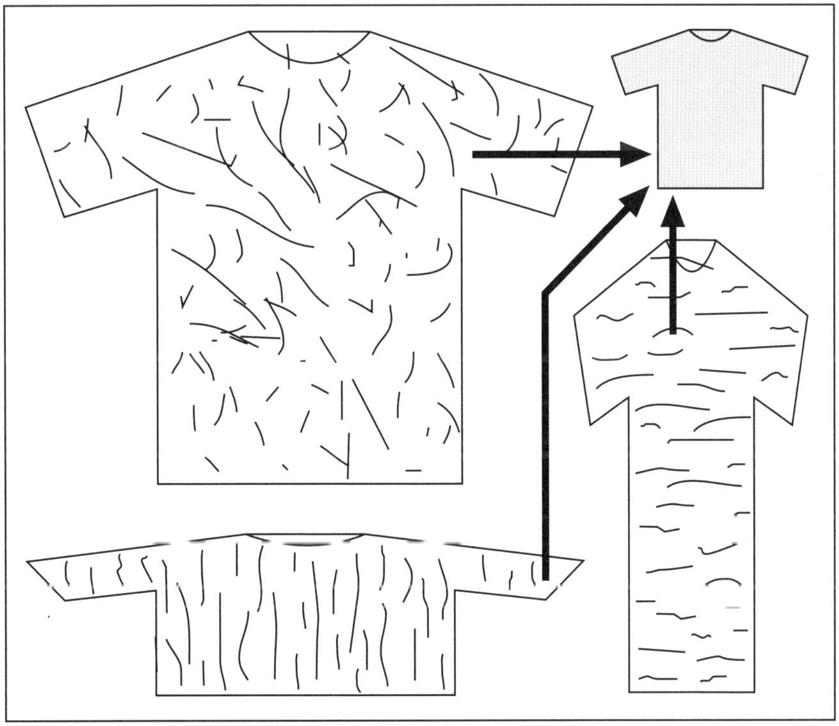

8.4_3

8.4.4.　重ねる

1枚の紙（p.218の例のように三次元の構造体を用意したなら2層の紙）の代わりに、何層にも重ねてしわを寄せることも可能だ。まず、紙を単純な二次元の幾何学的な形に折り、この章で説明した方法のどれかを使ってしわを寄せる。開くと、一般的な折り紙に見られるような直線で区切られたいくつかの領域があり、そこに複雑な揉みじわのパターンができているのが見えるだろう。下の例では、基本のパラボラ（p.145－147）の揉みバージョンのようなものができる。

8.4.4_1
正方形の紙を対角線に沿って半分に折る。

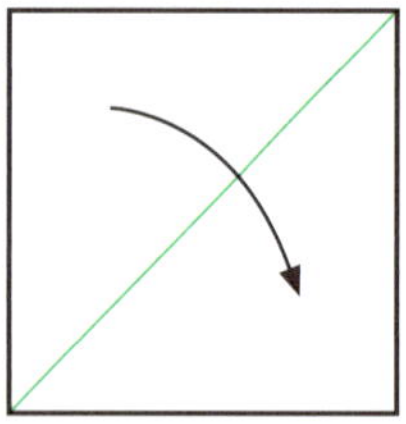

8.4.4_2
三角形をもう一度半分に折って、より小さな三角形を作る。

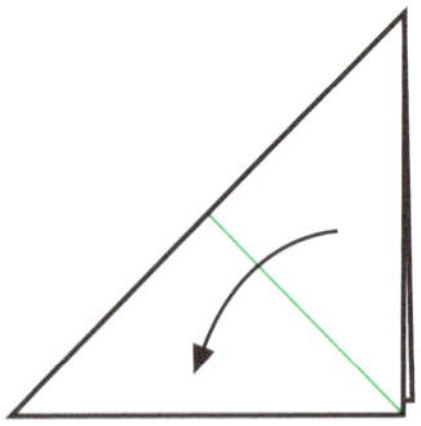

8.4.4_3
4枚重ねたまま、直線状の揉みの技術（p.210－211）を使ってしわを寄せる。しわは三角形の長辺に平行であることに注目。

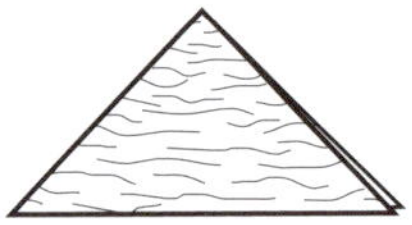

8.4.4_4
三角形を元の正方形に開く。

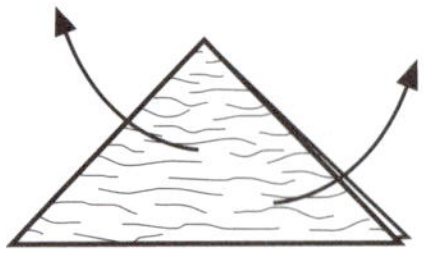

8.4.4_5
開くと、中心点から放射状に伸びる4本の折り線のうち3本が谷折り、1本が山折りになっている。

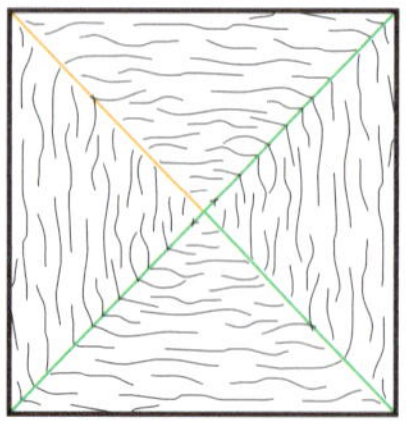

8.4.4_6
放射状に伸びる谷折り線の1本を慎重に折り返して、1本の対角線全体が谷折り、もう1本が山折りになるようにする。

次に、基本のパラボラで使った方法に従って、幾何学的な折り目のついた正方形をX形の棒に折りたたむ。もちろん、しわしわになった正方形は幾何学的なバージョンのように等間隔には分割されないし、山折り、谷折りの均等な正方形の集合にはならないが、周辺から中心へ向けて進みながら軽くしわを寄せ集めていくことはできる。山折りと谷折りの対角線を利用して、5.3.1_7（p.146）で見たような湾曲した形を作ること。最終的にはX形の棒ができる。そうなったときに初めて、揉みじわをきっちりとつけ、すべての折り目をくっきりさせる。

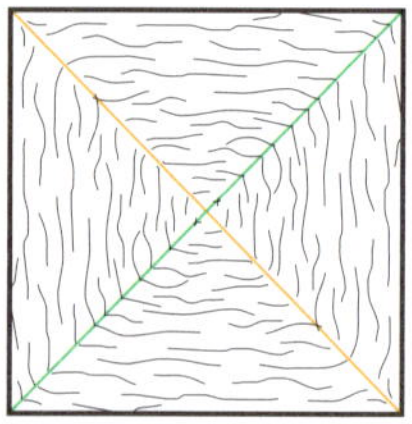

8.4.4_7
できあがり。面白いことに、初心者は幾何学的な折りのパラボラを作るのに1時間かかることがあるが、この揉みバージョンは10分くらいしかかからない。多くの意味で、複雑な幾何学的折り、特に複雑な折り紙作品に見られる多くの点を作り出すための折りは、制御された揉みの１種と考えることができる。「制御された揉みとしての幾何学的な折り」は、創造の可能性がいっぱい詰まったコンセプトだ。

よくある質問

1．折り紙で非常にうまくいくアイデアを考えつきましたが、使いたいと思っている素材のシフォン／ちょうつがいをつけた合板／ポリプロピレンでは全然うまくいきません。どうしたらいいでしょう？

紙の折りで成功したアイデアを別の素材に適用するのは、デザインプロセスの中で常にもっとも難しい部分だ。答えは、紙だけでずっと作業して最終的な段階で初めて自分が使いたい素材に移るというのではなく、もっと早い段階からその素材を使って作業することだ。そうすれば自分の選んだ素材のことがもっとよくわかるようになり、有効なデザインソリューションを見つけられるようになる。場合によっては紙で作業することさえ考えなくていいかもしれない。自分が選んだ素材の強みを知り、その性質を殺すのではなく、生かすことだ。

素材によってはうまく折れないもの、あるいはまったく折れないもの、折り目をしっかり保持しないものがあるだろうから、それを固定する方法を見つける必要がある。使う素材によってそれは糸で縫う、糊をつけて固める、鋲でとめる、ちょうつがいをつける、固定用の糊しろを余分につける、ラミネート加工する、溶接する、接着するなど、さまざまな方法があるだろう。また、そのデザインを機械生産するか、手あるいは道具で作るか、折られた辺に沿って動きを表現するデザインか、固定された位置で静止するデザインかによっても変わってくる。

2．もうすでに誰かがやったものなので、この本に出ているアイデアは使いたくありません。どうすればオリジナルなものを生み出せるでしょう？

あるジャーナリストが晩年のパブロ・ピカソに、あなたはオリジナルな芸術作品をいくつ作ったかと尋ねた。ピカソはその質問を長い間考えていたが、やがて自信たっぷりに「２つ！」と答えた。この話のポイントはもちろん、その長い輝かしい経歴の中で、ピカソは自分にはオリジナルなアイデアは2つしかないと考えていたということだ。そのほかのすべてはそのアイデアの焼き直しか、どこかから借りてきたほかの人のアイデアだったと。

これはほとんど誰にとっても、いつの時代でも同じことだ。私たちは、ここから１つ、あそこから１つアイデアを取り、素材と技術を選び、創造力をひとつまみ加え、すべてをかき混ぜてデザインを作っている。それは「オリジナル」ではないかもしれないが、すでにあるアイデアを選び、それを変化させて新しい形を作っている。それを参考にしてまた未来のデザイナーが新しい形を作り出すかもしれない……それが時代をこえて続いていくのだ。それを「研究開発」と呼ぶ。

この本に出ているものをコピーするだけでは、あるデザインの問題に対する最良の解決策とはならないかもしれないが、いくつかの例題の要素を組み合わせて、あるいは「基本コンセプト」の章を見てそこで説明されているプロセスのいくつかをこの本の中の１つの例に適用することによって、さまざまな新しい形を作り出せるはずだ。

だから「オリジナルな」ものを求めて、すばらしいデザインのアイデアがいっぱい詰まっているかもしれないこの本をほうり投げてしまわずに、これを参考にし、「基本コンセプト」に書かれている情報を利用して、多様なアイデアを組み合わせてみることだ。いずれにせよ、折り紙で思いついたアイデアを別の素材に適用すれば大きく変わるし、今まで誰もそんなふうには作ったことがないものができる可能性大だ。

3．〇〇ページの例題が作れません。どうしたらいいでしょう？

いつも言っているのは、そこで中断して何か別のことをやりなさい、それからまたその例題に戻ってきて新たな目で見てみなさい、ということだ。これが、かなり効果があるのだ！友だちに手伝ってもらうのもいいだろう。手だけで作っているなら、代わりにコンピューターで作図し、プリントアウトして、プリントされた折り線に沿って折ってみるといいかもしれない。

あるいは、同じ例題を反復の回数を減らして作ってみるとか、サイズをかなり大きくして作るといいかもしれない（初心者は小さく作りすぎることが多いが、それが難しくしていることもある）。

また、必ずしも例題とまったく同じに作る必要はないということも忘れないようにしよう。折るのが難しかったら、もっと自分のデザインニーズに合ったほかのものを探せばいい。この本にとらわれすぎないこと。

4．使用したい折り紙のモデルを見つけました。使用許可がいりますか？

これは難しい問題だ。そのモデルが「伝統的」と明記されていれば、みんなの共有財産だから自由に使ってかまわない。そのような出どころの明記がなければ、そうでないとわかるまでは、それは現代の作家の創作で、著作権で保護されていると思ったほうがいい。もし作者の名前が記されていれば、それは著作権で保護されている。芸術作品は、たとえ伝統的なモデルからできていても、必ず著作権で保護されている。あるデザインが著作権で保護されていれば、作者の許可を得なければそれを使用することはできない。多くの折り紙作家はインターネットのホームページを持っているので、簡単に居どころを見つけられる。言語や使用文字の違う国の作家なので居どころを見つけられないという場合は、国内あるいはその作家の国の折り紙協会が簡単に見つかるので、仲介してもらおう。ネット上に折り紙フォーラムもあるので、専門家たちがしかるべき人や連絡先を教えてくれるだろう。

だが常に著作権保持者から許可を得なければならないというわけではない。たとえばあなたが大学の学生で、学校の課題として個人的にやるだけなら、誰かの作品を使う許可を得る必要は法的にはない。とはいえ、課題研究の一部として、とにかく著作権保持者にコンタクトをとるのはいいことだ。後にその作品を写真に撮って雑誌に載せたり、ネットで公開したり、その他の方法で公開するつもりなら、あらかじめ許可を得ておくべきだ。後になって許可を得る必要がないように、課題を始めるときに作者にコンタクトをとったほうがいい。

もしあなたがプロのデザイナーで、クライアントに示すためのアイデアを練っているなら、早い段階から著作権保持者と連絡をとるのがベストだ。著作権のあるデザインを使う場合、その著作権保持者に使用料を払うか、使用権を取得する必要があるかもしれない。

もしあなたが既存のデザインを選んで手を加え、それが元のものとは充分異なったものになっていれば、それは一つのオリジナルなデザインと考えることができ、あなたがその著作権保持者になる。何をもって「異なる」とみなすかは解釈しだいなので、折り紙の専門家にアドバイスを求めたほうがいいだろう。この本に出ているデザインはすべて一般的な技術であり、パブリックドメイン……みんなの共有財産だ。

警告を１つ。近年、いくつかの重要な件で、許可なく作品を使われた折り紙作家に有利に法廷外和解が成立している。多くの主要なクリエイターや折り紙作家は自分たちで１つの団体（Origami Authors and Creators）を組織しており、その団体が違反行為を監視し、違反者に対する訴訟を起こしている。

要するに、早い段階で著作権保持者を探し、コンタクトをとるほうがいい。法に違反して、著作権があることを知らなかった、著作権保持者が誰かわからなかった、あるいは著作権保持者の居どころを見つけることができなかったと主張しても、それは弁明とはならず、法的責任を免れられないかもしれない。暮らしのあらゆる分野でそうであるように、たいてい早期の話し合いが、後の紛争を防止するものだ。

5．どこで折り紙や折りについての情報がもっと得られますか？

折り紙に関するもっとも手近な情報源はインターネットだ。大きいのから小さいのから、有益なものから風変わりなものまで、何百というサイトがある。ビデオ投稿サイトや写真投稿サイトにもたくさんの折り紙コンテンツがある。また本も何百冊と出ている。欧米の主要国には確立された折り紙協会があるし、東南アジア、南アメリカその他の地域でも増えている。ネットで探せば簡単に見つかるはずだ。

実のところ、情報源はありすぎるほどかもしれない。その喧噪の中で質の高い、適切な情報をすばやく見つけ出すのは難しい場合もある。探求する価値のあるあらゆるテーマと同様、自分が必要とするものを見つけるのは時間がかかるかもしれないが、それは魅惑的な、大いに視野を広げてくれる旅となるだろう。

折り紙とは対照的に、折りに関する情報を見つけるのは、より難しい。インターネットの検索エンジンは役に立つが、折り紙に関する情報に比べれば、折りについての情報ははるかに少ない。デザイン雑誌やスタイルブックを見て、折りを使ったデザイン例を探すこともできるだろう。いったん始めてみれば、たくさん見つかるはずだ。

6．私の折りの作品の写真をあなたに送ってもいいですか？

はい。紙あるいはその他の素材で折った質の高い作品の画像を送ってもらうのを、いつも楽しみにしています。ただし、それについて話し合う時間はないと思うので悪しからず。

7．ワークショップの講師やコンサルタントをお願いできますか？

私の詳しい連絡先はネット上で見つけてください（検索エンジンに「ポール・ジャクソン　折り紙／Paul Jackson origami」と入れれば出てくる）。しかし、ネット上で助言や指導はしていません。

謝辞

ローレンス・キング出版社に私を紹介してくれたケイスルーム・プレスのバリー・タレット、この本の出版を熱心に後押ししてくれた同出版社コミッショニングエディターのジョー・ライトフット、骨身を惜しまず細部まで目配りしてくれた編集者のピーター・ジョーンズに感謝したい。入念な写真撮影をしてくれたマイダッド・ショウォルスキーと、忍耐強く手のモデルを務めてくれた彼のアシスタントのビホリー・フリッシュにも感謝している。この本の内容をよく理解し、それを視覚的にどう表現すべきかを明確に把握してくれたこの本のデザイナーチーム、& SMITHにお礼を申し上げる。

ランカスター・ロイヤル・グラマースクールの美術教師だった故ビル・リッカビーにも感謝しなければならない。彼は実験的に紙を折ることと視覚的に考えることを私にすすめ、アーティスト、デザイナー、教師としての私の人生を方向づける手ほどきをしてくれた。また私の授業を支えてくれた多くの工芸専門学校、大学、その他のカレッジ、特に数年にわたって多くの学部で長期のワークショップやプロジェクトを行ったテルアビブ、シェンカー工学デザイン大学の多くの学部長や講師の方々、折りに対する熱意でインスピレーションを与えてくれた多くのプロのデザイナーたち、そして最後に、長い執筆期間中ずっと私を支え、忍耐強く、常に私を励ましてくれた妻、私の偏った意見を言わせていただければ折り紙のファーストレディー、ミリ・ゴランに感謝したい。

この本を私の生徒たちに捧げる。あなたたちは常に私の最良の教師だった。

プロフィール

［著者］ ポール・ジャクソン　Paul Jackson
イギリス、リーズ市生まれ。1980年代初めからプロのペーパーアーティスト＆デザイナーとして活躍している。さまざまな経歴の中で折り紙とペーパーアートに関する30冊余りの本を書き、50校以上の美術デザイン大学で折りの技術を教えてきた。また出版物、テレビ、その他のメディアで多数のモデル製作を担当し、ナイキ、ジーメンスその他の企業のコンサルタントを務め、世界各地のギャラリーや美術館で折りのペーパーアート作品の個展を開いている。2000年、イスラエル折り紙センターの創設者で所長のミリ・ゴランと出会い、結婚。住まいをロンドンからテルアビブに移して、そこで国際的な仕事を続けている。

ランチェスター・ポリテクニック（現在のコベントリー大学）で優秀芸術学士号（BA Hons）を取得、ユニバーシティカレッジ・ロンドン付属スレイド美術学校の実験的メディア学部で芸術修士号を取得した。1990年代末に長期休暇をとり、クランフィールド大学でパッケージングデザインの優秀学士号（BA Hons）を取得した。

［日本語版監修者］ 三谷 純　Jun Mitani
1975年静岡生まれ。2004年に東京大学工学部卒、同大学院修了、工学博士。理化学研究所研究員を経て、'06年より筑波大学に勤務し、現在同大学システム情報工学研究科准教授。研究活動の一環として、コンピューターを用いて曲面を持つ立体折り紙を設計する技法に関する研究などを行っている。主な著書に『ふしぎな球体・立体折り紙』、『立体ふしぎ折り紙』（共に二見書房）などがある。

CD-ROMについて

付属のCD-ROMはWindowsとMacの両方に対応。このCD-ROMにおさめられている素材はすべて著作権で保護されており、私的使用目的に限って使用が認められる。
CD-ROMの図の番号は本書の図の番号に対応している。図は章ごとにまとめてある。
すべての折り線図は著者が作成した。

日本語版監修　三谷 純
カバーデザイン　鈴木成一デザイン室
翻　訳　高城恭子（リングァ・ギルド）
編　集　弘田美紀（文化出版局）

デザイナーのための折りのテクニック
平面から立体へ

2012年 9月23日　第１刷発行
2016年 8月 1日　第２刷発行

著　者　ポール・ジャクソン
発行者　大沼 淳
発行所　学校法人文化学園 文化出版局
〒151-8524 東京都渋谷区代々木3-22-1
tel. 03-3299-2401（編集）
tel. 03-3299-2540（営業）

Printed in China

文化出版局のホームページ　http://books.bunka.ac.jp/
書籍編集部情報や作品が投稿できるコミュニティサイト　http://fashionjp.net/community/